近代云南对外贸易与相关法律制度研究

(1889—1937)

陈泫伊 ◎ 著

中国社会科学出版社

图书在版编目(CIP)数据

近代云南对外贸易与相关法律制度研究：1889—1937 / 陈泫伊著.—北京：中国社会科学出版社，2019.4
ISBN 978-7-5203-5222-2

Ⅰ.①近… Ⅱ.①陈… Ⅲ.①对外贸易法-法制史-研究-云南-1889-1937 Ⅳ.①D927.740.229.54

中国版本图书馆 CIP 数据核字(2019)第 216493 号

出 版 人	赵剑英
责任编辑	任　明
责任校对	赵雪姣
责任印制	郝美娜

出　　版	中国社会科学出版社
社　　址	北京鼓楼西大街甲 158 号
邮　　编	100720
网　　址	http://www.csspw.cn
发 行 部	010-84083685
门 市 部	010-84029450
经　　销	新华书店及其他书店
印刷装订	北京君升印刷有限公司
版　　次	2019 年 4 月第 1 版
印　　次	2019 年 4 月第 1 次印刷
开　　本	710×1000　1/16
印　　张	17.5
插　　页	2
字　　数	296 千字
定　　价	98.00 元

凡购买中国社会科学出版社图书，如有质量问题请与本社营销中心联系调换
电话：010-84083683
版权所有　侵权必究

序　言

鸦片战争以后，中国沦为半殖民地半封建社会，云南作为中国西南重镇同样无法逃脱被西方殖民列强争相蚕食的命运。在侵略与反侵略，挑战与应对过程中，云南社会经历了重大的历史变迁。从1889年蒙自开埠到1937年抗战爆发短短49年间，伴随着中国从晚清进入民国时期，云南省也先后经历了4次政权更迭。在这样波谲云诡的社会背景下，云南对外贸易的商事活动曲折发展。虽然，近代以后，云南对外贸易关系属于受殖民主义压迫和侵略的半殖民地性质的对外贸易，但是，不论是西方列强还是中国政府，为了调整和规范贸易活动中各种复杂利益关系，推动对外贸易的顺利展开，客观上都需要一种特定的秩序对该活动予以约束，因此，对外贸易法制应运而生。由于近代云南的对外贸易法律制度是在帝国主义强权政治和经济掠夺的背景下作为列强经济侵略的工具产生。其与生俱来的半殖民性也成为云南历届政府在争取民主独立的过程中，试图摆脱并竭力进行改变的。所以近代云南对外贸易法律制度的建立和完善过程也正是云南政府和民众反对侵略，追求经济独立和贸易平等不懈努力的过程。

《近代云南对外贸易与相关法律制度研究（1889—1937）》是一部从法律层面解读近代云南社会转型的著作。作者以时间为线索，从宏观的经济贸易政策和微观的法律规范入手，在研究静态法律制度的同时，关注动态的法律运行，运用比较分析的研究方法，对近代云南对外贸易法律制度的产生及演变过程进行了全面性的考察。一方面，在系统分析和比对近代云南对外贸易法律制度依托的社会背景、关系密切的政府政策、最终呈现的法律制度基本内容以及相关执法部门基础上，进一步探究和归纳出政治、经济与对外贸易法律制度之间的相互作用，从而对近代云南对外贸易法律制度在社会经济发展中所占地位和发挥的作用做出科学的评价。另一方面，通过对历史事实的分析和梳理，透过云南地区社会发展的现象，深刻理解中国社会历史发展必然性，最后得出对外贸易法律制度的制定和实施对一个国家乃至周边地区的经济发展和历史进程至关重要的结论。

当下云南正处于国家大力推进"一带一路"建设的重要时期，深入研究云南对外贸易法制进程对区域经济发展的影响可以为现代云南对外贸易法律制度的完善和云南今后对外贸易的发展方向、侧重点和具体实施步骤的订立提供历史依据，这正是此书当代价值的体现。

综上，此书在近代云南对外贸易法制方面进行的探讨可为读者们提供有益借鉴，可进一步加深读者对近代云南地区社会、经济、政治、法律方面的认识和了解，从不同视角把握法律制度和社会变迁之间的密切关系，达到以古鉴今的目的。

方　慧

2018年11月于昆明

目 录

绪 论 …………………………………………………………… (1)
 一 选题缘由及价值 ………………………………………… (1)
 二 基本概念界说 …………………………………………… (4)
 三 研究综述 ………………………………………………… (7)
 四 核心观点和创新点 ……………………………………… (19)
 五 研究方法与材料来源 …………………………………… (21)

第一章 近代云南对外贸易法律制度建立的社会背景
   （1889—1937） ……………………………………… (24)
 第一节 近代云南对外贸易法律制度建立的政治背景 …… (24)
  一 西方殖民者对云南的觊觎与入侵 …………………… (24)
  二 如火如荼的民族民主革命运动的开展 ……………… (30)
  三 民间社会团体反帝反清的斗争 ……………………… (34)
 第二节 近代云南对外贸易法律制度建立的经济背景 …… (37)
  一 近代云南对外贸易的进出口总值分析 ……………… (38)
  二 近代云南对外贸易的主要国家和地区 ……………… (40)
  三 近代云南对外贸易的商品类别和货值分析 ………… (44)
  四 近代云南对外贸易的特点 …………………………… (49)

第二章 近代云南对外贸易政策的演变（1889—1937）…… (59)
 第一节 中央政府对外贸易政策的演变 …………………… (59)
  一 晚清政府的对外贸易政策 …………………………… (60)
  二 南京临时政府的对外贸易政策 ……………………… (63)
  三 北洋政府的对外贸易政策 …………………………… (66)
  四 南京国民政府的对外贸易政策 ……………………… (72)
 第二节 近代云南对外贸易政策的演变 …………………… (77)

一　晚清时期云南对外贸易政策⋯⋯⋯⋯⋯⋯⋯⋯⋯⋯⋯⋯（77）
　　二　中华民国时期云南对外贸易政策⋯⋯⋯⋯⋯⋯⋯⋯⋯⋯（80）
第三章　近代云南对外贸易的管理体制（1889—1937）⋯⋯⋯⋯（93）
　第一节　近代云南对外贸易的管理机构⋯⋯⋯⋯⋯⋯⋯⋯⋯⋯（93）
　　一　国家对外贸易管理机构⋯⋯⋯⋯⋯⋯⋯⋯⋯⋯⋯⋯⋯⋯（93）
　　二　云南省对外贸易管理机构⋯⋯⋯⋯⋯⋯⋯⋯⋯⋯⋯⋯（104）
　第二节　近代云南对外贸易税收机构⋯⋯⋯⋯⋯⋯⋯⋯⋯⋯（111）
　　一　常关⋯⋯⋯⋯⋯⋯⋯⋯⋯⋯⋯⋯⋯⋯⋯⋯⋯⋯⋯⋯（111）
　　二　海关⋯⋯⋯⋯⋯⋯⋯⋯⋯⋯⋯⋯⋯⋯⋯⋯⋯⋯⋯⋯（112）
　　三　厘金局⋯⋯⋯⋯⋯⋯⋯⋯⋯⋯⋯⋯⋯⋯⋯⋯⋯⋯⋯（126）
　第三节　商会⋯⋯⋯⋯⋯⋯⋯⋯⋯⋯⋯⋯⋯⋯⋯⋯⋯⋯⋯（129）
　　一　商会的产生及发展⋯⋯⋯⋯⋯⋯⋯⋯⋯⋯⋯⋯⋯⋯（130）
　　二　商会的职能和作用⋯⋯⋯⋯⋯⋯⋯⋯⋯⋯⋯⋯⋯⋯（132）
　　三　云南省的商会组织⋯⋯⋯⋯⋯⋯⋯⋯⋯⋯⋯⋯⋯⋯（136）
第四章　近代云南对外贸易法律制度（1889—1937）⋯⋯⋯⋯（140）
　第一节　近代云南对外贸易法律制度的构架⋯⋯⋯⋯⋯⋯⋯（140）
　　一　近代云南对外贸易法律规范基本概念的界定⋯⋯⋯⋯（141）
　　二　近代云南对外贸易法律制度的构成⋯⋯⋯⋯⋯⋯⋯（143）
　第二节　近代云南对外贸易的监管法律制度⋯⋯⋯⋯⋯⋯⋯（154）
　　一　货物进出口的监管制度⋯⋯⋯⋯⋯⋯⋯⋯⋯⋯⋯⋯（154）
　　二　缉私制度⋯⋯⋯⋯⋯⋯⋯⋯⋯⋯⋯⋯⋯⋯⋯⋯⋯⋯（162）
　　三　进出境货物的检验制度⋯⋯⋯⋯⋯⋯⋯⋯⋯⋯⋯⋯（168）
　　四　反倾销措施⋯⋯⋯⋯⋯⋯⋯⋯⋯⋯⋯⋯⋯⋯⋯⋯⋯（169）
　第三节　近代云南对外贸易的税收制度⋯⋯⋯⋯⋯⋯⋯⋯⋯（174）
　　一　近代云南对外贸易的海关关税制度⋯⋯⋯⋯⋯⋯⋯（175）
　　二　近代云南对外贸易的厘金制度⋯⋯⋯⋯⋯⋯⋯⋯⋯（196）
第五章　近代云南对外贸易法律制度对社会变迁的影响⋯⋯⋯（207）
　第一节　近代云南对外贸易法律制度对经济发展的影响⋯⋯（207）
　　一　近代云南对外贸易法律制度对云南省进出口贸易的
　　　　影响⋯⋯⋯⋯⋯⋯⋯⋯⋯⋯⋯⋯⋯⋯⋯⋯⋯⋯⋯⋯（208）
　　二　近代云南对外贸易法律制度对云南省工商业发展的
　　　　推动⋯⋯⋯⋯⋯⋯⋯⋯⋯⋯⋯⋯⋯⋯⋯⋯⋯⋯⋯⋯（213）

第二节　近代云南对外贸易法律制度对社会运行的影响 …… (222)
　　　　一　近代云南对外贸易法律制度对财政收入的影响 ………… (222)
　　　　二　近代云南对外贸易法律制度与新兴行业的产生 ………… (227)
　　　　三　近代云南对外贸易法律制度对民众生活的影响 ………… (237)
　　第三节　近代云南对外贸易法律制度的评析 ………………… (241)
　　　　一　对外贸易政策与对外贸易法律制度的关系 ……………… (241)
　　　　二　近代云南对外贸易法律制度在云南法制近代化
　　　　　　进程中的作用 ……………………………………………… (244)
　　　　三　近代云南对外贸易法律制度对完善现代云南对外
　　　　　　贸易法律制度的启示 ……………………………………… (247)
结　　语 ……………………………………………………………… (261)
参考文献 ……………………………………………………………… (264)
后　　记 ……………………………………………………………… (273)

绪　论

一　选题缘由及价值

"法制"是对社会行为的一种规范和制约，它起到了推进或者阻碍社会历史发展的作用。近代法律制度对当时中国的经济社会发展同样也起到不可小觑的作用。

在中国数千年的历史长河中，近代史虽然只有一百多年的时间（1840—1949），但在中国历史发展总体进程中却占有重要而特殊的地位。鸦片战争以后，中国社会发展进入一个全新的历史时代。研究过程中，笔者发现，学者们对近代历史发展基本线索的梳理或理论模式的设定还存有不同看法，但在西方社会政治经济力量对近代中国的影响方面却达成了共识，认为开放和变革是近代中国历史演进的一个重要趋势和特征。虽然这一开放和变革进程伴随着深重的国家灾难和民族痛苦，但是它在客观上却促使中国社会从传统的农业自然经济向近代化工业社会推进。从长远的历史发展来看，无疑是中国历史的发展和进步。而这一开放和变革进程，对当时中国的对外贸易也产生了巨大影响。大量历史事实表明，在帝国主义列强的威逼和主导下，近代中国开启了真正意义上的国际贸易，并由此进一步引发了中国社会、政治、经济、文化等方面的重大变迁。

在近代百余年间，云南地区社会经济文化诸方面伴随着对外贸易的扩大发生了深刻的变迁。随着蒙自、思茅、腾越等重要通商口岸的开辟和滇越铁路的开通，云南对外贸易和地区经济状况发生了质的转变，同时也激发了包括经济结构和生产、生活方式等社会各个层面的变革。由此可见，对外贸易的发展对社会进步和经济水平的提高起到了至关重要的作用。

通过对历史事实的分析并拜读众多学者关于云南对外贸易问题的研究成果后，笔者认为，在近代时期地处中国边陲的云南由于其独特的地理位置和丰富的矿产资源，引起了西方帝国主义的强烈兴趣，在云南对外贸易发展过程中，对外贸易法律制度就扮演了不可或缺的角色。虽然近代以后，云南对外贸易关系已不是纯粹的主权国家在独立自主的基础上同周边国家发生经济联系，而是掺杂了西方列强的干扰，带有受殖民主义压迫和侵略因素的半殖民地性质的对外贸易。但是，在云南民众抗击外来政治、经济侵略的斗争过程中，贸易活动本身并未衰落或停滞，仍然朝着积极的方向发展。为了调整和规范贸易活动中各种复杂利益关系，以推动对外贸易的顺利展开，不论是西方列强还是中国政府，客观上都需要一种特定的秩序对该活动予以约束，对外贸易法制应运而生。"有序生活方式要比杂乱生活方式占优势。在正常情形下，传统、习惯、业经确立的惯例、文化模式、社会规范和法律规范，都将有助于将集体生活的发展趋势控制在合理稳定的范围之内。"① 无疑，以调整外贸活动关系为核心的对外贸易法制发挥了使该领域稳定有序的重要功能。作为外贸活动利益关系调整规范的客观诉求，"是在履行其调整人类事务的任务时运用一般性规则、标准和原则的法律倾向"②。这种法律倾向在各国贸易发展过程中均有所体现。

当然，我们了解了一个国家对外贸易发展和对外贸易法律制度唇齿相依的关系后，要深入考虑的一个问题就是，对外贸易法律制度对一个地区乃至国家的社会进程会产生多大的影响？这也是笔者将近代云南的对外贸易法律制度作为研究主题的根本原因。在分析历史事件过程中，我们除了解现象之外，更需要深入剖析现象产生的原因，以达到以古鉴今的目的。

经济基础决定上层建筑，上层建筑又反作用于经济基础。笔者注意到，云南对外贸易的变化和发展并不是自发的，而是有深层次的原因，国家所执行的对外贸易法律制度就是重要原因之一。鸦片战争以后，西方帝国主义强迫清政府签订了一系列不平等条约，其中涉及云南的条款成为外国资本主义国家在云南进行商贸活动、扩大侵略的主要依据。经济命脉被列强所控，丧失关税主权使国家失去了利用关税调节进出口贸易、保护民族工商业的能力，使云南进出口贸易乃至整个社会经济遭受了严重破坏。西方列国大量倾销工业制成品，并疯狂掠夺原材料资源，使云南当地农民和手工业者纷纷破产，普通百姓极度贫困。据史料记载，1896—1897 年间，云

---

① [美] E. 博登海默：《法理学·法律哲学与法律方法》，邓正来译，中国政法大学出版社 2004 年修订版，第 236 页。

② 同上书，第 227 页。

南几乎所有城镇和乡村均陷于破产。① 清政府的软弱和西方帝国主义掠夺性的贸易政策最终造成了近代中国的积贫积弱，也导致了云南出现表面上对外贸易虚假繁荣，实质上本地区社会经济遭深层破坏的畸形局面。

辛亥革命以后，民国政府调整了对外贸易的政策和制度，颁行和实施了一系列促进商业贸易发展的政策和法令。包括对出口货物税收方面的减免，提高某些货物的进口税率，限制外国商品任意倾销、实行出口商品及一部分进口商品的商检制度等。这些政策和法令的出台对保护民族工商业、提高本国出口产品的国际竞争力、调动民众积极性都起到了积极作用，促进了该时期对外贸易的真实繁荣和地区经济的振兴，最终推动了整个社会的发展和进步。

通过对历史事实的分析和梳理，我们必须回到前文所提出的论题：对外贸易法律制度对一个地区乃至国家的经济发展和社会进程是否有影响？本文创新之处也正在于此。笔者认为：历史是一面镜子，研究、总结云南对外贸易的历史，探索对外贸易变化发展的规律及其教训，既还原历史的本来面目，又为今天云南对外贸易的进一步发展提供了有益的历史借鉴。深入研究这一论题，对我们今天的现代化建设具有极为重要的理论和现实意义。因为谈及研究，我们就必须从法制史的角度，去剖析处于历史发展关键点的近代对外贸易法制的制定、颁布和实施对云南当时的社会和经济发展起到了怎样的作用，也唯有深入研究这些问题，才能透过云南地区社会发展的现象，深刻理解中国社会历史发展的必然性，最后使我们充分认识到对外贸易法律制度的制定对一个国家和民族的现代化进程所具有的重要作用。

研究近代云南对外贸易法律制度，对目前云南省落实习近平总书记考察云南时提出的"一条路子，两个融入，三个定位"重要指示可以起到历史借鉴作用。云南省已成为东南亚对外贸易航道上的枢纽，在我国对外开放的基本国策下，实现"以云南为主体、缅老越为桥梁、南亚次大陆为核心、中国—东盟自由贸易区为基础"②，以外贸发展带动区域进步的规划，构建完备的对外贸易法律制度至关重要。对外贸易法律制度可以保

---

① 吴兴南：《云南对外贸易——从传统到近代化的历程》，云南民族出版社1997年版，第161页。

② 齐欢：《专家介绍〈云南向西南开放的重要桥头堡专项规划制定指导意见〉》，《今日民族》2011年第4期。

障云南建设面向南亚东南亚辐射中心发展战略的顺利实现，并最终促进云南产业结构调整，改善我国在国际分工中的地位，走可持续发展的道路，对云南社会、经济的整体发展进程产生重大影响。

二 基本概念界说

本书将研究的时间段定于1889年蒙自开关时起至1937年抗日战争爆发时止，正是中国处于半封建半殖民地社会时期。选定这一时间段，主要基于1889年是蒙自开埠的时间点，也是云南近代历史上第一个通商口岸开放的时间，近代云南对外贸易的历史由此展开。1889—1937年，云南口岸相继开放，云南对外贸易进入自由贸易时期。虽然这一时期的云南社会也经历了一些诸如战乱等不稳定时期，但总体上看，不论哪一届政府都没有建立战时外贸统制体制，对外贸易的发展也处于供需主导的状态。1937年抗战爆发，全国经济随之转入战时统制经济时期。随着中国沿海地区和重要城市的相继沦陷，中国与其他国家海上贸易的通道被完全切断。于是，云南作为与东南亚国家接壤的西南内陆重要口岸，其对外贸易上升到战略高度，受到空前重视。虽然这一时期，云南对外贸易出现急速增长，但这是由于战争这一特殊条件才产生的结果，并不能代表云南社会经济本身的发展水平和对外贸易的增长需求，所以是一种异常状态，因此，本书暂不涉及该时间段的研究。

根据时间线索，笔者将近代云南对外贸易法律制度的发展序列分成三个阶段：清末云南对外贸易法律制度（1889—1911），民国初年云南对外贸易法律制度（1912—1927）以及南京国民政府时期云南对外贸易法律制度（1928—1937）。

以下特别对本书提及的"对外贸易"和"对外贸易法律制度"两个概念作出解析。

（一）"对外贸易"概念

随着畜牧业与农业的第一次社会大分工后，在氏族公社之间、部落之间出现了剩余产品的物物交换。这种交换就称为"贸易"。所谓贸易，是指买卖双方自愿进行货品或服务交换。贸易也被称为商业。最原始的贸易形式是以物易物，即直接交换货品或服务。[①] 最初的贸易是在不同的部落

[①] 中央编译局：《马克思恩格斯选集》（第四卷），人民出版社1995年版，第163页。

之间进行。国家产生以后，如果贸易主体分别隶属于不同的国家，并且在国家之间进行，就出现了国际贸易。国际贸易亦称"对外贸易"，泛指在世界范围内进行的商品和劳务（或知识、技术、服务等）的交换。它由各国（地区）的对外贸易构成，是世界各国对外贸易的总和。[1] 国际贸易对于任何贸易方而言，都是对外贸易，包含货物的进口和出口，所以对外贸易又分为进口贸易和出口贸易。

对外贸易与国家经济发展和人民生活密切相关，具有无可辩驳的积极作用，这一点古今中外历史均有记载。重商主义的代表人物托马斯·曼（1571—1641）在《贸易带给英格兰的财富》一书中，系统论述了对外贸易对英国经济增长的贡献。亚当·斯密在其著作《国民财富的性质和原因的研究》中指出，国际分工和国际贸易能够使本国成本低廉的商品换取其他国家成本低廉的商品，从而使贸易国的资源、劳动力、资本、技术得到最有效的利用，从而极大地提高了劳动生产率，增加各国的物质财富，促进经济的增长。[2] 凯恩斯则从需求拉动经济增长的角度论述了出口贸易可以增加有效需求。他认为需求扩大可以刺激生产，生产增长又会扩大就业，增加社会购买力，购买力增加又会进一步刺激生产，因此对外贸易中的出口会对经济产生乘数效应，极大地促进经济的增长。[3] 20世纪30年代美国经济学家罗伯特逊（D. H. Robertson）提出了对外贸易是"经济增长的发动机"（Engine for Economic Growth）的命题之后，诺克斯等人针对19世纪英国与新移民地区的经济发展原因又进一步补充，认为各国按照比较成本的规律进行分工和贸易，使资源得到了有效配置，成为对外贸易的直接利益。同时，对外贸易还带来了间接利益，即对外贸易把经济增长传递到国内各个经济部门，从而带动了国民经济的全面增长。[4] 当代美国经济学家杰弗里·萨克斯（Jeffrey Sachs）和安德鲁·沃纳指出，在决定经济增长的诸多要素中，开放是最重要的因素之一。所谓开放就是对外采取经济自由主义，减少限制，放松管制。贸易开放程度高的国家，

---

[1] 李滋植、姜文学主编：《国际贸易》（第四版），东北财经大学出版社2006年版，第9页。
[2] ［英］亚当·斯密：《国民财富的性质和原因的研究》，商务印书馆1972年版，第8页。
[3] ［英］凯恩斯：《就业、利息和货币通论》，商务印书馆1983年版，第21页。
[4] 李欣广：《理性思维：国际贸易理论的探索与发展》，中国经济出版社1997年版，第20页。

经济增长速度较快。不论古今中外,开放的核心都是对外贸易。①

中国是一个历史悠久的文明古国,对外贸易的历史也很久远,与欧洲国家有文字明确记载的对外贸易始于汉代的"丝绸之路",尽管浩瀚的戈壁和沙漠,高耸入云的喜马拉雅山等自然条件限制了中国古代与地中海沿岸国家和两河流域国家开展对外贸易,但自先秦至近代,虽然历经多个朝代,中国与境外国家和民族之间的政治、经济及文化等方面的交流从未间断,这也使得中国的对外贸易一步步地发展成熟。

云南虽然地处祖国西南边陲,境内山岭盘结,沟壑纵横阻隔了云南和内地的联系,但是由于其北高南低的地理形势及山川水道的交通作用,云南先民很早就开辟了通向东南亚、南亚及其沿海的通道,早在春秋战国时期,云南与中南半岛及南亚地区就发生了贸易联系。秦汉以后,随着中央王朝对西南边疆开发治理的逐渐深入,云南社会经济得到快速发展。特别是到元明清时期,云南与东南亚、南亚国家和地区间的商贸活动空前活跃,使云南传统对外贸易大发展,为后续对外贸易奠定了物质基础。近代以后,由于商品经济发展的内在动因以及帝国主义政治侵略和经济掠夺等外部力量的影响,云南对外贸易飞速发展。面对侵略和反侵略、控制与反控制的复杂环境,中国政府不断调整和完善对外贸易政策,以适应新的对外贸易经济发展状况。

(二)"对外贸易法律制度"概念

法制的产生和发展与国家机器直接相关,法制为统治阶级利益服务,法制体现了统治阶级的意志,由统治阶级制定和贯彻执行。作为一个国家或地区的社会价值观和行为规范,法制必然包括调整人与人之间、不同利益集团之间关系的内容,以及为了稳定社会秩序而设置的适应社会公众意志的内容。对外贸易活动也必须在一定的规则下才能保障其运行。同时,对外贸易活动不仅仅是贸易当事人之间的事情,它与贸易当事国的政治、经济、军事和文化等方方面面都发生着深入的联系。因此,任何国家都要对本国与外国的贸易活动制定相应的法规和制度,从而形成外贸法制。对外贸易法制包含了非常丰富的内容,由于研究目的不同、分析角度不同、作者学术源流不同等多方面的原因,对对外贸易法制的理解和界定也有很

---

① 王晓峰:《中国经济改革的另一种解释——杰弗里·萨克斯等对中国经济改革的论述》,《经济体制改革》2008年第1期。

大差别，笔者大致进行了分类：

第一，从狭义与广义的角度划分。从狭义的角度来说，对外贸易法制仅仅指国家制定的专门用于规范和调整外贸关系的法律法规及由此形成的外贸制度。① 包括国家所颁布的"对外贸易法"，以及海关法和商检法等。它强调的是国家对于对外贸易活动的管理关系，属于纵向的法律关系，属于公法范畴。从广义的角度上讲，对外贸易法制除了贸易管理规范外还包括商事交易规范如合同法、运输法、保险法、票据法等与货物买卖相关的法律法规。② 而商事交易规范涉及平等的民商事主体之间的权利和义务关系，属于私法范畴。近年来，随着社会的发展，无形商品贸易也飞速发展起来，从而使服务贸易法和与贸易相关的知识产权法等法律规范也被囊括进对外贸易法的调整范围内。

第二，从国家法和民间法的角度来划分。通常我们所说的法律法规是指由国家的立法机构制定颁布的制定法，包括国家之间签订的经济贸易条约或协定，它的制定者是国家，规范的对象是本国民众，这些贸易条约是统治阶级意志在对外贸易方面的集中体现，用以强制规范和管理对外贸易行为。但在繁纷复杂的社会现实中，维系社会秩序不仅仅靠国家的制定法，还有民众在对外贸易实践中所自发形成的习惯法，这种习惯法有些是商业组织制定的成文规章，有些则完全是不成文的。

第三，从国内法和国际法的角度来划分。除了本国制定国际贸易的相关规范以外，诸如国际商会、国际法协会、世界贸易组织等国际贸易组织也会制定与贸易有关的规则或协定。由当事国自愿参加，甚至加入国可以在参加时提出保留条款，尤其是其中的许多通则或规则，贸易当事人可以自愿选择采用，甚至可以在合同条款中予以明确排除其约束。③

近代云南对外贸易法律制度着眼于国家对云南地区对外贸易进行管理的规范体系，以管理与被管理的法律关系为研究对象，内容涵盖国内法和国际条约，而国内法当中既包括国家法，又包括一定领域的商事习惯法。

三 研究综述

中国的法律制度历经几千年的发展演变源远流长，形成了世界法制史

---

① 冯大同主编：《国际贸易法》，北京大学出版社1995年版，第16页。
② 同上书，第5页。
③ 郭寿康、韩立余主编：《国际贸易法》，中国人民大学出版社2006年版，第10页。

上自成体系的"中华法系",有人把它置于世界五大法系之列,充分肯定其适应于东方社会的特点、地位和影响。中国法制史作为法学学科的一个主要门类,很多学者都为其完善和发展作出卓越贡献。在我国法学界,由于对中国法制史的研究较为深入,以"中国法制史"为名的教科书有数十种之多,相关的著作和学术论文更是难以计数。但是,就像诸法合体,以刑为主的中国法律一样,近些年来,在众多的研究成果当中,学者们的研究偏好集中于刑法、民法,涉及市场管理、经济贸易的尚在少数,而专门研究对外贸易法律制度的论述更是凤毛麟角。有些学术成果中涉及对外贸易法律制度的研究仅局限在研究一个朝代法制整体状况时的一笔带过,至于全面系统又深入的研究远远没有展开。对于近代云南的对外贸易法制的专项研究,更鲜少有学者涉足该领域,唯有恩师方慧教授所著《云南法制史》①,对近代云南对外贸易相关法律制度作出了概括性的论述。

近代云南对外贸易法律制度是一个交叉的研究领域,它既属于法学,又属于史学,既是近代法制史的一个分支,又是云南近代经济史的重要内容。从目前收集的大量文献资料来看,笔者注意到可以从史学和法学两方面的研究成果中找到线索。

(一) 云南对外贸易史的专项研究

云南对外贸易史的研究可以追溯至抗日战争时期,由于当时文化重心向西南方向迁移,与此同时,国民政府资源委员会也组织学者对西南地区的经贸资源及发展状况进行调研,并形成了一批珍贵的资料性成果。由于起步较早,研究云南对外贸易史的学者建树颇多。其中,最早有关描述云南近代对外贸易概况的著作,如 1939 年出版的钟崇敏所著《云南之贸易》②及 1946 年出版的万湘澄所著《云南对外贸易概观》③等论著,较为详细地描述了当时云南对外贸易的发展概况,具有很高的资料价值。20世纪 80 年代以后,随着经济建设高潮的兴起,云南近代贸易史研究也进入了新阶段,研究范围有所扩展,研究方法也有所创新。90 年代以后,基于中外经贸交往的日益频繁,学者们对云南近代对外贸易相关问题予以了极大的热情和关注,研究更加深入,获得了具有较高学术价值的多项成

---

① 方慧主编:《云南法制史》,中国社会科学出版社 2005 年版。
② 钟崇敏:《云南之贸易》,1939 年手稿油印。
③ 万湘澄:《云南对外贸易概观》,新云南丛书社 1946 年版。

果。如吴兴南教授的《云南对外贸易——从传统到近代化的历程》①《云南对外贸易史》②《近代西南对外贸易》③ 以及董孟雄、郭亚非教授所著《云南地区对外贸易史》④ 均是系统研究云南对外贸易史的专著。吴兴南教授侧重从云南对外贸易的近代化转型入手研究云南近代贸易史，认为近代云南社会经济部门成为资本主义市场体系的一环，从而形成了新的经济空间，经济活动从单纯的自我循环服从于更大系统的运转。吴教授指出：虽然云南在近代以后百余年间的对外贸易是在帝国主义政治侵略和经济掠夺的背景下被动发展起来的，但是对外贸易的发展，在客观上推动了近代云南地区社会经济的繁荣与发展，最终引发了诸如生产生活方式、政治机构以及文化交融等方面的社会变革。⑤ 在吴教授的研究成果中，有关对外贸易法律制度的阐述主要集中在对近代云南地区对外贸易变化发展的要因分析相关论述中，诸如不平等条约对近代云南对外贸易发展进程的影响、政府对外贸易政策的调整对于商业贸易活动的促进、太平洋战争爆发后，紧缩的贸易政策和调控手段导致了对外贸易的停止和衰落等。董孟雄、郭亚非教授在专著中对近代云南地区的对外贸易状况进行了具体翔实的分析，他们着力研究1889年蒙自开关至1950年云南和平解放，共计62年的历史，指出云南的近代对外贸易是在受外力强大影响的半殖民地半封建环境下进行的，由于此环境和条件的作用方式及程度不同，使对外贸易呈现出不同阶段的特点。在书中，二位学者具体总结和归纳了上述不同时期云南贸易活动的特点以及对当时社会经济的影响。

除以上论著外，很多学者就近代云南的对外贸易问题也发表过研究成果。如贺圣达在深入研究近代云南与中南半岛的经济交往状况后指出："这种经济交往不仅具有作为半殖民地半封建中国一部分的云南对外经济交往的一般特点，而且具有同帝国主义的殖民地交往的特点。"⑥ 郭亚非认为"这种区域性贸易圈受到贸易各方生产力水平的制约，只能在较低

---

① 吴兴南：《云南对外贸易——从传统到近代化的历程》，云南民族出版社1997年版。
② 吴兴南：《云南对外贸易史》，云南大学出版社2002年版。
③ 吴兴南、张仲华、孙月红：《近代西南对外贸易》，云南民族出版社1998年版。
④ 董孟雄、郭亚非：《云南地区对外贸易史》，云南人民出版社1998年版。
⑤ 吴兴南：《云南对外贸易——从传统到近代化的历程》，云南民族出版社1997年版，第2页。
⑥ 贺圣达：《近代云南与中南半岛地区经济交往研究三题》，《思想战线》1990年第1期。

层次上进行，更没有因贸易发展而推动的投资行为"①。吴兴南教授在《历史上云南的对外贸易》一文中指出："19世纪中叶以后，因蒙自、思茅、腾越口岸的开辟，云南对外贸易步入了超常发展的阶段。对外贸易的规模、贸易形式以及对外贸易的性质都发生了重大变化。由于受外国资本主义的侵略，商品经济的发展和对外贸易的变化，深受世界资本主义市场的左右，世界资本主义市场景气如何，资本主义国家对农矿原材料资源需求大小，都直接影响到本省该产业的生产以及出口贸易的盛衰。"②赵小平对明清云南边疆对外贸易展开研究后阐述了清末以后，云南在中国西南边疆地区的国际区域市场中扮演着中国对外贸易的前沿、核心角色，在世界贸易体系中也占有一席之地的看法。③王文成在《约开商埠与清末云南对外经贸关系的变迁》一文中阐述到约开商埠前后，云南对外经贸关系的性质发生了重大变化，内部结构也演变为以通商口岸为依托，以全球性、综合性的世界贸易为主体，以边境贸易、边民互市和走私贸易为补充的近代对外经贸关系。云南在一定程度上更深地卷入了早期经济全球化和殖民贸易体系的漩涡。④戴鞍钢的《近代中国西部内陆边疆通商口岸论析》⑤一文，是迄今为止为数不多的专门研究西南通商口岸的专业论文。该文重点阐述了西南边疆通商口岸与沿海口岸相比，有贸易额低、对腹地的带动较弱等特点。

（二）云南经济史和地方史中有关近代云南对外贸易的研究

基于地方政府和学者针对地方经济史的一贯关注，使近代经济史的研究成果硕果累累。对外贸易史是近代经济史的重要组成部分，随着云南地方近代经济史研究领域的不断扩展，其中涉及近代云南对外贸易的部分也愈加深入。如民国时期张肖梅所著《云南经济》⑥，从包括气候、土地、人口、交通、物产等内容在内的经济环境出发，具体分析了云南省的工

---

① 郭亚非：《近代云南与周边国家区域性贸易圈》，《云南师范大学学报》2001年第2期。
② 吴兴南：《历史上云南的对外贸易》，《云南社会科学》1998年第3期。
③ 赵小平：《明清云南边疆对外贸易与国际区域市场的拓展》，《历史教学》2009年第4期。
④ 王文成：《约开商埠与清末云南对外经贸关系的变迁》，《云南社会科学》2008年第3期。
⑤ 戴鞍钢：《近代中国西部内陆边疆通商口岸论析》，《复旦学报》2005年第4期。
⑥ 张肖梅：《云南经济》，中华民国国民经济研究所，1942年。

业、商业、对外贸易和财政金融等行业部门的发展态势，从而较为翔实地展现出当时云南省的整体经济状况。就对外贸易方面而言，该书专设一章从对外贸易的相关政策、进出口货值、贸易对象、关税收入等内容着手，进行深入剖析。郭垣所著《云南省经济问题》① 也是民国时期云南省经济研究颇具代表性的著作，该书针对云南省对外贸易的研究更为全面细致。在对云南外贸整体状况和云南各海关贸易状况进行分析的基础上，具体区分了直接对外贸易和转口贸易，探讨了出入超的原因，总结了云南对外贸易的特点并就云南省外贸经济的发展提出展望。

当代学者的研究著述也极为丰富。如恩师方慧教授和方铁教授合著《中国西南边疆开发史》②，以西南边疆开发的历史过程及其发展规律为主线，具体研究西南边疆地区社会生产各个部门，包括矿冶、交通、商业和贸易等行业在不同时期的发展状况。李珪教授主编的《云南近代经济史》③，杨毓才教授所著的《云南各民族经济发展史》④，况浩林教授的《中国近代少数民族经济史稿》⑤，董孟雄教授的《云南地方经济史研究》⑥ 均对云南近代对外贸易发展的有关情况进行了或简略或翔实的论述和研究。其中，部分学者针对某些专题领域展开讨论，如刘云明的《清代云南市场研究》⑦ 集中探讨了帝国主义的侵略与传统边境贸易向口岸贸易的转变等问题。聂德宁的《近现代中国与东南亚经贸关系史研究》⑧ 一书，则主要探讨了华侨及侨汇与近现代中国与东南亚经贸关系的问题，等等。

此外，一些云南地方史的研究著作，如马耀教授主编的《云南简史》⑨，谢本书教授主编的《云南近代史》⑩ 等论著，均有专门章节就云

---

① 郭垣：《云南省经济问题》，正中书局1940年版。
② 方慧、方铁：《中国西南边疆开发史》，云南人民出版社1997年版。
③ 李珪主编：《云南近代经济史》，云南民族出版社1995年版。
④ 杨毓才：《云南各民族经济发展史》，云南民族出版社1989年版。
⑤ 况浩林：《中国近代少数民族经济史稿》，民族出版社1982年版。
⑥ 董孟雄：《云南近代地方经济史研究》，云南人民出版社1991年版。
⑦ 刘云明：《清代云南市场研究》，云南大学出版社1996年版。
⑧ 聂德宁：《近现代中国与东南亚经贸关系史研究》，厦门大学出版社2001年版。
⑨ 马耀主编：《云南简史》，云南人民出版社1983年版。
⑩ 谢本书主编：《云南近代史》，云南人民出版社1993年版。

南对外经贸问题进行探讨。陆韧教授的《云南对外交通史》[①]，杨实的《抗日战争时期西南的交通》[②]，李富强的《西南——岭南出海通道的历史考察》[③] 等著作，则以云南对外通道为纲，探讨了通道与贸易之间的关系。

以上学术成果虽然偏重阐述近代云南对外贸易发展的脉络以及社会、经济、交通等因素对贸易所产生的影响，但就对外贸易法律制度及其对社会经济发展所产生的影响未作过多涉及，而这恰恰是本书立论的核心所在，因此，笔者在文章论述过程中，会重点阐述近代云南对外贸易法律制度的相关内容以及它对于社会变迁所发挥的不容忽视的作用。

（三）法制史中涉及近代云南对外贸易法律制度的研究

笔者另一条研究路径是以法学为起点，有关近代对外贸易法律制度的研究可以追溯到北洋政府时期。辛亥革命以后，北洋政府组织前清遗老撰写了《清史稿》，第一次对清代历史作了系统的梳理和总结，其中的《律例志》涉及了对外贸易的相关规定。其后学者们的研究也或多或少地对对外贸易法制有所涉及。如陈顾远《中国法制史》[④] 的"经济制度"编中就涉及了外贸制度。但整体来说，有关对外贸易法制的研究还比较少。中华人民共和国成立以后，中国法制史的研究呈现繁荣景象。张晋藩教授主编的《中国法制通史》[⑤]，曾宪义教授主编的《中国法制史》[⑥]，丁凌华教授的《中国法律制度史》[⑦]，赵晓耕教授的《中国法制史原理与案例教程》[⑧] 等多部教材问世，其中均有部分涉及清末、民国时期对外贸易法律制度的内容。与经济法律规范有关的论著和论文也比较丰富，如蒋晓伟先生的《中国经济法制史》[⑨] 就将从夏朝至中华人民共和国成立之前，各个朝代的与经济有关的法律规范进行了归纳和分析，他认为中国自古以来就存在对经济生活的立法，但真正意义上的经济法应该是从秦汉时期开始萌

[①] 陆韧：《云南对外交通史》，云南民族出版社1997年版。
[②] 杨实：《抗日战争时期西南的交通》，云南人民出版社1992年版。
[③] 李富强：《西南——岭南出海通道的历史考察》，《广西民族研究》1997年第4期。
[④] 陈顾远：《中国法制史》，商务印书馆1934年版。
[⑤] 张晋藩主编：《中国法制通史》（第九卷），法律出版社1999年版。
[⑥] 曾宪义主编：《中国法制史》（第三版），中国人民大学出版社2009年版。
[⑦] 丁凌华：《中国法律制度史》，法律出版社1999年版。
[⑧] 赵晓耕：《中国法制史原理与案例教程》，中国人民大学出版社2006年版。
[⑨] 蒋晓伟：《中国经济法制史》，知识出版社1994年版。

芽，魏晋时期形成，隋唐至宋元明清发展，清末由于西方资本主义因素的侵入，中国的经济立法也随之发生转型。刘惠君的《中国近代早期工商业发展与社会法律观念的变革》① 一书，从经济发展与社会法律观念的互动上来考察分析近代中国社会的变化，并对中国工商业发展之后的法律制度性因素和近代化进程步履艰难的深层原因进行了有益探索。虞和平的《民国初期的经济法制建设》②、易继苍的《中国经济法制现代化的里程碑——北洋政府时期的经济立法》③ 均阐述了民国初年的立法在中国经济法律制度发展过程中的重要作用，指出民国初年的经济立法奠定了近代中国的资本主义经济法制体系的基本架构，有承上启下的重要地位。贾孔会的《试论北洋政府的经济立法活动》④ 把北洋政府经济法规的制定与近代工商业发展结合起来，进行了较为系统的考察，从而更全面客观地评价北洋政府经济立法与近代工商业发展的关系。此外，还有朱英的《论清末的经济法规》⑤、武乾的《北洋政府时期的经济立法与经济体制的两元化》⑥，卫春回的《论20世纪初中国政府经济立法的若干特征》⑦，徐卫国的《论清末新政时期的经济政策·清末经济法规一览表》⑧，虞和平的《国民初年经济法制建设述评》⑨，王涛的《近代中西经济法制历史比较中的借鉴》⑩ 等。这些学术成果在研究近代经济法律制度的同时也涉及了外贸法律制度。

显然，就对外贸易法律制度的研究而言，总体来说，涉猎较广，有一定的成就。但当我们把研究视觉缩小至云南地区时，相关的法制研究著作

---

① 刘惠君：《中国近代早期工商业发展与社会法律观念的变革》，中央民族大学出版社2009年版。

② 虞和平：《民国初期的经济法制建设》，《二十一世纪》1991年第7期。

③ 易继苍：《中国经济法制现代化的里程碑——北洋政府时期的经济立法》，《贵州社会科学》2004年第3期。

④ 贾孔会：《试论北洋政府的经济立法活动》，《安徽史学》2000年第3期。

⑤ 朱英：《论清末的经济法规》，《历史研究》1993年第5期。

⑥ 武乾：《北洋政府时期的经济立法与经济体制的两元化》，《法商研究》2003年第1期。

⑦ 卫春回：《论20世纪初中国政府经济立法的若干特征》，《兰州商学院学报》2001年第2期。

⑧ 徐卫国：《论清末新政时期的经济政策·清末经济法规一览表》，《中国经济史研究》1997年第3期。

⑨ 虞和平：《国民初年经济法制建设述评》，《近代史研究》1992年第4期。

⑩ 王涛：《近代中西经济法制历史比较中的借鉴》，《河北法学》1998年第4期。

就极为稀缺了。所幸恩师方慧教授在《云南法制史》[①]一书中,对近代云南地方的法制状况、地方立法、法律执行和适用机构作了较为全面的介绍,对近代各时期的云南对外贸易法律制度也作了一些研究,如清末开埠通商的有关法规、对进出口商品种类限制的规范、对外贸易税收方面的规范等。此外,恩师在《清代前期西南地区边境贸易中的有关法规》[②]一文中,也指出清政府对西南地区边境贸易的态度不是支持,而是限制和禁止,在贸易地点、时间和贸易物品方面都进行严格管控。为本文研究近代云南对外贸易政策和法律的变迁提供了重要的历史沿革。

(四)针对对外贸易政策和对外贸易管理机构的研究

有些学者将研究焦点置于与对外贸易相关的政策上,如王文光教授和龚卿发表的《民国时期云南龙、卢彝族统治集团财税政策研究》[③]文中指出民国时期龙云、卢汉彝族统治集团对云南进行的卓有成效治理,除了推行较为温和的政治措施外,还积极推行财政改革。包括加大外汇管理力度、限制白银外流等举措。徐建生在其博士论文《民国时期经济政策的沿袭与变异(1912—1937)》中对民国北洋政府和南京政府的经济政策作了贯通性的探究。通过对经济政策出台的综合背景及众多的政策文件分析,厘清经济法规的沿革和经济法制的进度,透过政府经济行为来揭示颁布政策的实质与得失。周武、张雪蓉在《晚清经济政策的演变及其社会效应》[④]中,对经济政策给予社会经济发展的影响作出了深入的阐述,作者认为经济政策是统治集团统治政策的集中体现,它的演变从根本上受制于社会历史发展的客观趋势和社会外部生态环境的变化,适时地调整或改变既定的经济政策会对社会发展产生影响。系统考察晚清经济政策的演变历程,有助于加深对近代社会的认识。此外,马伯煌的《中国经济政策思想史》[⑤],石柏林、朱英的《近代中国经济政策演变史稿》[⑥],徐建生的

[①] 方慧主编:《云南法制史》,中国社会科学出版社2005年版。

[②] 方慧:《清代前期西南地区边境贸易中的有关法规》,《贵州民族学院学报》(哲学社会科学版)2007年第3期。

[③] 王文光、龚卿:《民国时期云南龙、卢彝族统治集团财税政策研究》,《西南边疆民族研究》1998年第6期。

[④] 周武、张雪蓉:《晚清经济政策的演变及其社会效应》,《江汉论坛》1991年第3期。

[⑤] 马伯煌主编:《中国经济政策思想史》,云南人民出版社1993年版。

[⑥] 石柏林、朱英:《近代中国经济政策演变史稿》,湖北人民出版社1998年版。

《民国初年经济政策的背景与起步》①《论民国初年经济政策的扶植与奖励导向》②《民国北京、南京政府经济政策的思想基础》③，黄逸平的《辛亥革命后的经济政策与中国近代化》④，朱英的《论南京临时政府的经济政策》⑤ 等著作和论文，也对清末、民国时期统治集团的经济政策进行了较为深入而详细的分析。张建俅在《清末自开商埠思想与政策的形成》⑥ 中谈到清政府自开商埠的相关政策，与此政策相关的还有谢本书、李江主编的《近代昆明城市史》⑦，以及徐柳凡的《清末民初自开商埠探析》⑧ 等论文。

贸易管理机构也是研究重点之一，王奎在其博士论文《清末商部农工商部与社会经济转型研究》中，具体分析了清末在以社会经济转型背景下的经济管理职能机关——商部农工商部的转型。朱英在《论晚清的商务局、农工商局》⑨ 一文中谈到甲午战争以后，中国的民族危机和清朝的统治危机都日趋加深，清政府的经济政策也随之发生了明显变化，开始逐渐重视发展工商实业，并采取一系列具体措施，饬令各省设立商务局、农工商局即是其中的一项重要内容。张德泽所著《清代国家机关考略》⑩ 描述了清代外交机构的沿革，并结合不同时期中外关系的发展变化进行考察，揭示了中国外交机构的建立与发展同外来势力影响间的关系。吕美颐的《论清末官制改革与国家体制近代化》⑪ 认为清末的官制改革是中国国家体制近代化的开端，外务部这一外交机构在政治体制发展中具有进步意

---

① 徐建生：《民国初年经济政策的背景与起步》，《民国档案》1998 年第 2 期。
② 徐建生：《论民国初年经济政策的扶植与奖励导向》，《近代史研究》1999 年第 1 期。
③ 徐建生：《民国北京、南京政府经济政策的思想基础》，《中国经济史研究》2003 年第 3 期。
④ 黄逸平：《辛亥革命后的经济政策与中国近代化》，《学术月刊》1992 年第 6 期。
⑤ 朱英：《论南京临时政府的经济政策》，《华中师范大学学报》（人文社会科学版）1999 年第 1 期。
⑥ 张建俅：《清末自开商埠思想与政策的形成》，《台湾政治大学历史学报》1995 年第 12 期。
⑦ 谢本书、李江主编：《近代昆明城市史》，云南大学出版社 1997 年版。
⑧ 徐柳凡：《清末民初自开商埠探析》，《南开学报》1996 年第 3 期。
⑨ 朱英：《论晚清的商务局、农工商局》，《近代史研究》1994 年第 4 期。
⑩ 张德泽：《清代国家机关考略》，中国人民大学出版社 1991 年版。
⑪ 吕美颐：《论清末官制改革与国家体制近代化》，《河南大学学报》（哲学社会科学版）1986 年第 4 期。

义。与此相关的学术成果还有杜继东的《清末外务部的历史地位初探》①，张步先的《从总理衙门到外务部——兼论晚清外交现代化》②，王立诚的《中国近代外交制度史》③，高旺的《晚清中国的政治转型》④，吴福环的《总理衙门职能的扩展及其与军机处内阁的关系》⑤，蒋贤斌的《试论近代的地方外交交涉机关》⑥，王开玺的《总理衙门改组为外务部刍议》⑦，以及彭南生的《晚清外交官制及其薪俸制度的形成与变革》⑧，等等。

除国家机构外，商会在对外贸易中的作用也不容小觑。杨天宏在《转型中的自开商埠近代商事机构》⑨ 中指出在近代社会极端复杂的背景下、在激烈的商业竞争中，自开商埠以来商会致力于协调各种内外关系，处理商务纠纷，在社会经济生活中扮演了举足轻重的角色。虞和平的《商会与中国早期现代化》⑩ 一书中，详述了商会的发展历程及对中国近现代历史发展脉络的影响，为深入研究机构和贸易提供了另一条途径。与此相关的论述还有朱英的《商民运动时期商民协会与商会的关系：1926—1928》⑪《商民运动期间国民党对待商会政策的发展变化》⑫，罗群的《从会馆、行帮到商会——论近代云南商人组织的发展与嬗变》⑬，严

---

① 杜继东：《清末外务部的历史地位初探》，《兰州学刊》1990年第6期。
② 张步先：《从总理衙门到外务部——兼论晚清外交现代化》，《山西师范大学学报》1998年第3期。
③ 王立诚：《中国近代外交制度史》，甘肃人民出版社1991年版。
④ 高旺：《晚清中国的政治转型》，中国社会科学出版社2003年版。
⑤ 吴福环：《总理衙门职能的扩展及其与军机处内阁的关系》，《史学月刊》1991年第4期。
⑥ 蒋贤斌：《试论近代的地方外交交涉机关》，《江西师范大学学报》（哲学社会科学版）2000年第4期。
⑦ 王开玺：《总理衙门改组为外务部刍议》，《河北学刊》1995年第3期。
⑧ 彭南生：《晚清外交官制及其薪俸制度的形成与变革》，《华中师范大学学报》1997年第2期。
⑨ 杨天宏：《转型中的自开商埠近代商事机构》，《贵州社会科学》2002年第1期。
⑩ 虞和平：《商会与中国早期现代化》，上海人民出版社1993年版。
⑪ 朱英：《商民运动时期商民协会与商会的关系：1926—1928》，《中国经济史研究》2010年第3期。
⑫ 朱英：《商民运动期间国民党对待商会政策的发展变化》，《江苏社会科学》2010年第1期。
⑬ 罗群：《从会馆、行帮到商会——论近代云南商人组织的发展与嬗变》，《思想战线》2007年第6期。

建苗、刘伟峰的《近代中国商会的制度分析》①，彭帮富的《北洋时期商会历史作用之考察》②，王日根的《浅论近代工商性会馆的作用及其与商会的关系》③，冯筱才的《中国商会史研究之回顾与反思》④，彭南生的《近代中国行会到同业公会的制度变迁历程及其方式》⑤，肖海军的《论我国商会制度的源起、演变与现状》⑥，郑成林的《1927—1936年国民政府与商会关系述论》⑦等论著。

（五）海关与关税制度研究

也有学者围绕与对外贸易密切相关的海关制度进行了研究。陈诗启在《中国近代海关史》⑧及包括《清末税务处的设立与海关隶属关系的改变》⑨《南京政府的关税行政改革》⑩等在内的一系列作品中均阐述了一个观点：近代中国海关实行的是一套外籍税务司制度，它的产生一方面是由于资本主义因素的出现所不可避免地带来的有关资本主义的新事物；另一方面，也是主导方面，作为维护、发展列强在华经济利益的工具，外籍税务司制度阻碍了中国社会的发展。戴一峰在《论清末海关兼管常关》⑪和《近代洋关制度形成时期清政府态度剖析》⑫等系列作品中指出，对于这一制度的建立应该放在更广阔的视野中去分析，不能一味地强调帝国主义的侵略性，亦不能忽视清政府的内部因素。他认为，中国近代海关制度的形成以《天津条约》附约《通商章程》的签订为界，经历了两个阶段，其间清政府的态度发生微妙变化，对洋关制度的形成也起到推波助澜的作

---

① 严建苗、刘伟峰：《近代中国商会的制度分析》，《商业研究》2002年第8期。
② 彭帮富：《北洋时期商会历史作用之考察》，《民国档案》1992年第4期。
③ 王日根：《浅论近代工商性会馆的作用及其与商会的关系》，《厦门大学学报》1997年第4期。
④ 冯筱才：《中国商会史研究之回顾与反思》，《历史研究》2001年第5期。
⑤ 彭南生：《近代中国行会到同业公会的制度变迁历程及其方式》，《华中师范大学学报》2004年第3期。
⑥ 肖海军：《论我国商会制度的源起、演变与现状》，《北方研究》2007年第4期。
⑦ 郑成林：《1927—1936年国民政府与商会关系述论》，《近代史研究》2003年第3期。
⑧ 陈诗启：《中国近代海关史》，人民出版社2002年版。
⑨ 陈诗启：《清末税务处的设立与海关隶属关系的改变》，《历史研究》1987年第2期。
⑩ 陈诗启：《南京政府的关税行政改革》，《历史研究》1995年第3期。
⑪ 戴一峰：《论清末海关兼管常关》，《历史研究》1989年第6期。
⑫ 戴一峰：《近代洋关制度形成时期清政府态度剖析》，《中国社会经济史研究》1992年第3期。

用，在一些具体制度的推行过程中，清政府加入了自己的一些意图。水海刚在《论近代海关与地方社团的关系》①中指出海关在处理与地方社团关系时，首先在一定程度上保障地方社团的利益，在此基础之上以期实现对海关和地方事务的控制，而双方在利益一致的前提之下往往也呈现出某种合作关系。此外，还有任智勇的《晚清海关监督制度初探》②，杨天宏的《清季自开商埠海关的设置及其运作制度》③，谭启浩的《清末税务司的品秩》④，孙修福、何玲的《外籍税务司制度下的中国海关人事制度的特点与弊端》⑤等论文都以海关制度为主题展开。

还有学者以关税为对象展开研究：戴一峰在《近代中国海关与中国财政》⑥中，以附录的方式专门探讨了西南边疆地区的关税制度。蔡渭洲在《中国海关简史》⑦述及陆路进出口税的减免问题。叶松年的《中国近代海关税则史》⑧专门考察和研究了海关税则自主权丧失和收回的整个历史演变过程，涉及各个时期的税则沿革及历次税则修订情况。汤象龙的《中国近代海关税收和分配统计》⑨中对海关的档案进行了研究，在分析海关税收和分配情况以后，认为近代海关税务司制度不是土生土长的制度，是侵略者与中国封建统治阶级相勾结的产物，具有半殖民地半封建性质。日本学者久保亨的研究也备受学界关注，在其《走向自立之路——两次世界大战之间中国的关税通货政策和经济发展》⑩中，以南京国民政府收回关税自主权、税收政策的变动以及币值改革为中心，探讨了在此过程中错综复杂的国内外诸种关系和"二战"爆发前东亚的国际关系，对南京国民政府的关税改革及关税政策给予了积极评价。其他涉及关税研究

---

① 水海刚：《论近代海关与地方社团的关系》，《史林》2005年第3期。
② 任智勇：《晚清海关监督制度初探》，《历史档案》2004年第4期。
③ 杨天宏：《清季自开商埠海关的设置及其运作制度》，《社会科学研究》1998年第3期。
④ 谭启浩：《清末税务司的品秩》，《中国海关》1995年第2期。
⑤ 孙修福、何玲：《外籍税务司制度下的中国海关人事制度的特点与弊端》，《民国档案》2002年第2期。
⑥ 戴一峰：《近代中国海关与中国财政》，厦门大学出版社1993年版。
⑦ 蔡渭洲：《中国海关简史》，中国展望出版社1989年版。
⑧ 叶松年：《中国近代海关税则史》，上海三联书店1991年版。
⑨ 汤象龙主编：《中国近代海关税收和分配统计》，中华书局1992年版。
⑩ ［日］久保亨：《走向自立之路——两次世界大战之间中国的关税通货政策和经济发展》，王小嘉译，中国社会科学出版社2004年版。

的著作和论文还有戴一峰的《论鸦片战争后清朝中西贸易管理征税体制的变革》①《晚清中央与地方财政关系：以近代海关为中心》②，黄逸平、叶松年的《1929—1934 年"国定税则"与"关税自主"剖析》③，张生的《南京国民政府初期关税改革述评》④，王良行的《1929 年中国固定税则性质之数量分析》⑤，董振平的《1927—1937 年南京国民政府关税的整理与改革述论》⑥，叶玮的《30 年代初期国民政府进口关税征金改革述论》⑦，张徐乐的《南京国民政府时期修订海关进口税则的再评价》⑧，樊卫国的《论 1929—1934 年中国关税改革对民族经济的影响》⑨。

在文献综述的过程中，笔者注意到史学方面的论著基本上都致力于对近代云南对外贸易发展的基本历程进行了总体性的概述和分析，但对近代云南对外贸易中的法律问题鲜有专门研究和考察。而法学类的论述也仅局限于外贸法制某一方面的内容进行研究，对云南对外贸易法律法规、管理体制、对中外贸易的限制以及违反禁令的惩处等内容没有进行全面系统的研究。所以，本书将试图通过对近代分布在各种法律法规中的云南地区对外贸易相关规定及外贸制度，进行全面系统地梳理，分析其本质和特征，进而探讨云南对外贸易法制对云南社会历史发展所产生的影响。

四 核心观点和创新点

本书以云南近代对外贸易法律制度为研究对象，通过对大量史料进行

---

① 戴一峰：《论鸦片战争后清朝中西贸易管理征税体制的变革》，《海关研究》1991 年第 1 期。

② 戴一峰：《晚清中央与地方财政关系：以近代海关为中心》，《中国经济史研究》2000 年第 4 期。

③ 黄逸平、叶松年：《1929—1934 年"国定税则"与"关税自主"剖析》，《中国社会经济史研究》1986 年第 1 期。

④ 张生：《南京国民政府初期关税改革述评》，《近代史研究》1993 年第 2 期。

⑤ 王良行：《1929 年中国固定税则性质之数量分析》，《近代史研究》1995 年第 4 期。

⑥ 董振平：《1927—1937 年南京国民政府关税的整理与改革述论》，《齐鲁学刊》1999 年第 4 期。

⑦ 叶玮：《30 年代初期国民政府进口关税征金改革述论》，《民国档案》2001 年第 3 期。

⑧ 张徐乐：《南京国民政府时期修订海关进口税则的再评价》，《历史教学问题》2003 年第 2 期。

⑨ 樊卫国：《论 1929—1934 年中国关税改革对民族经济的影响》，《上海社会科学院学术季刊》2000 年第 2 期。

梳理，采用宏观和微观相结合，动态和静态相呼应，归纳与比较的研究方法，对近代云南对外贸易法律制度的产生及演变过程进行了系统的考察和思考，以期从法律层面解读转型中的云南社会，并通过分析近代云南对外贸易法律制度建立的渊源，对现代云南对外贸易法律制度的完善提供参考。

（一）核心观点

近代云南对外贸易法律制度不只是政府规范和调整对外贸易关系的工具，时代的特殊性赋予了它更深层次的意义。它的制定和执行对云南省的地区经济乃至云南地区的社会发展进程都起到了巨大影响。深入研究近代云南对外贸易法律制度所实施的社会背景及制度本身产生的社会影响，有助于我们对近代云南对外贸易的发展历程、发展特点和发展规律进行深入的认识和把握，对我们进一步分析对外贸易法律制度与对外贸易发展以及社会经济文化变迁之间的密切关系，最终对近代云南对外贸易法律制度在社会经济发展中所占地位和发挥的作用作出科学的总结和评价。

通过系统分析、研究近代云南对外贸易法律制度构建的社会背景、不同时期法律制度的基本内容以及法律规范的具体执行机构，笔者归纳总结出政治、经济与对外贸易法律制度之间的相互作用，提出国家的基本国策会体现在经济政策上，而经济政策直接反映在对外贸易法律制度的基本内容中，法律制度会对国民兴办工商实业的积极性产生影响，并最终作用于对外贸易的发展进程的结论。

（二）创新点

本书的创新之处主要体现在以下几方面。

1. 研究对象的创新性

近代在中国的历史长河中只有一百多年（1840—1949），其中的大部分时间中国社会还处于战争状态。尽管如此，云南省也从未停止经济和对外贸易发展的脚步。这一时期，云南的对外贸易完成了从传统型向近代化的转变。近代云南对外贸易法律制度是影响云南对外贸易发展的重要因素之一，同时，经由对外贸的影响进一步发挥其对经济发展和社会历史进程的作用，足见研究此论题的现实价值和学术意义。目前对该领域的研究还没有专门的系统性著作，因此，本书的写作在一定程度上带有填补学术空白的性质，研究的视角和分析的对象有创新性。

2. 研究内容的创新性

本文在撰写过程中，笔者依据时间推移和年代顺序为线索，将静态的法律规范、管理制度和动态的实施效果相结合，力图全面真实地反映特定历史时期的云南对外贸易法律制度和运行的全貌。透过社会背景，看到其历史必然性，总结特征并客观地评价它的作用。依据对外贸易发展变化的规律，探索对外贸易法律制度的得失，以史为鉴，为今天的社会主义现代化建设，为更好地发挥云南桥头堡的作用提供有价值的参考。

3. 研究方法的创新

本选题是法学、经济史学、社会学的跨学科综合研究，需要采取多种研究方法进行考察。一方面，基于历史学研究方法，要求尽可能挖掘史料，追本溯源；另一方面，又要注重法学的研究方法，透过法律规范本身去探求事件背后蕴藏的社会意义。在研究法制变化的同时，关注国家和社会的大环境，充分发挥各学科的特点，优势互补。

五 研究方法与材料来源

任何学科都有其特定的研究对象，以及研究该对象的特定方法。近代云南对外贸易法律制度虽然处于学科交叉的研究领域，但它毋庸置疑地归属于法制史的研究范畴。法制史的研究讲求以史实为依据，加以法学分析。方慧先生指出，研究必须建立在"用史料、事实说话，论从史出"[①]的基础之上，所以本文采用以下几种研究方法。

（一）以历史研究方法为基础

历史研究是对所研究的现象进行纵向的观察。通过历史的实证考察，可以洞察法律制度在历史上的产生和发展过程，使研究者得以从总体上对研究对象进行把握。今天的中国是昨天中国的继续，"一切社会现象都有其产生、发展的历史，如果抛开历史的联系，那么，所有的法律现象就都不可能得到正确的理解和把握"[②]。在近代云南对外贸易法律制度研究中，遵循这一论断是必要的。我们必须以史料为基础，通过对文献资料的分析，还原其历史发展脉络。同时，要尊重历史，以历史的标准评价历史，从当时的客观条件来分析当局政府所制定的法律和政策。通过对近代云南对外贸易法律制度进行历史考证，可以使我们从历史源流出发，进一步深

[①] 方慧：《中国历代民族法律典籍——"二十五史"有关少数民族法律史料辑要》，民族出版社2004年版，前言。

[②] 张文显：《法理学》（第三版），高等教育出版社、北京大学出版社2007年版，第32页。

化对外贸易法律制度与经济、政治、文化之间发生的相互作用，以及对社会进程产生重大影响的认识，并在此基础上提出完善现代云南对外贸易法律制度的可行性建议。

（二）综合运用比较研究方法

比较研究方法强调通过对客观事物的比较，以达到认识事物本质和规律的目的。本书写作过程中，注重了对纵向不同历史时期的法制状况以及横向不同区域的相关法制状况进行比较。1889—1937年，就中国社会而言时间横跨晚清至民国，历经晚清政府、南京临时政府、北京政府和南京国民政府四个不同时期，每届政府的对外贸易政策以及在政策引导下建立的对外贸易法律制度有其延续性但又不尽相同。云南省在此大背景下，也经历了四次政权更迭，包括晚清政府云贵总督治理时期、蔡锷执政时期、唐继尧执政时期和龙云执政时期。而近代云南对外贸易法律制度在不同时期，由于政权性质及导向的不同也形成了各自的特点。同时，基于地方法制的建立必须纳入国家法制大框架内的特性，近代云南对外贸易法律制度的内容必然受限于国家对外贸易法律制度的构建和运行。纵向和横向的比较研究，有利于厘清近代云南对外贸易法律制度发展的具体脉络，呈现清晰的发展路径。

此外，运用比较研究法还强调要将法律制度放在整个社会大环境下进行考察。我们在探究法律制度形成和变迁过程时往往会发现：在法律现象的背后，不仅要看到法律规范，还要看到法律事实。因此，研究思路必须综合考察形式的法制和实质的法制，成文的法律规范和实际运行的法律规范，从而将近代云南对外贸易法律制度的研究进一步推向深入。在本文写作过程中，笔者注重将法律规范与法律实效相结合。对法律规范不仅分析抽象的实定法的具体规定，更要探究这些规范实际运用情况。通过对法律规范和其可能产生的效力进行比照，发现法律之所以能对人们起到规范作用的内在奥秘，并进一步解决法律自身存在的一般机理。同时，在对近代云南对外贸易法律制度进行研究时，笔者除了关注法律制度所处时代背景和区域特点外，还综合考虑到国际大环境和异质文化等因素的影响，以期对其进行更为真实、全面的呈现。

（三）以统计分析方法为辅助

统计分析方法侧重于运用计量统计工具，对研究对象的相关数据进行比对分析。"法律统计分析是整个调查研究的集大成阶段，可以反映社会法律现象之间的本质联系。"① 本书对大量历史数据进行了统计分析，通过比对，较为直观地反映出近代云南政治、经济等因素对对外贸易法律制度的影响，而法律制度的建立和完善又反过来对该地区的经济发展和社会进程产生相互作用。这一系列的影响和作用在进出口贸易额、政府财政税收收入、民众消费习惯和消费水平以及本省工商业的增长态势等方面都有较为明显的体现。

民族法制史的研究必须建立在浩瀚的史料文本基础之上。因此，笔者在撰写论文的整个过程中，用长达两年的时间立足广泛收集、不断补充与研究课题相关的文献、著述、报道及各种统计资料，力求将学术研究建立在丰厚的历史积淀上。本文所依据和使用的历史资料主要包括以下几类：(1) 有关的档案史料。如中国第二历史档案馆编辑出版的《中华民国史档案资料汇编》《中华民国商业档案资料汇编》；云南省档案馆编辑出版的《云南档案史料》；海关总署总务厅、中国第二历史档案馆编辑出版的《中国旧海关史料》以及海关总署编译委员会编辑出版的《旧中国海关总税务司署通令选编》等档案史料。(2) 民国时期的重要文件汇编。如云南省财政厅印刷局印行的《云南行政纪实》；云南省政府制定的《云南行政大纲》；云南省政府编印的《云南省现行法规汇编》和《云南省现行法规汇编（续集）》；云南省政府发布的《云南国贸展览会出口说明概要》以及云南省公署枢要处第四课编印的《云南对外贸易近况》等历史文件。(3) 民国时期修订出版的志书。如《新纂云南通志》《续云南通志长编》《云南府志》等。(4) 民国时期撰著出版的专项研究著作。如张肖梅的《云南经济》、郭垣的《云南省经济问题》、万湘澄的《云南对外贸易概观》、钟崇敏的《云南之贸易》等论著。(5) 中华人民共和国成立后修订出版的文献资料。如王铁崖的《中外旧约章汇编》、姚贤镐的《中国近代对外贸易史资料（1840—1895）》、蔡鸿源主编的《民国法规集成》等。此外，还有诸如《云南文史资料选辑》《昆明文史资料选辑》《清末民国时期云南法制史料选编》《云南省志》《昆明市志长编》等云南地方的历史文献资料。以上历史资料对论题的研究和本书的撰写提供了强有力的支撑和保障。

---

① 饶艾、张洪涛：《法社会学：社会学视野》，西南交通大学出版社2002年版，第62页。

第一章

近代云南对外贸易法律制度建立的社会背景（1889—1937）

云南的对外贸易历史十分悠久，早在春秋战国时期，云南同中南半岛及南亚地区就发生了贸易联系。随着中原内地王朝对西南边疆开发治理的深化，云南社会经济逐步发展，生产力水平也逐步提高，云南对外贸易的地域范围也进一步拓展。先秦荆楚、巴蜀经由南中（今滇、黔、川南地区）通往南亚、中南半岛的对外贸易通道，进一步把云南同外部世界联系在一起，西南"丝绸之路"的商道开通，成为云南对外贸易悠久历史的佐证。19世纪中叶，蒙自、思茅、腾越口岸的开辟，使云南对外贸易步入了超常发展的阶段。对外贸易的规模、贸易形式以及对外贸易的性质都发生了重大变化，并由此产生了一系列的新特点。与对外贸易休戚相关的近代云南对外贸易法律制度也应运而生。

第一节　近代云南对外贸易法律制度建立的政治背景

近代以来的云南对外贸易，是在帝国主义政治侵略和经济掠夺的大背景下被动开展的，从一开始就面临着侵略与反侵略的艰巨任务。但是，省内商品经济的发展又决定了对外贸易活动开展的必然性。云南地方政府虽然历经政权更迭，但均致力于努力抵制西方列强的经济侵略，收回外贸主导权的斗争。近代云南对外贸易法律制度的建立及曲折发展的过程，正反映了地方政府和广大民众追求经济独立和贸易平等的不懈抗战历程。

一　西方殖民者对云南的觊觎与入侵

南亚及中南半岛地区是云南历史上对外贸易的传统区域。但从18世纪末开始,这些国家先后遭到来自西方殖民主义者的入侵,并相继沦为殖民地。在这狂涛巨变的形势下,与其毗邻的中国云南亦面临严峻的危机。时人对这种唇亡齿寒的情形也有所洞悉,在《论云南对于中国之地位》一文作出如下评述:"云南形势之危殆,非自今日始也。自1883年越南沦亡于法,而云南即有唇亡之虞;1885年,缅甸析入于英,而云南更成掎角之势。自是以降,两雄交伺,前虎后狼,逐逐眈眈,时谋博噬。未几而有滇缅划界、蹙地千里之事;未几而有攫滇越铁路建筑权之事;未几而有揽七府矿山开采权之事;未几而有云南两广不许割让他国之事。藩篱尽撤,深入堂阶,而云南遂入英法之势力范围。"[①] 其实,英法殖民者染指云南的企图早在19世纪初就已显露无遗。当时不断有身负特殊使命的西方传教士和以地质矿产学者身份出现的冒险家及商人,通过传教、游历、经商等名目潜入云南进行非法的政治、经济活动,这些人实际上充当着英法等国政治军事侵略的急先锋。当时,英法国内的报纸杂志对他们的情报收集活动也大加赞誉。英国皇家地理学会《地理杂志》指出:从19世纪以来,英国的向外发展,不但为非洲殖民地尽了先驱之责,即在东方之西藏、云南等地的了解策划,皆地理学会之力。[②]

英法殖民势力的入侵,转变了云南传统的平等互利的外贸关系,丧失了独立自主的外贸权利,从而开启了云南地区对外贸易的近代化进程。

(一) 英国殖民者对云南的蚕食

英国在完成对印度沿海及孟加拉邦国的征服后,以印度为基地,利用各项商业活动,逐步将其侵略范围扩大到东南亚各地。通过对缅甸发动战争,迫使缅甸签订一系列不平等条约,驱逐法国殖民势力,将缅甸完全纳入英国的势力范围。最终目的是打开印度—缅甸—云南的通路。

英国侵占缅甸后,加紧了对云南侵略扩张的步伐。英印总督于1855年派阿瑟·帕维斯·费尔爵士(后出任英属缅甸首席专员)任代表团团长出访缅京阿瓦(即曼得勒),谋求签订一项允许英国经由缅甸与中国进行贸易的商约,但缅王未予准许。随着英国在缅甸商务活动的不断发展,英国商人要求进一步同中国云南通商贸易的呼声日益高涨。1860—1862年间,英国各大城市商会不断敦促本国政府与中国交涉,强烈要求中国开

[①] (清)杨毅廷:《滇事危言初集》卷4。转引自沈云龙等《近代中国史料丛刊》(第一辑),台湾文海出版社1966年版,第616页。

[②] 李根源:《〈永昌府文征〉校注》卷36,云南美术出版社2001年版,第4—5页。

放云南思茅,以保障英国谋求更大的商业利益。1862 年,英国当局再次派费尔爵士为特使出访缅甸,与缅甸政府议订商约并重申要求缅方协助英国解决与云南通商问题的诉求。同年 11 月英缅签订《英国缅甸关于保护贸易的条约》,该条约共 9 项内容,旨在吸引缅甸境内的其他国家商民与英国开展最广泛的贸易活动,同时也反映出英国借道缅甸—云南计划否决后,英国在缅甸的最大势力的范围扩张。

当然,英国从未放弃打通滇缅商道的企图。1863 年,英国驻曼德勒首席代理克莱门特·威廉斯(Clement Williams)考察了沿伊洛瓦底江抵八莫的路线后,上书英属缅甸总督:"……我认为如果印度洋一带能与中国西部交通,那么英国在中国东部的商业,便可以跟印度以电报直接往来。……倘若从瓦城筑一条铁路到八莫,再从八莫筑商路经过云南的腾冲、永昌、大理到云南府,由云南府再展至四川的叙州,即可顺长江水道直到中国东部。"[①] 威廉斯提出滇缅通商路线以八莫为最适宜,该路线不但是滇缅贸易的传统商道,而且每年贸易额颇巨。随后,英国政府又组成由英国驻曼得勒政务官斯莱登(E. B. Sladen)少校率领的探路队考察八莫通云南的商路,通过考察确认了八莫商路的可行性。他向英政府报告:"现在一项重要事实是,在八莫、腾越之间的路上,修筑一条长达 130 英里的公路或铁路,就能有效地开发云南的资源,且使我们与中国西南的财富和资源能发生直接联系。"[②] 1874 年底,英国政府指派霍勒斯·柏郎上校率勘探队对八莫入滇商路进行第二次考察。勘探队兵分两路,一路从八莫出发经盈江、蛮允进入腾越,另一队从上海出发会同探路。翻译官奥古斯塔斯·马嘉里从上海至云南,经过蛮允时,当地居民拒绝其通过,双方发生争执,马嘉里被少数民族群众射杀,勘探队中途折返。英国殖民者以此为借口,大做文章,趁机对清政府进行勒索,于 1876 年 9 月 13 日迫使清政府签订了屈辱的中英《烟台条约》。通过此条约,英国初步实现了自鸦片战争后不断要求开放中国全境的图谋,获得从沿海到内陆通航江湖新开口岸,洋货运入内地,完纳子口税后免抽厘金便可在内陆畅行;议订云南边界贸易章程,英人入藏探路等特权,为英国势力在中国内陆地区活动

[①] [英]克莱门特·威廉斯:《通过缅甸到中国西部:一本在 1863 年建立一条伊洛瓦底江与长江之间可行商路的旅行记》,伦敦,1868 年。转引自杨毓才《云南各民族经济发展史》,云南民族出版社 1989 年版,第 319 页。

[②] 王绳武:《中英关系史论丛》,人民出版社 1981 年版,第 76 页。

大开方便之门。侵略成性的英国政府并不以此为满足，1884年英国完全占领缅甸后，又于1886年7月24日强迫清政府签订《中英缅甸条款》，迫使清政府承认英国对缅甸的占领，并就中缅勘界、另立边界通商事宜另立专章。据此，1894年3月1日在伦敦签订了《中英续议滇缅界、商务条款》，清政府开辟蛮允为商埠，1897年订立《中英续议缅甸条约附款》，据此条约附款，云南新开思茅、腾越为英国商埠。至此，英国完全实现了打开中国西南后门，控制滇缅陆路商贸的图谋。

（二）法国殖民者在云南势力的扩张

法国与英国在中南半岛的争夺中，由于在缅甸失利，转而将重点放在越南等国。通过军事侵略手段将越南、老挝、柬埔寨占为殖民地，并以此为基地，实现向中国云南地区的侵略扩展。

1862年法越签订《西贡条约》后，一系列法国冒险家潜入云南，探察地形和物产，寻求商道，开始了对云南的觊觎。1866年，由法国海军大尉安邺（Francis Garnier）率领的考察团由西贡出发，沿湄公河溯流而上，途经柬埔寨、老挝，于次年抵达云南思茅，随后在昆明、东川一带活动，继而转往四川。这次考察了解到湄公河上游不宜通航，但意外地发现红河可以直通东京湾。此后，法国人便将注意力转向红河，积极策划红河通航事宜。1868年，法国商人堵布益（Jean Dupuis）进入云南，正值大理回民起义，堵布益趁机与云南提督马如龙订约，愿意提供军械和食盐，支持清王朝镇压起义，清政府则允许他在云南境内收买铜、锡。此时期，堵布益仔细探察了由云南通往越南的水道航路，充分了解到红河水道对商务的种种便利。堵布益将此重要信息带回法国，受到法国政府的高度赞誉，红河从此成为法国侵略者处心积虑加以控制的重要航道。安邺曾露骨地说："如果红河航线上的阻挠商业往来的政治障碍能够消除，云南将成为法国商品的市场和良好的出路。"① 为了实现这一图谋，法国殖民者加紧了对越南的入侵，以便尽快扫除通往云南的障碍。1873年11月20日法军进军河内，虽然此次海盗式的侵略被黑旗军击退，但越王迫于外交压力，于1874年3月与法国缔结《法越和平同盟条约》。该条约的签订，法国将逐步取代中国对越南的宗主权利，实现统治越南的目的。同时，条

---

① 云南省经济研究所编：《云南近代经济史文集》，经济问题探索杂志社1988年版，第53页。

约第十一条还载明，红河通道向法国开放。但由于把守红河沿岸的黑旗军严禁法国商人沿红河进入云南，且清政府也一直未同意法国提出的镇压越南境内的黑旗军要求，至1882年法国商人仍然无法自河内经红河运货至云南。1882年3月，法国借口黑旗军妨碍红河航运，拟在红河沿岸建筑堡垒以资防卫，再次派兵入侵越南，4月25日河内沦陷，1883年越南都城顺化被攻破。越南政府被迫求和，于1883年8月25日与法国签订《顺化条约》，至此越南被法国纳为被保护国。①

为了立即打开通往云南的商道，1884年7月，法国以中方不从越南境内撤兵为由，悍然挑起中法战争。1884年8月法国海军进攻中国本土福建、台湾沿海地区，战争持续到1885年年初。虽然这场战争法国海军和陆军都处于失利的情形，但软弱的清政府于同年6月9日，与法国签订了丧权辱国的《越南条约》，该条约意味着越南正式沦为法属殖民地。同时，条约第五款还规定："中国与北圻陆路交界，允准法国商人及法国保护之商人并中国商人运货进出其贸易，应限定若干处及在何处，俟日后体察两国生意多寡及往来道路定夺，须照中国内地现有章程酌核办理。总之通商处所在中国边界者，应指定两处——在保胜以上，一在谅山以北，法国商人均可在此居住，应得利益，应遵章程，均与通商各口无异。"② 表明了继云南和英国通商之后又向法国敞开门户。依据《越南条约》的相关内容，1886年4月25日，清政府又同法国殖民者签订了中法《越南边界通商章程》，条约规定法国商人或受法国保护之商民运至边界的货物完纳进口税后即可进入中国内地销售，从而为法国在中国内地倾销商品大开方便之门。1895年6月20日，中法就《越南条约》和《越南边界通商章程》中未尽事宜，订立《中法续议商务专条附章》。该条款共九条内容，其中第二条明确规定："两国议定法越与中国通商处所，广西则开龙州，云南则开蒙自，至蒙自往保胜之水道允开通商之一处。现议非在蛮耗而改在河口，法国任在河口驻有蒙自领事官属下一员，中国亦有海关一员在此驻扎。"第三条列明："议定云南之思茅开为法越通商处所，与龙州、蒙自无异，即照通商各口之例，法国任派领事官驻扎，中国亦驻有海关一员。"③ 蒙自、河口和思茅自此成为约开通商口岸，中国的西南门户被西

---

① 刘迪辉等：《东南亚简史》，广西人民出版社1989年版，第146—150页。
② 王铁崖：《中外旧约章汇编》第一册，生活·读书·新知三联书店1982年版，第467页。
③ 同上书，第622页。

方殖民者进一步打开。

撬开中国大门只是法国殖民者入侵的第一步，为加速对中国大陆原材料的掠夺和工业商品的倾销，打通越南和中国云南地区的商道成为殖民者们亟待解决的问题。他们除用武力迫使清朝政府和越南政府与之签订不平等条约，占据红河河道，打通越南至云南河口、蒙自的水上运输航道外，又为谋求在云南修筑铁路，连接越南至云南的陆路通道而加紧策划。

法国对通过铁路联通滇越商道早有图谋。1885年签订《中法会订越南条约》时，法国殖民者就为将来掌控云南铁路修建特权埋下伏笔。条约第七款载明："中法现立此约，其意系为邻邦益敦和睦，推广互市，现欲善体此意，由法国在北圻一带开辟道路，鼓励建设铁路，彼此言明，日后若中国酌拟创造铁路时，中国自向法国业此之人商办，其招募人工，法国无不尽力襄助……"① 以上内容无疑给了法国在中国境内修建铁路的某种特许。1895年6月20日法方与清政府签订《中法续议商务专条附章》，其中第五条规定："至越南之铁路或已成者或日后拟将添者，彼此议定，可由两国酌商妥订办法，接至中国界内。"② 这一条款也就成为日后法国侵略者掠夺滇省铁路修造权的条约依据。当时，法国在中国西南地区谋求修建的铁路包括两条：一条通云南，另一条通广西。通云南的铁路，还计划延伸到长江流域和四川盆地。1898年4月9日和10日（光绪二十四年三月十九、二十日），法国公使致清朝总理衙门照会，要求"中国国家允准法国国家，或所指法国公司，自越南边界至云南省城修造铁路一道，中国国家所为应备者，惟有该路所经之地与路旁应用地段而已。该路现正勘查，以后另由两国合订，再行会同订立章程"③。这一无理要求获得腐败无能的清政府的应允，因此，法国正式获得了修筑滇省铁路的特权。1900年，法国派员入滇境勘察路线，次年9月，正式组建滇越铁路法国公司，滇越铁路也正式开工。沦为洋人奴才的清政府，为了协助法人修铁路，于1903年在云南成立滇越铁路总局，承担为洋人招募中国劳工等项事宜，滇越铁路云南段也于当年动工。滇越铁路前后经十年左右时间的修造，于

---

① 王铁崖：《中外旧约章汇编》第一册，生活·读书·新知三联书店1982年版，第468页。

② 同上书，第623页。

③ 同上书，第744页。

1910年4月全线通车。①

从以上史实可以看出,滇越铁路的建成成为法帝国主义对云南人民侵略掠夺的吸血鬼,西方帝国主义国家的商品、货币资本源源涌入云南,严重冲击了云南社会经济的发展,也制约了对外贸易的正常进行。

二 如火如荼的民族民主革命运动的开展

清朝末年的云南,民族矛盾和阶级矛盾都十分尖锐。1911年10月10日,辛亥武昌起义爆发,全国震动。

(一)辛亥革命时期云南民主革命运动

云南虽地处边陲,却是同盟会革命活动的重要基地,云南同盟会员和民主人士积极响应革命号召,于同年10月27日,率先在腾越发动起义。经过一昼夜的战斗,起义军占领腾越、保山等地。省会昆明的同盟会员经多次策划,决定于宣统三年九月初十日即1911年10月31日凌晨3时起义,推选蔡锷为起义军临时总司令。10月30日晚8时,昆明起义提前爆发,经一天一夜的战斗,云贵总督李经羲逃走,起义军控制了昆明,史称"重九起义"。昆明起义成功后,云南各府、州、县,传檄而定,全省迅速光复,辛亥云南起义获得了重大胜利。11月1日,起义官兵于昆明五华山组建"大汉云南军都督府",公推蔡锷为云南军都督,宣布云南独立。②军政府成立后,发布宣言指出,云南起义的宗旨是要"铲除专制政体,建设善良国家,使汉、回、满、蒙、夷、苗各族结为一体,维持共和,以期巩固民权,恢复国力",并重申了同盟会的十六字纲领:"驱除鞑虏,恢复中华,建立民国,平均地权。"③军政府刚成立时,府内设参议院和参谋部、军政部、军务部三部,并在内政和社会方面进行了一系列改革,取得明显成效。如着力整顿财政,重视发展工业、农业、交通、邮电及文化教育事业。都督蔡锷以身作则,两次带头裁减本人薪俸,由于采取了多方面开源节流的措施,一贯入不敷出、仰靠中央政府接济和川、鄂

---

① 云南通志馆:《续云南通志长编》(中册),云南省志编纂委员会编校,1985年,第999—1000页。

② 云南省地方志编纂委员会:《云南省志》卷四十七,云南人民出版社1995年版,第3页。

③ 《滇军政府讨满洲檄》,《辛亥革命》第六集,第261页。转引自沈云龙等《近代中国史料丛刊》(第九辑),台湾文海出版社1986年版。

协饷（辛亥革命后均停付）的云南财政，民国初年做到了收支平衡，并略有结余，也使云南成为民国初年较为安定的省份之一。

1913年年底，蔡锷被调往北京，由唐继尧继任云南都督。然而，时任中华民国临时大总统的袁世凯，大搞独裁卖国。在其镇压"二次革命"后，先任正式总统，再任终身总统，并下令解散国会，蓄谋复辟封建帝制，并与日本帝国主义签订卖国丧权的"二十一条"。袁世凯倒行逆施的行为必然招致全国人民的坚决反对，反袁复辟的斗争如火如荼地在全国开展，云南各族人民也积极投入反袁斗争中。1915年12月25日，云南宣布独立，武装讨袁。组建了讨袁护国军，以蔡锷、李烈钧、唐继尧为护国第一、二、三军总司令。同时成立护国军云南都督府，由唐继尧兼任护国军云南都督。1916年年初，护国军在昆明誓师，各商铺张灯结彩，悬挂国旗，并在大门上用红纸金笔书写"永护共和大纪念"字样。昆明马市口至南门一带，门联、彩布五彩缤纷。民众结队游行，高呼"打倒卖国贼袁世凯！""拥护民主共和！"口号。① 云南各界踊跃捐款支援护国军，报名参军者更是络绎不绝。护国军出师后，全国各地纷纷响应，经过几个月艰苦卓绝的战斗，袁世凯终于在1916年3月22日下令撤销帝制，却不肯辞去总统一职。为彻底推翻袁世凯的反动统治，护国军持续抗争，同年5月8日，由护国起义各省联合组建的护国军军务院在广东肇庆成立，唐继尧出任军务院抚军长。最终，袁世凯众叛亲离，于6月6日病逝，以反对袁世凯复辟帝制为宗旨的护国战争胜利结束。此次革命运动中，云南人民作出了巨大贡献，为历史所铭记。

在唐继尧执政期间，云南的经济和文化教育事业有了一定的发展，诸如创建云南第一支空军和第一个航空学校，建立近代我国的第二个飞机场——巫家坝机场，创立西南最早的无线电台，建成个碧石铁路个碧段（个旧至碧色寨），修筑迤西省道昆明至禄丰段，派缪云台为云南锡务公司（驻个旧）总经理，振兴云锡。此外还创办了近代云南第一所高等院校私立东陆大学，成立辑刻云南丛书处等。

（二）"五四"时期云南人民反帝反封建运动

五四运动前夕，云南生产力仍然比较落后。虽然，在第一次世界大战期间，民族工商业有了一些新发展，但是工人人数相对于中东部省份而言

---

① 《滇声报》1916年1月5日。

尚属少数，而且力量分散，革命性较弱。因此，五四运动中在云南地区起主要作用的还是青年学生。这批青年在当时潮流的影响下，大多向往西方民主和科学，对封建军阀和卖国政府日益不满，希望革新政治。于1919年5月中旬，当"巴黎和会"中国外交失败和北京五四爱国运动爆发，云南青年学生便积极响应，鼓动各阶层民众，掀起了轰轰烈烈的反帝反封建的群众运动。

由云南省议会、省总商会、报界联合会、教育会、实业改进会、省农会、救国会、和平会、三迤总会、三省联合会、国民后援会、尚志学社等团体发起，于6月4日在云华茶园（今云南省第一人民医院内）召开盛大的"国民大会"，号召滇人和全国人民一道，挽回外交败局，争回青岛，抵制日货，并预备最后以武力解决。① 会后，学生及群众数千人举行了强大的示威游行，并捣毁了日商保田洋行、日商府上洋行等。"六四"国民大会及会后游行规模之大，在昆明是史无前例的，表明了人民群众反帝反封建斗争意志的空前高涨。6月8日，成立了云南学生爱国会（后更名为"中华民国学生联合会云南支会"），该会成立后发表宣言，反对日本帝国主义侵略，号召抵制日货，并创办了《云南学生爱国会周刊》和《爱国日报》；又组织讲演团深入工厂、农村广为宣传，发动群众。

学生们抵制日货的行动，获得了社会各界的支持。国民大会、总商会等团体以及海关当局和云南学生爱国会合作，清查日货。7月25日再次召开国民大会，筹商抵制日货的办法。大会通过了抵制日货的决议书，规定凡超过限期未能处理之日货，一律焚毁。国民大会、学生爱国会、总商会把上缴和清查出来的日货运往南校场和金碧公园当众焚毁。有54家商号签字不再贩卖日货，据载："滇省商界，素来销售日货极多，近亦激于爱国，凡稍有资本者，均多在店前粘贴'停售日货，力争青岛'字样。"② "此次抵制日货，维持了一年半之久，执行非常认真。如日货中最主要的洋纱，民国九年全年的进口总数，只有民国八年上半年进口数的十分之一，这极少的进口量，也几乎全是外商运来的。直到民国十年，这风潮才渐渐平息了。"③ 此次运动既抵制了日本帝国主义的经济侵略，又对云南

---

① 云南省政协委员会文史资料研究委员会：《云南文史资料选辑》第14辑，云南人民出版社1981年版，第19页。

② 云南档案馆编：《清末民初的云南社会》，云南人民出版社2005年版，第106页。

③ 万湘澄：《云南对外贸易概观》，新云南丛书社1946年版，第104—105页。

民族工商业的发展起到了保护作用。1920年昆明又召开纪念"五九"国耻的万人大会。学生们将日货陈列在主席台，会后抬至南校场烧毁。全市中等学校学生宣布罢课一周，举行游行示威抵制日货。

五四运动在云南地区基本上是一次知识分子运动，昆明两千多名中学生走在运动前列，各阶层人士纷纷响应。尽管五四运动在昆明不可能具有像北京、上海等地那样的规模，但是它在云南历史上仍然是一件划时代的事情。

(三) 北伐时期云南统治权的变更

护国战争胜利后，由唐继尧主持滇政。唐执政期间，野心膨胀，利用护国之名，以云南为基地，对外进行地盘扩张，对内实行军阀统治。由于连年征战，唐继尧不断扩充军队，为保证其军费开支，对民众横征暴敛，同时，滥发纸币，大开烟禁，致使云南省的财政经济濒临崩溃，民不聊生，怨声载道。1921年年初，入川滇军第一军长顾品珍联合一部分军官，率部进逼昆明，唐继尧被迫下野，流落香港。1922年唐继尧卷土重来，第二次重掌滇政大权，继续主张向四川和贵州扩张，加上本人生活挥霍无度，称王称霸，其倒行逆施的行为激起民众强烈不满。1926年11月，中共云南地下党组织——中共云南特别支部成立。为配合北伐战争的进行，中共云南特别支部组织了以李鑫为首的云南政治斗争委员会，专门策划倒唐工作，通过揭露唐继尧祸滇殃民的罪行，积极策动掌握军权的四镇守使，推动各社会团体、广大群众结成反军阀斗争的统一战线。在云南人民反唐情绪高涨之际，1927年2月6日，昆明镇守使龙云、蒙自镇守使胡若愚、昭通镇守使张汝骥、大理镇守使李选廷联名举行"兵谏"，史称"二六政变"。同日发出《胡若愚等联名请婉劝唐继尧促唐继虞引退并公开政治的通电》，要求唐继尧惩办贪污，摒除"小人"，"公开政治，安内睦外，异辙改弦"[①]。2月11日，四镇守使再次发出《胡若愚等要求改组省政府废纸独裁电》以"清君侧"为名，迫使唐继尧交权让位。唐见大势已去，只能同意改组云南省政府。同年3月5日，召开各界联合会，选举胡若愚、龙云、张汝骥、李选廷等9人为省务委员会委员，并推选胡若愚为省务委员会主席，唐继尧则被"拥戴"为省务委员会有名无实的"总裁"。

---

① 云南省档案馆：《云南档案史料》第17辑，第1—2页。

省务委员会仅存在了3个多月，胡若愚、龙云和张汝骥3人因争权夺利形成三军混战的局面。经过3年混战，最终由龙云取得胜利，统一了云南全省。1928年1月南京国民政府下达命令要求各省建立省政府委员制。云南省政府由国民政府任命委员9人，任命龙云为委员、省政府主席兼国民革命军第十三路军总指挥，集军政大权于一身。龙云在《省政府委员会改组就职宣言》中提出要建设"三民主义革命的新云南"的施政目标，倡导"实行三民主义，拥护南京政府，肃清革命派，彻底改革政治，建设党化国家"。龙云上台初期就面临连年征战所导致的云南全省工商萧条，金融紊乱，通货膨胀等严重局面。为解决财政枯竭、入不敷出的问题，龙云提出"统一财政，整顿金融"的十年计划，同时，省政府成立了由他亲自主持的整理财政金融委员会，先后召开了三次全省性的整理财政金融会议，并相应采取了调整财税机构及人员配备；将全省财政税收权力收归省财政厅直接管理，增强财政厅的财政监管职能；整顿金融秩序；改革税制和田赋；征收禁烟罚金；扩大官营企事业等一系列卓有成效的措施。龙云出任云南省政府主席后，云南政局逐步走向安定，加上省政府推行一系列积极的财政政策，使云南省财政经济状况逐渐好转，也为云南经济发展铺平了道路。

三 民间社会团体反帝反清的斗争

随着清末社会内忧外患的日益加深，市民阶层的不断觉醒和壮大，云南出现了不少群众社会组织，集会结社活动频繁。

1895年在京的昆明举人张锴、段荣嘉、白嘉澍等云南其他举人参加了康有为发起的要求清政府实行君主立宪、变法维新的"公车上书"。1898年在京云南举人成立"保滇会"，成为近代云南知识分子要求参与政事的第一个团体组织。[①] 该组织后随戊戌变法的失败而销声匿迹。

1905年以孙中山为首的中国先进知识分子在日本成立"同盟会"，云南留日学生李根源、杨振鸿、吕志伊等人率先入会，吕志伊任同盟会云南支部部长。此后，同盟会在推动云南民主革命和各社团的建立过程中，均起到较大的号召和组织作用。1906年同盟会云南支部在东京创立《云南》杂志，以宣传民主、揭露清政府的腐败卖国、反对英法等帝国主义侵略为

---

① 谢本书主编：《昆明城市史》第1卷，云南大学出版社2009年版，第89页。

宗旨。同年，杨振鸿组织云南各府同学会在昆明成立云南公学会，其宗旨有三："一曰开拓社会文明，一曰增进国民幸福，一曰拯救本省危局。"①公学会目的明确，发展较快，次年其分会发展到60余县，并多次领导和参与了昆明近代的反帝活动，影响较大。1908年3月29日，同盟会发动河口起义。起义虽前后不到一个月即被清政府平定，但在此期间，同盟会员占领了河口大部分地方，蒙自海关、河口分关及邮局均被起义军占驻。为镇压起义军，清政府大肆征兵，同时，为防止起义蔓延，在蒙自各地实行特别戒严长达一个月有余。从而导致商家交易停顿，贸易额大幅下挫。被迫流亡日本的杨振鸿与在日本的吕志伊、赵伸等人得知清政府准备借法兵扑灭起义，随即组织成立云南独立会，宣布云南独立，与清政府断绝关系，并派杨振鸿等10余人回滇参加起义。② 还未赶到，河口起义即宣告失败。

此外，云南在京学生和同乡京官于1906年在北京成立了滇学会。该学会致力于通过外交途径阻止英、法帝国主义对云南的侵略。1907年在京成立筹滇协会，该组织较为严密，主张要救中国，必先救云南，并希望通过上书等办法获得清政府的支持。同年李伯东等人在昆明教师中组织"滇学会"，会员多为留日归国者，并向日本订购《民报》《汉帜》《复报》等刊物，在昆明宣传民主思想。同年留学越南的徐廉至昆，成立演说总会，直接面对群众，"痛陈安南、印度、缅甸亡国惨状，借以引起民众种族主义"③，宣传效果很好。到1909年，整个昆明"虽下至妇孺，亦多有知云南之危及亡国之惨，而愿闻救亡之策者"④。演说会还新编戏曲，演唱新戏，在群众文化娱乐场所"灌输革命思想于普通人民"⑤。此外，徐廉还创办了《云南旬报》，所刊内容"往往于旁敲侧击中输入革命主义"⑥。该报在昆明兴隆街设发行所，举办义务学堂，抵制法国在昆所设的中法学堂。

1910年，为反对英法帝国主义霸占云南、澄江、临安、开化、楚雄、

---

① 中国科学院历史研究所第三所编：《云南杂志选辑》，科学出版社1958年版，第86页。
② 同上书，第20页。
③ 杜元载主编：《革命文献》第66辑，中央文物供应社1974年版，第55页。
④ 侠少：《论国民保存国土之法》，《云南杂志》（六号）。转引自中国社会科学院近代史研究所《近代史资料》编译室主编《云南杂志选辑》，知识产权出版社2013年版，第71页。
⑤ 杜元载主编：《革命文献》第66辑，中央文物供应社1974年版，第57页。
⑥ 同上。

元江、永北七府矿权,云南人民在革命党人胡源、李德沛等领导下组成"保存云南矿产会",组织学生向咨议局请愿,要求废除与英法签订的关于七府矿权的不平等条约。这场运动"始于学界的呼号奔走,报界之警觉提斯,其次则绅商军农各界,凡关心时局者靡不遗为隐忧"①。强大的社会舆论,迫使当时的云贵总督李经义不得不表示"抵制"出卖矿权,斗争取得了胜利。

除上述群众性的政治团体外,云南民众还成立了云南商务总会(1906)、云南省农会(1910)、云南省工会(1911)、云南省教育会及禁烟天足会等社团,这些社团在推进云南省的商业、工农业、教育事业及改良社会风气、陋习等方面,一定程度上起到积极作用。同时,云南的各个政治团体,都具有鲜明的政治倾向和较强的革命性,反对帝国主义侵略和封建专制统治,推崇实现社会变革,建立自强民主的云南。这些政治社团多由昆明具有进步思想的知识分子所创建,其影响远远超出知识分子的范围并波及社会各阶层。

这种政治性群众团体的出现,表明近代云南在经济、政治和西方思想的多重冲击下,市民意识逐渐觉醒。他们积极参与时政,并在当时的政治活动中产生了较大影响。从1900年反对法国领事私运军火的斗争、1906年反对总督丁振铎丧权辱国的斗争,到1910年反对英法霸占七府矿权的斗争、反对日本教员无理勒索的斗争、反对英占片马的斗争等一系列活动,都充分显示了市民阶层力量的壮大。1909年云南省咨议局成立,从法律上保障了市民参政议政的合法权益,进一步强化了市民意识。城市力量的增强和市民意识的觉醒,也带动了云南民众在观念意识上的近代化。

通过分析近代云南对外贸易法律制度建立的政治背景,笔者认为:经济是政治的基础,政治是经济的集中表现。云南对外贸易的发展变化决定了云南政治上必须兴革存废,而政府对外经济政策和法律的颁行同样也制约了对外贸易活动的盛衰。西方列强入侵云南,推动了云南社会的近代化转型和云南法制的变革。从1889年蒙自开埠到1937年抗战爆发的49年间,云南省先后经历了四次政权更迭,但不论哪届政府都为收回贸易主导权作出过努力。所以近代云南对外贸易法律制度从构建到变迁的整个过程,也体现了中外不同利益集团力量角逐和相互博弈的过程。"如同法律

---

① 云南档案馆编:《清末民初的云南社会》,云南人民出版社2005年版,第15页。

发展离不开法律赖以存续的社会条件一样，国家及政府的推动对于一个社会的法律成长同样是绝对必需的。尤其在现代社会，法律发展的基本目标是实现法制的现代化，进而在社会转型进步中显示法律的价值意义。因之，作为社会公共管理职能担负者的国家及政府，必然要在法律的变革进程中扮演着一个重要的角色。"[1] 在近代云南对外贸易法律制度建立和变迁的过程中，政府的外贸政策起了非常重要的引导作用，而法律也是政策最直接的体现。

值得一提的是在面对复杂多变的国际和国内形势，云南民众从未间断将对外贸易活动从帝国主义的垄断操纵中脱离出来的努力，从关税自主到不平等条约的废止，都包含着民众的不懈抗争。云南人民在抗击外来政治、经济侵略的斗争中逐渐觉醒。在殖民掠夺、军阀混战的动荡年代，从广大民众中涌现出了一大批进步人士和民族资本商人，他们在政治上积极争取主权和独立、在经济上力求自强和发展，抓住机遇学习西方先进文明成果，成为推动近代云南对外贸易向前发展和对外贸易法律新秩序构建的中坚力量。

第二节　近代云南对外贸易法律制度建立的经济背景

云南地处祖国西南边陲，国内与四川、贵州、广西、西藏接壤，国外与越南、缅甸、老挝山水相连，国境线长达4060公里。云南对外贸易历史悠久，境内有"南方丝绸之路"的重要商道，与缅甸、印度、越南、老挝、泰国等地的贸易交流最早可以追溯到公元前4世纪。1840年鸦片战争以后，中国逐步沦为半殖民地半封建社会。英国和法国觊觎云南丰富的自然资源，强迫清政府签订了一系列不平等条约。1889—1902年间，先后打开蒙自、思茅、腾越等地为通商口岸，1905年，昆明自辟为通商口岸。在各口岸均设立了以外籍税务司为绝对核心的近代海关，把持进出口贸易和关税。为加紧对云南的经济侵略，英法列强在云南开办洋行、创设银行、修筑铁路、抢夺采矿权，使云南完全沦为输出资本、倾销商品和掠夺原材料的场所。在外国资本主义侵略的刺激和封建经济结构解体的前

---

[1] 公丕祥：《法制现代化的理论逻辑》，中国政法大学出版社1999年版，第205页。

提下,云南的近代工商业也有所发展。滇越铁路通车后,商品出口量激增,带动了云南商品经济的发展,使云南对外贸易进入了一个迅速发展时期。从时代背景看,1889—1937 年,近代云南对外贸易先后经历了晚清政府时期、南京临时政府时期、北京政府时期和国民政府时期。从发展速度看,李珪教授在《云南近代对外贸易史略》一文中,将这一时期分成了三个阶段:"1840 年至 1889 年蒙自开埠前是缓慢发展阶段;1889 年至 1910 年滇越铁路通车前是发展较快的阶段;1910 年至 1936 年是迅速发展的阶段。"①

一 近代云南对外贸易的进出口总值分析

从云南有关进出口贸易总值的数据统计表中可以看出,在 1889 年蒙自开埠通商后至 1937 年抗日战争爆发之前,云南进出口贸易不断发展,贸易额也呈现稳中有升的态势。

表 1-1　　　　　1889—1937 年云南进出口总值择年统计

单位:1889—1932 为关平两,1933—1937 为国币元

年份	云南进口总值	云南出口总值	云南进出口总值	全国进出口总值	云南占全国比例(%)
1889	62300	87629	149929	207832000	0.07
1890	466089	461193	927282	214237000	0.48
1897	2548624	1089115	3637739	366330000	1.01
1902	4347895	3872961	8220856	529546000	1.55
1905	6449493	5070299	11519792	679989000	1.7
1910	6684299	6983699	13667987	843798000	1.62
1911	6089356	7228365	13317721	848842000	1.56
1912	9766518	12573069	22339589	843617434	2.65
1920	13948998	13918806	27867804	1303881530	2.14
1927	19834261	11960469	31794730	1931552286	1.66
1928	19187508	12254145	31441653	2187324259	1.43
1929	16294450	12168682	28463132	2281466139	1.25
1930	14172484	11658057	25830541	2204599336	1.17

---

① 李珪、梅丹:《云南近代对外贸易史略》,载于云南省政协委员会文史资料研究委员会《云南文史资料选辑》第 42 辑,云南人民出版社 1993 年版,第 2 页。

续表

年份	云南进口总值	云南出口总值	云南进出口总值	全国进出口总值	云南占全国比例（%）
1931	8496686	7184479	15681165	2342964719	0.67
1932	8047689	4474252	12521941	1541888000	0.81
1933	15613315	23669839	39283154	1957395178	2.01
1934	10983779	15425579	26409358	1564879503	1.68
1935	9015319	20219610	29234929	1495020382	1.96
1936	10081511	28000751	38008262	1647286141	2.31
1937	25380389	39225059	63605448	1791641712	3.55

资料来源：（1）昆明关存档《中外贸易统计年刊》，转引自云南省地方志编纂委员会《云南省志》卷十六，云南人民出版社1998年版，第35—37页。（2）曹必宏主编：《中华民国实录文献统计（1912.1—1949.9）》，吉林人民出版社1997年版，第5058—5059页。

1889年蒙自开关之初，云南全省的进出口总值仅有149929关平银两，到1902年腾越正式开关即增至8220856关平银两。进入20世纪，云南对外贸易又有了新的发展。1910年滇越铁路全线通车，大为改善了云南的对外交通，极大地促进了云南的进出口贸易，到1928年贸易额已高达31441653关平银两。1929—1932年间，受世界经济危机影响，云南进出口贸易总值大幅度下降，发展停滞甚至出现倒退迹象。1933年后，世界经济形势有所好转，云南对外贸易额也相应回升，进出口总值为国币39283154元。据统计，截至1937年，云南全省对外贸易额已达国币63605448元。[①]

虽然云南对外贸易从清末到民国时期有了长足进展，但在全国范围与经济发达地区相比，差距仍然很大。云南土地面积约占全国4%，人口约为全国3%，但从云南进出口贸易在全国所占比重来看，在蒙自开关之初的1890年，云南进出口总值仅占全国进出口总值的0.48%，1905年昆明开埠通商后略有上升，为1.7%。当然，该项比重一直随经济走向波动起伏，不过总体呈现稳中有升的态势。至抗日战争爆发的1937年，云南进出口总值已达到全国进出口贸易总值的3.55%。[②]

云南蒙自、思茅、腾越三个海关在对外贸易中的地位也不尽相同。据史料记载：蒙自关区内有便捷的滇越铁路，个旧丰富的金属矿产，进出口

---

① 参见表1-1数据。

② 参见表1-1数据。

总值占全省 75%—85%。腾越关区内与缅、印为古今交通要道，马帮驮运兴旺，进出口货值占全省 10%—20%。思茅关区内交通条件较差，物产较为贫瘠，进出口贸易总值仅占全省 1%—2%①，思茅关后改为支关，最后撤销。

二 近代云南对外贸易的主要国家和地区

伴随英法殖民者入侵云南，在一系列不平等条约的限制下开埠通商，将云南纳入了资本主义世界市场体系中。扭曲的贸易格局，对云南资源的大肆掠夺和资金的大量流失，使云南沦为资本主义国家工业品倾销地和原材料供应地。在此背景下，云南对外贸易被动发展，贸易规模迅速扩大，贸易对象也发生了巨大变化。国土相邻的缅甸、越南、老挝等中南半岛国家是云南历史上的传统贸易伙伴，近代以后，双方贸易关系仍然十分密切。由于中南半岛各国相继沦为英、法殖民地，云南随之也开始了同英、法等资本主义国家的直接贸易。1910 年滇越铁路通车带来了云南对外贸易的进一步发展，外国工业品大量涌入，本地农副土特产品和工业原材料源源不断输出。除进出口商品种类和数量明显增加外，参与对云南商品倾销和原材料掠夺的国家和地区也不断增加。

（一）云南主要进口来源国家和地区

据海关资料统计，第一次世界大战前云南初开商埠时，均以越南、缅甸、香港地区为主要进口来源地。"一战"结束后 20 世纪 20 年代末期，贸易国别发生了变化，云南主要进口来源地遍及英、法、美、日等各国，历年变化情况如表 1-2、表 1-3 所示。

表 1-2　　　　　云南主要进口来源国家和地区统计

单位：1919 年为美元，1927—1930 年为关平两，1936—1937 年为海关金

国别地区		越南		缅甸		香港地区	
年份	进口总值	货值	占比（%）	货值	占比（%）	货值	占比（%）
1919	16987768	2408084	14.00	5091049	30.00	9488633	56.00
1927	19834261	3182042	16.00	2648793	13.40	13003420	65.60
1928	19187508	3033586	15.80	3017404	15.70	13136518	68.50
1929	16294450	3141802	19.30	2107439	12.90	10245209	62.90

---

① 李春龙等：《新纂云南通志》（七），云南人民出版社 2007 年点校本，第 112 页。

续表

国别地区		越南		缅甸		香港地区	
年份	进口总值	货值	占比（%）	货值	占比（%）	货值	占比（%）
1930	14172484	2145023	15.10	2463825	17.40	9563636	67.50
1936	4429909	166264	3.80	408640	9.20	94836	2.14
1937	4912457	230483	4.50	465597	9.50	87704	1.79

资料来源：云南省地方志编纂委员会：《云南省志》卷十六，云南人民出版社1998年版，第39页。

表1-3　　　　云南主要进口来源国家和地区统计

单位：1919年为美元，1927—1930年为关平两，1936—1937年为海关金

年份 国别地区	1936		1937	
	货值	占比（%）	货值	占比（%）
法国	597319	11.45	1096415	22.32
德国	732783	16.54	531764	10.82
英国	257876	5.82	327582	6.67
美国	632150	14.30	806583	16.42
印度	580277	11.97	499612	10.17

资料来源：云南省地方志编纂委员会：《云南省志》卷十六，云南人民出版社1998年版，第39页。

（二）云南主要出口销往国家和地区

云南自开关以来，出口货物主要销往越南、香港地区，其中锡、猪鬃、牛羊皮张、茶、桐油等则转销欧美各国。销往缅甸、印度的货物主要有生丝、绸缎、石磺、土杂品等。具体情况见表1-4、表1-5。

表1-4　　　　云南主要出口输往国家和地区统计

单位：1919年为美元，1927—1930年为关平两，1936—1937年为国币元

国别地区		越南		缅甸	
年份	出口总值	货值	占比（%）	货值	占比（%）
1919	16609123	514500	3.00	2842550	17.00
1927	11960469	413600	3.50	2376219	19.87
1928	12252145	894550	7.30	996345	8.10
1929	12188682	688585	5.70	1304432	10.70
1930	1658057	576502	4.90	1515038	13.00

续表

国别地区		越南		缅甸	
年份	出口总值	货值	占比（%）	货值	占比（%）
1936	28000781	1571500	5.60	4272544	15.30
1937	38225057	3861001	10.20	3949723	10.30

资料来源：云南省地方志编纂委员会：《云南省志》卷十六，云南人民出版社1998年版，第40页。

表1-5　　　　云南主要出口输往国家和地区统计

单位：1919年为美元，1927—1930年为关平两，1936—1937年为国币元

国别地区	香港地区		英国		美国	
年份	货值	占比（%）	货值	占比（%）	货值	占比（%）
1919	13252073	80.00				
1927	9110648	76.20				
1928	10361250	84.57				
1929	10195665	83.65				
1930	9566517	82.00				
1936	18390541	65.70	2594923	9.67		
1937	25337015	66.30	4457941	11.60	396028	1.00

资料来源：云南省地方志编纂委员会：《云南省志》卷十六，云南人民出版社1998年版，第40页。

（三）对云南进出口贸易对象的比较

近代云南对外贸易活动中，随着对外交往的不断发展，贸易对象逐渐增多，贸易国别和地区扩大和多样化趋势也日益突出。

云南开埠通商初期，进出口贸易对象相对较少。进口方面，商品单一品种较少，向我省输入产品的国家和地区，主要是香港地区、越南、缅甸。据云南主要进口来源国家和地区统计表数据显示，香港地区排名第一，占进口贸易值的56%，越南第二，占进口贸易值的14%左右，缅甸为第三，为7%—8%。第一次世界大战后，情形慢慢出现变化。《新纂云南通志》商业考中记载："以贸易国别言，本省贸易范围遍及英、美、日、法等国，而以法国为主。至贸易区域，则以安南、印度、香港为主要市场。"[①]

[①] 李春龙等：《新纂云南通志》（七），云南人民出版社2007年点校本，第111页。

表 1-6　　　　　1928—1930 年蒙自关进口货物国别地区情况　　　单位：法郎

国别地区 \ 年份	1928 货值	占比（%）	1929 货值	占比（%）	1930 货值	占比（%）
香港	208096908	73.34	233436236	79.03	272256311	80.02
美国	9804161	3.45	5307301	1.79	8255	0.002
印度	8223391	2.89	5358940	1.81	21347	0.006
日本	49572	0.01	148156	0.05	119748	0.03
法国	692886	0.24	1425402	0.48	593890	0.17
欧洲各国	1865842	0.65	4277035	1.44	884840	0.26
欧洲各国转口入内地	1504067	0.53	991924	0.33	2678146	0.78

资料来源：云南通志馆：《续云南通志长编》（下册），云南省志编纂委员会办公室编校，1985 年，第 586—587 页。

如表 1-6 所示，笔者认为：虽然香港所占比重始终居于突出位置，但有数据统计的贸易对象已扩大为美国、印度、日本、法国、欧洲各国和地区。其中，美国于 1928 年、1929 年两年在进口方面占有明显地位，输入云南的货物主要是汽油、煤油、烟叶、机器和五金制品。印度、日本则主要向云南输入棉纱，日本还向滇西地区和滇缅边区输入人造丝。法国在对云南的进出口贸易中也占有一席之地。

与进口贸易的国别和地区相比，出口贸易的国别和地区显得极为狭窄。出口产品主要销往香港，其余多为缅甸、越南等周边国家。其中输往香港的贸易货值在历年所有出口商品中均占半数以上的绝对比例，如 1919 年输往香港地区的贸易货值就达到出口总值的 80%，虽然 1927 年该数值略有回落为 76.20%，但其后的年份又回升至 80% 以上。即便是在抗日战争全面发生当年即 1937 年，云南向香港地区出口商品的数额也占到了全省出口总值的 66.30%。究其缘由，香港作为东方最大的商品集散地和再分配中心，云南出口的许多货物都要经由香港再转运至世界各地。由于当时海关统计制度不完善，缺乏准确的香港转运货物数量及去向的资料统计，但从云南进出口总值数据分析，可以看出云南总体出口货值在逐年增加，对外贸易有较大发展。此外，川黔及国内其他地区也将云南作为转口贸易港外销产品，也表明云南已被纳入全国对外贸易市场，成为西南地区重要的转口贸易港埠。

三 近代云南对外贸易的商品类别和货值分析

据《续云南通志长编》记载：近代云南对外贸易进口商品以棉货为大宗，煤油、烟草、人造靛、糖、钢铁、纸等次之。棉货中又以棉纱为最多，棉布次之，棉花又次之。出口商品以锡为大宗，经丝、皮革次之、猪鬃及其他金属品又次之。[①]

（一）云南主要进口商品及其货值

从蒙自开关到辛亥革命期间，进口商品主要以生活资料为主，机电产品和工业原料等生产资料很少。在进口商品中以棉纱、棉花为第一位，约占进口总值的40%以上[②]，煤油、烟草制品等次之，其他如纸张、水海产品、染料、干果等也是主要进口商品。1912—1921年的10年间，由于第一次世界大战爆发的原因，云南出现了出口总值大于进口总值的现象，进口总值在700万—1400万关平银两。进口商品仍以棉纱为最大宗的商品，1921年以后，进口额持续增加，贸易逆差大，引起白银外流，加上本省政局不稳和财政危机等原因，进出口额略有下降。到30年代前期，云南民族工业开始较大发展，钢材、机电产品、机器设备、光学仪器、交通器材等生产资料进口比例上升。后由于外敌入侵，军械、军火也成为重要进口物资。近代云南对外贸易的主要进口商品为以下六大类。

第一类，棉花、棉纱、布匹。云南因棉、麻等纺织原料产量甚少，加上现代化纺织生产到20世纪30年代才逐渐发展起来，所以蒙自开关以来，棉花、棉纱、布匹占进口货物中的40%以上，为最大宗的进口商品。1910年进口棉花5409公担，10.5万美元，到1920年上升到23650公担，148万美元，1946年进口23455公担，232万美元。棉纱为纺织半成品，进口价值最大，1910年即达68623公担，248万美元，1920年上升到79079公担，1084万美元，1930年61439公担，253万美元，以后逐步减少。[③] 布匹在30年代以前进口量较大，以后逐渐减少。

第二类，粮食。由于交通不便，云南粮食主要靠自给。但自清末修建

---

① 云南通志馆：《续云南通志长编》（下册），云南省志编纂委员办公室编校，1985年，第578页。

② 李春龙等：《新纂云南通志》（七），云南人民出版社2007年点校本，第109页。

③ 云南通志馆：《续云南通志长编》（下册），云南省志编纂委员办公室编校，1985年，第591页。

滇越铁路以来，交通沿线及城市人口大增，当地粮食难以满足需要，故从越南进口解决。以后便形成凡遇农业歉收，就大量进口，农业丰收则减少进口的惯例。粮食成为军需民用的重要进口商品。1917 年云南出口豆类 91665 担，进口豆类、面粉仅 472 担，出超 91193 担。粮食由出超转为入超 14537 担，1925 年粮食进口最多入超达 551951 担，以后有所减少，至 1930 年入超为 12736 担。① 30 年代中期，省内农业丰收，进口大米、面粉均减少。

第三类，石油产品。进口石油产品以煤油、汽油、润滑油为大宗。30 年代以前以煤油为主，30 年代以后，工业兴起，交通改善，以致汽油、润滑油渐显重要。蒙自开关后，煤油就成为仅次于棉花、纺织品的第二大进口商品。1920 年进口达 100 万加仑，1925 年增加到 184 万多加仑，1928 年再增至 216 万多加仑，占进口总值的比重，1927 年为 3.3%，1931 年增至 6.3%。煤油进口由美商美孚公司和英商英荷公司所垄断，美孚占 60%，英荷占 40%。省内常年消费量为 360 万公升（约合 95 万加仑）。② 汽油则是随着云南道路交通的修筑而需求倍增。滇越铁路于 1910 年建成通车，而第一条公路直到 1928 年才建成，当年汽油进口 5890 加仑，此后逐渐增加，到 1935 年已达 130 多万公升（约合 35.6 万加仑）。同时，随着云南近代工业发展，润滑油的进口量也逐年增加，1935 年进口为 90 多吨，1936 年即达 2063 吨，以后各年维持在 2000 吨以上。③

第四类，颜料、染料。因棉纺织品为最大宗进口货物，与之相配套的染料也就占有重要地位。1927—1931 年的五年中，颜料和染料的进口金额占进口总值的 3.1%，1934 年进口 13 万海关金。④ 此后云南成为西南地区重要的国际通道，进口的靛青等染料更为增多并转销到四川、贵州等地。

第五类，卷烟、烟丝。英、美等国以机制卷烟的优势，在中国倾销卷烟。云南进口卷烟逐渐增加，1920 年进口 6715 万支，1928 年达 21390 万支，20 年代进口量创历史最高，1928 年曾达到 68.6 万关平银两。⑤ 30 年

---

① 云南省地方志编纂委员会：《云南省志》卷十六，云南人民出版社 1998 年版，第 44 页。
② 同上书，第 45 页。
③ 民国资源委员会研究室编：《云南经济研究报告》第 20 号，1939 年手稿油印。
④ 云南省地方志编纂委员会：《云南省志》卷十六，云南人民出版社 1998 年版，第 41 页。
⑤ 钟崇敏：《云南之贸易》，手稿油印，1939 年，第 184 页。

代以后，上海生产的卷烟畅销云南，进口量减少。同时云南卷烟工业兴起，到40年代，卷烟进口量更是大为减少。

烟丝在20年代初期，每年进口量约有2500担，以后国产烟丝质量提高，又因改吸卷烟的人日益增多，烟丝进口量也逐渐减少。

第六类，机器设备。虽然在蒙自开关前后机器设备和工具就已开始进口，但进口数量较少。清末时期，商办工业在云南出现，如耀龙电灯公司首开进口发电设备的先例。20世纪20—30年代，云南近代化工业发展起来，私营工厂不断增加，机器进口由1920年的15.1万关平银两，增至1930年的48.6万关平银两。[①] 1936年云南省经济委员会筹建云南纺织厂，以及省内发展电力、制革、金属制造等工业，使机器进口有了较大发展。

（二）云南主要出口商品及其货值

自1889年蒙自开关之后，云南迅速沦为资本主义国家的原料来源地，矿产品大锡、钨砂、铅、锌、锑等，农副产品生丝、猪鬃、牛羊皮、桐油、茶、药材等成为主要出口商品。1910年云南省对外出口商品约为56种，1920年增加到125种，此后出口商品种类虽然有增有减，但大体维持前述状况。最大宗的出口商品是大锡，占出口总值的70%—84%[②]，其次是丝、皮革、猪鬃、茶等。对主要七类出口商品分析如下。

第一类，大锡。云南产锡的历史在《汉书》早有记载，锡产量约占世界总产量的6.5%。但直到19世纪中期，年产量仅几百吨，用于手工业制造炊具、茶具等。资本主义大工业生产力发展，对锡的需求急剧增加，促进了锡生产的发展。1917年云南锡出口首次达到11223吨的高点，价值1192.7万美元，占出口总值的79.2%，与1889年相比，出口数量增加42.8倍，价值增加143倍。1921—1932年，除个别年度外，出口量徘徊在6000—8000吨。1933年以后，大锡出口再度上升，1937年达到9466吨，价值857万美元。[③] 云南大锡出口受英国垄断资本控制，先经香港输往伦敦，抗战时又改为输往美国。

第二类，生丝。生丝是云南重要的大宗出口商品，由腾越关出口缅甸

---

① 云南通志馆：《续云南通志长编》（下册），云南省志编纂委员会办公室编校，1985年，第340页。

② 云南省地方志编纂委员会：《云南省志》卷十六，云南人民出版社1998年版，第47页。

③ 云南通志馆：《续云南通志长编》（下册），云南省志编纂委员会办公室编校，1985年，第600页。

已有很长历史。出口生丝以桑蚕丝为主，本地产丝量很少，大部分是云南商人从四川收购，拉回本省设厂缥丝，然后运往缅甸销售。川丝在缅甸很畅销，分为黄丝、土条丝。土条丝价格低廉，虽质量较差，但色彩鲜艳，更有耐洗、吸汗的特点，特别适合作为缅甸等东南亚国家湿热气候的衣着，当地人民用作绸纱笼，逐渐成为畅销品。1936 年出口达 4395 公担，价值 104 万美元，占出口总值的 12.6%。云南生丝出口数量和价值如下：1910 年出口 913 担，价值 228250 关平银两；1920 年 2578 担，价值 124.4 万关平银两；1930 年 2531 担，价值 116.4 万关平银两；1936 年 4395.4 公担，价值国币 351.6 万元。①

第三类，皮革。云南畜皮出口多系生皮，包括牛、羊、鹿等皮张。清末民初，皮革加工使用烟熏法的手工操作，质量不高，产量也低。1919 年，昆明永盛号高薪聘请福建技师，采用化学方法制革，开创了云南新式制革工艺。其他厂家纷纷效仿，外聘技师学习新法制革。1922 年苗天宝从德国归来（苗在德国学习制革工业），被聘任为官商合办的制革厂厂长，他招股充实资本，进口机器设备和原料，开始了规模较大的新式制革工业。

皮张出口以蒙自关为主要口岸，经香港转销远洋，品种以牛皮和羊皮为主。牛皮多销往日本，羊皮、鹿皮远销欧、美各国。鹿皮曾用作高级飞行员服装。生牛皮出口，1910 年为 5492 担，价值 103678 关平银两。1920 年 4134 担，价值 34874 关平银两。1940 年 1051 担，价值国币 387567 元。生山羊皮出口，1918 年已达 43.6 万张，价值 178598 关平银两。1920 年 31.3 万张，价值 187668 关平银两。1930 年 5215 担，价值 204633 万关平银两。1940 年 157.2 万张，价值国币 354 万元，占出口总值的 5.4%。硝山羊皮出口，1920 年 25.3 万张，价值 102088 关平银两。②

第四类，猪鬃。云南猪鬃以毛长、粗硬而誉为优良鬃种，是重要的出口商品。1912 年以前，主要将生鬃运往四川、广东等地加工后出口。1912 年云南昭通创办洗鬃厂，加工熟鬃经重庆转口外销。1917 年，法国徐璧雅洋行在昆明设立大型洗鬃厂，垄断了猪鬃的收购、加工和出口。

---

① 云南通志馆：《续云南通志长编》（下册），云南省志编纂委员会办公室编校，1985 年，第 611 页。

② 云南省政协委员会文史资料研究委员会：《云南文史资料选辑》第 18 辑，云南人民出版社 1983 年版，第 119 页。

1921—1938年，法国宝多洋行也在昆明设置大型洗鬃厂，与徐璧雅洋行竞争抢夺生鬃原料。后经法国驻滇总领事出面调停，双方达成合作协议，由徐璧雅洋行收购生鬃原料与宝多洋行共同加工后出口。因而这一段时期猪鬃的收购、加工和出口，基本上被法商垄断，出口市场也主要是法国。猪鬃出口，1918年为1375担，价值62739关平银两（折合7.9万美元）。1930年1636担，价值150513关平银两。1938年4654公担，价值国币435.4万元（折合130万美元），占出口总值的9.7%[1]，猪鬃出口达到最高水平。

第五类，钨砂。1936年，云南地方官僚资本成立云南钨锑公司，开采个旧钨矿，当年出口240.5吨，9.5万美元，1938年增至1007吨，117万美元，占出口总值的8.7%[2]。钨砂开始销往英、德，1940年后转销美国。后国民政府成立云南矿产品运销处，统制云南钨锑出口。云南钨锑公司生产的钨锑必须低价售给运销处，不能自行出口，以至利润很低，甚至亏损。钨矿生产受到严重影响，出口量锐减。

第六类，茶叶。云南在历史上就是产茶大省，滇茶久负盛名，品种特优。普洱茶味醇质厚曾被清王朝定为贡品，也早已外销到缅、泰、老、越等国。滇茶运销出口均由私营进出口商经营，规模较大的西南通海帮厚成昌号，在江城加工制成七子饼茶，经老挝运往越南和香港销售，另一条路线走景栋、曼谷到香港，主要销售市场为香港和东南亚国家，以供应华侨消费[3]。鹤庆帮恒盛公、大理帮永昌祥、腾冲帮茂恒等也都经营茶叶，但主要销往我国川、康、藏地区。

云南茶叶出口，于1910年已达2497担，42874关平银两（折合2.8万美元），1920年3289担，45240关平银两。1930年3044担，69190关平银两，1936年出口量最高为7782公担，价值国币233538万元（折合6.9万美元）[4]。

第七类，桐油。20年代云南桐油已有出口，1930年出口85担，

---

[1] 云南省政协委员会文史资料研究委员会：《云南文史资料选辑》第9辑，云南人民出版社1965年版，第125页。

[2] 云南通志馆：《续云南通志长编》（下册），云南省志编纂委员会办公室编校，1985年，第465页。

[3] 同上书，第608页。

[4] 云南省地方志编纂委员会：《云南省志》卷十六，云南人民出版社1998年版，第51页。

15363关平银两。①

四 近代云南对外贸易的特点

清朝末年，云南经济发展水平仍然比较落后，全省经济除滇中、滇西地区较为发达外，多数地区的生产力水平远远低于中东部地区，在边远山区和少数民族聚居地甚至还保留刀耕火种的原始生产方式。生活用品几乎全部依靠手工制作，就连享誉全国的东川铜矿也仍采用土法冶炼。由于云南地贫人穷，政府财政长年靠其他省份的"协饷"支撑。虽然洋务运动兴办了军火局等官营工商业，但整体发展仍在较低水平徘徊。1889年后，西方殖民者加快了侵略步伐，迫于压力清政府作出妥协，蒙自、思茅、腾越相继开埠。笔者认为：云南近代对外贸易口岸的开放并不是建立在云南社会经济发展业已成熟，具备相应主客观条件的基础上，而是受到外来侵略被迫开放。基于这一初始原因的影响，云南对外贸易长期处于被动状态。一方面对外贸易的自主性受到西方殖民者的特权压制；另一方面近代工商业基础薄弱，也严重制约了云南对外贸易的竞争力。落后的社会生产力水平使近代云南对外贸易饱受外国资本主义机器大工业产品的倾轧，虽然经历了从纯消费性到半消费性，最后才向半生产性贸易过渡的过程，但总体而言仍处于以消费性贸易为主的状态。

（一）主权丧失后的半殖民化色彩

鸦片战争爆发后，一系列不平等条约的签订使中国逐渐丧失了经济主权，海关大权掌控在英法等西方列强手中，随着海关行政权和关税自主权的丧失，为西方资本主义国家向中国倾销工业制成品和掠夺原材料打开了方便之门，中国沦为工业品市场和原材料产地，从而使本国工商业遭受毁灭性的摧残，令对外贸易业蒙上半殖民化色彩。

云南对外贸易受到严重制约的核心因素是：制定实施协定税率。根据《中法续议商务专条》第三条和《中英续议滇缅界、商务条款》第九条规定，法属越南及英属印度、缅甸等国输入云南的外国商品，均可享受减免正税3/10，甚至免征关税的优惠。不仅如此，外国商品除了进口时享受关税优惠外，还可以在缴纳极低的2.5%子口税后，就能在中国内地各省

---

① 云南通志馆：《续云南通志长编》（下册），云南省志编纂委员会办公室编校，1985年，第582页。

市场行销。即使在 1931 年"收回关税自主权"以后，表面上是由我国中央政府制定税率，实际上继续遭受西方列强的控制，仍是变相地延续协议税率。

与此相反，我国商品在出口时却要承受沉重的税费负担。如法属越南海关征收高额的过境税，使中国商人不堪重负。《中法越南边界通商章程》第十二款规定："凡运土货由中国此边关路过北圻至中国彼边关者，或由两边关运出越南海口回中国者，其过北圻时，应照法关税则完纳过境税，均不得过货值百抽二。"[①] 而历年所征税额要比规定高出许多。据云南总商会公函称："历年以来，越关所征过境税额任意增加，商人苦不堪言。去岁变本加厉，药材较前加征至 6 倍，烟丝加征至 5 倍，此外，各土货亦加征至 2 倍、3 倍、4 倍不等甚至值百抽百，随便加价，毫无标准，举凡通过越国商旅，莫不痛心疾首。"[②] 尤其在滇越铁路通车后，云南进出口货物 85% 以上由越南输入或输出，在此情况下，过境税制的推行，无疑极大地限制了云南进出口贸易的发展。而法越海关任意抽收高额过境税的行为更给云南对外贸易造成严重阻碍。

同时滇越铁路作为云南进出口贸易的主要运输通道，其收取的昂贵费用也增加了中国商人成本的开支。《续云南通志长编》记载了云南货物经滇越铁路运往越南海防出口，或者进口货物经由海防运入昆明的全部里程和费用："滇越铁路一共分为三段运价：昆明至蒙自碧色寨 287 公里，吨公里运价为越币 1 角 4 分，本区段合计 40.18 元；碧色寨至老街 178 公里，吨公里运价为越币 2 角 5 分，本区段合计 44.5 元；老街至海防 389 公里，吨公里运价为越币 8 分，本区段合计 31.12 元。滇越铁路全程 854 公里，全程运费为 115.8 元越币。"[③] 这一运费定价与中国内地同程运输费用相比较高出数倍。除了高昂的运费外，中国商人还要承担其他名目繁多的费用，具体包括：

1. 车站方面　货物途经车站应缴纳下列费用：

①登记费　货物装车，须由车站派员登记，不论货别，吨收越币

[①] 王铁崖：《中外旧约章汇编》第一册，生活·读书·新知三联书店 1982 年版，第 480 页。

[②] 昆明市志编纂委员会：《昆明市志长编》卷十二，1984 年，第 313 页。

[③] 云南通志馆：《续云南通志长编》（中册），云南省志编纂委员会办公室编校，1985 年，第 1012 页。

1角。

②过站费 凡在起运站装货，不论货别，吨纳过站费越币2角；货到终点，卸货吨纳越币1角。

③过秤费 货物装车前均需过秤，不分货别，吨收越币5分。

④打印费 货物装车后，车站方面要用大漆加封，零货每一件收越币1角；整兜货物，每兜收越币1元。

⑤搬运费 依据货物，每吨缴费越币2—5角，装卸均同。

2. 码头方面 货物经过，应纳下列费用：

①卸货费 货物搬上（搬下）轮船，应纳码头费，每吨收越币3角3分。

②进栈费 货到码头，未及时装上轮船或火车，应由码头移入栈房，每吨卸货费及15日栈租费，出口货物纳越币4角，进口货物纳5角5分。

③栈租费 货物入栈房后15日内不能运出，则每超过15日吨收栈租费1角5分。

④借路费 在装船或装车时，自雇工人将货物由栈房取出，每吨须纳借路费越币1角。

3. 保险方面 昆明与海防之间，普通商品，每千元收保险金越币2—4角；油类商品，每千元收保险金5角以上。

4. 海关方面 货物通过越南时，法越海关除抽收过境税外，还须加征下列费用：

①过关费 不论何种货物，不论等级，经过海关时，每吨概收越币2角。

②统计税 法越海关设有统计室，负责计核进出口货物，凡货物经过海关，不分等级，一律按每吨征收越币2角统计费。

③手续费 除上述各税项外，尚须按货位缴纳1‰的手续费。[1]

郭垣在《云南省经济问题》一书中谈道："正因如此，使云南货物进出境负担沉重，开支浩大，较之国内其他铁路运输进出口货物费用开支高出数倍以上，成为云南出口贸易不堪承受的负担。"[2]

可以说：近代云南对外贸易在近百年的时间内受制于人，海关大权旁

---

[1] 万湘澄：《云南对外贸易概观》，新云南丛书社1946年版，第86—88页。
[2] 郭垣：《云南省经济问题》，正中书局1940年版，第288页。

落和西方殖民者在交通运输方面的盘剥，导致云南在对外贸易过程中处于一种极不平等的地位。此外，还有外汇汇率以伦敦、香港金融市场波动水平为准等原因，使云南近代的出口贸易，不仅商品价格、出口品种在世界市场上处于劣势地位，而且长期停滞在以大锡、生丝、桐油、猪鬃等工业原料、燃料、农副产品、初级制成品为大宗或主要出口商品的状态。这种被迫浮沉于世界资本主义市场旋涡的处境，贯穿于近代云南对外贸易的始终，把拥有丰富资源的云南地区，变成了遭受掠夺的原料供应基地和大机器工业产品的倾销场所，被打上了半殖民地的烙印，阻碍了近代云南经济的正常发展。

（二）入超大于出超的贸易逆差状态

从1889年到1937年的云南对外贸易统计资料看，总体呈逐渐发展态势，即使通货膨胀等因素的影响有些年份略有波动，但无论是输出或输入的总量和币值，以及商品品种，都是逐渐上升的。这充分表明，无论近代云南对外贸易的环境怎样不利，但对外贸易对生产的刺激和对市场扩大的作用，还是不容忽视的客观存在。

与对外贸易总额迅速增长同时存在的一个现象就是进口贸易总值大于出口贸易总值，始终处于贸易逆差状态。

表1-7　　　　　云南对外贸易出入超择年统计　　　　单位：关平两

年份	洋货进口值	土货出口值	出超	入超
1889	62300	87629	25329	—
1897	2548624	1179115	—	1369509
1902	4347895	3872961	—	474934
1904	8033350	5066436	—	2966914
1909	7961524	4750852	—	3210672
1910	6684299	6983688	299389	—
1911	6089356	7228365	1139009	—
1912	9766518	12573069	2806551	—
1913	11230898	11835907	605009	—
1914	10038847	8978564	—	1060283
1915	7759654	10589205	2829551	—
1916	7466111	10041917	2575806	—
1917	8359134	13689801	5330667	—

第一章 近代云南对外贸易法律制度建立的社会背景（1889—1937） 53

续表

年份	洋货进口值	土货出口值	出超	入超
1918	11771794	12855784	1083990	—
1919	12221415	11949010	—	272405
1920	13948998	13918806	—	30192
1921	14193668	9126893	—	5066775
1922	15422691	10807363	—	4615328
1927	19834261	11960469	—	7873792
1928	19187508	12254145	—	6933363
1929	16294450	12168682	—	4125768
1930	14172484	11658038	—	2514446
1931	8498686	7184479	—	1314207

资料来源：1889—1911 年数值按李春龙等点校《新纂云南通志》（七）（云南人民出版社2007 年版）第 111 页所列数据计算所得。1912 年之后数值按云南通志馆《续云南通志长编》（下册）（云南省志编纂委员会办公室编校，1983 年）第 574 页资料。

  从出超和入超情况可以分析出：从 1889 年开关到 1909 年的 21 年中，除了 1889 年为出超外，其他各年均为入超。其中，自 1904 年滇越铁路开工，至 1909 年通车，因输入大批铁路材料，及法越移民需要大批日用品，故每年入超均达 500 万元以上。但自 1910 年后，一反前例，由入超转为出超。探究其中缘由主要在于：滇越铁路通车给云南对外贸易带来了发展契机，运输便利，运量增加，出口量得以扩大。同时，1910 年尤其是在第一次世界大战前后，国外对大锡需求剧增，价格上涨，带动了出口贸易的兴旺。反观进口洋货，因货源减少，进口货值也随之萎缩。据表 1-7 所载数据统计：从 1910 年至 1920 年，前 8 年时间每年均有出超，出入超数值相抵之后累计出超约 15307092 海关两，此有利情形维持了 8 年之久。1919 年以后，云南进出口贸易又由出超转为入超。1921 年，由于欧战告终，锡价暴跌，导致出口货值大幅减少，历经多年毫无起色。且各国在战后元气逐渐恢复，工商业重现活力，大量剩余工业制品倾销到云南，致使进口货值逐年攀升。从 1921 年到 1931 年的 11 年间，云南进出口贸易货值均为入超，累计入超额达 58822759 海关两。[①] 1933 年开始，世界经济

---

  ① 依据《云南直接对外贸易出入统计表》所列数值计算得出，转引自云南通志馆《续云南通志长编》（下册），云南省志编纂委员会办公室编校，1985 年，第 574 页。

复苏，云南对外贸易也出现转机。由于地理位置优越，云南确立了中国在西南地区国际通道的重要地位。国内大量物资通过云南进出口，本地的锡、钨砂、桐油、猪鬃等产品也颇为畅销，因而出入超状况有所改观。

出现如此之大的贸易逆差，主要也是由于农副产品及工业原材料与工业制品的价值不同，且在出售时，进口工业制品价格往往大大高于其价值出售，出口的农副产品及工业原材料却被压级压价，被迫以远低于其价值的价格出售，造成严重的价格倒挂和进出口贸易商品价格的剪刀差，这种不等价交换，使资本主义国家获得了在正常贸易中不可能得到的高额利润，云南经济却在这种不等价的贸易中遭受严重损失。在传统对外贸易中，出口商品价格主要是依据国内商品市场价格确定的，随行就市取决于国内生产情况及消费状况。近代以后，农产品及各类原材料资源被纳入国际市场，受国际市场竞争及资本主义列强操纵，其价格取决于资本主义市场行情，如："茶叶在印度等南亚国家茶叶的竞争下，其价格呈现逐年下滑之势；大锡价格取决于伦敦五金交易所成交价格，由对方交易所的来电决定。各种出口商品的定价几乎都是如此，事实上自己已经失去了出口商品的定价决定权，处于完全受制于人的结局。"[1] 马克思在《资本论》中对这种情形进行评价，认为："只要商业资本在对不发达的产品交换起中介作用时，商业利润就不仅表现为侵占和掠夺，而且部分是从侵占和欺诈中产生的。"[2] 近百年来资本主义国家对云南的不平等贸易正体现了商业资本通过强权进行的无情掠夺，也进一步表明，云南已经被迫卷入资本主义世界市场，成为殖民国家农副产品及工业原材料的供应地和工业制成品的倾销市场。

值得一提的是如果按照以上数据所列，云南从 1889 年至 1937 年间存在的贸易逆差极其巨大，且不论它是否能促进云南经济的发展，就是对外贸易本身也不可能在无以为继的情况下继续维持。但历史的事实却表明对外贸易不但在持续开展，而且还进一步地扩展。通过研究，笔者发现介于云南得天独厚的气候和土壤环境，鸦片种植颇具规模。鸦片贸易的发展在一定程度上缓解了云南对外贸易中所产生的巨额贸易逆差。虽然鸦片补偿贸易在当时作为云南主要的贸易平衡手段，但该项贸易在海关统计中不被

---

[1] 云南省公署枢要处第四课所编：《云南对外贸易近况》，1926 年，第 82 页。
[2] 马克思：《资本论》第 3 卷，人民出版社 2004 年版，第 269 页。

计入正常的进出口贸易数额,所以在海关关册中无从查证。不过由于云南所产鸦片外销数量很大,在历年的海关贸易报告中也有所记载,例如1935年的海关贸易情况分析中就反映:"向来滇省对外贸易之特征,为其常保出超之地位。其主要出口大锡、药材与鸦片三种,每年可以合计国币四千万元,锡约占一千七百万元,药材三百余万元,鸦片占其余半数约二千万元。禁烟之后,出口方面,突然损失二千万元……乃有三四、三五年之入超。"① 鸦片贸易的实际存在表明,西方殖民者起初是以贩毒来进行原始掠夺,后来逐渐转为商品倾销和资本输出。由于云南经济落后,发展迟缓,在沿海地区已逐渐由机制商品输出和资本输出代替鸦片贸易,云南却仍保留着原始掠夺带来的沉重烙印。加之云南气候条件适宜种植鸦片,制成的云土质量特优,在世界市场上售价很高,更成为被抢购输出的对象,从而也刺激了云南境内鸦片的大量种植和经营。虽然鸦片贸易对云南起到了逆差补偿的作用,但是这项贸易本身就严重制约和影响了云南对外贸易的正常发展。

(三) 多元结构模式的低水平贸易层次

云南开展对外贸易以来,推动了社会经济及贸易市场环境等因素向近代化转变,旧的经济结构解体和外部贸易环境的进一步改善又为它自身的发展提供了有利条件。自开埠通商以来,云南进出口贸易的商品范围不断扩大,从传统单一结构逐渐转变为多元结构模式。但纵观近代云南对外贸易发展的总体情况,笔者总结出,较开埠通商前,云南对外贸易虽然有了跨越式的发展,但其贸易水平不高,和国内东南沿海地区相比,始终停留在工业品倾销和原料被掠夺的较低层次。这一结论可以从以下几方面来说明。

首先,从贸易量上分析。云南近代对外贸易额在全国对外贸易总额中,所占比重一直较低。据1894年海关统计,该年进口商品总额为124.1897万海关两,在全国进口商品总额1.28646191亿海关两中只占0.7%。该年云南出口商品总额为94.3321万海关两,在全国出口商品总额1.28104522亿海关两中也仅为0.73%。② 到了20世纪二三十年代,云南社会经济较前有了长足进展,云南的对外贸易额也有了大幅增长,但在

---

① 云南省档案馆编:《云南档案史料》第1期,1983年,第66页。
② 姚贤镐编:《中国近代对外贸易史资料(1840—1895)》第三册,中华书局1962年版,第1610—1617页。

全国对外贸易所占份额仍然很少。滇越铁路通车后，云南的对外贸易空前发展。1912年对外贸易总额曾一度达到2233.9589万海关两之多，比重上升到全国对外贸易总额8.43617434亿海关两的2.65%。① 但从表1-1关于1889—1937年云南进出口总值择年统计的所载数据看，除抗日战争爆发前后，云南对外贸易总额激增外，其他年份均未超出2.5%的水平。即使按雷麦的统计，由1889年至1947年中占据比重最高的1941年，也只是在进口中占7.5%，在出口中占4.5%，其水平还是极低的。②

其次，从进出口商品的质上分析。云南近代对外贸易几乎停留在出口原材料、土特产品、进口工业品的较低层次上，而且进口的商品主要是消费成品。史料记载，在英法殖民者相继入侵云南后，云南大量的原材料资源惨遭掠夺，洋货充斥着城乡市场。仅据云南三海关的不完全统计，进出口货物多达千余种。"其中，蒙自关种类最多，20年代，输出的农副产品达90余种，矿产品近20种，其他货物若干；输入品300余种，仅纺织品就有70多种。同期，经思茅关输出的农副产品90余种，矿产品近7种；输入品70余种。腾越关输出农副产品120多种，内含矿产品8种；输入200余种。"③ 二三十年代，云南出口的7种大宗产品蚕丝、牛羊皮、茶叶、猪鬃、药材、桐油、大锡均为原材料，其货值累计占全省出口总值的95%以上。其中大锡所占比重最大，占全省常年出口贸易总值的百分之七八十以上，最高年份可达90%以上。云南大锡成为资本主义工业国家搜刮的最重要的原材料之一。进口商品中，7类大宗商品除棉花一项为初级产品外，其他均为工业制成品。随着资本主义国家的工业产品的大量输入，棉纱、布匹、煤油、火柴等机械制品更是渗透到城乡市场的每一个角落。据第6期《云南旅平学会会刊》登载："时至今日，云南市场洋货充斥，所谓民生中四大问题——衣食住行差不多都要用舶来品来解决。当时的昆明城，从马市口到德胜桥，商店里充满货物，无外是洋纱、洋布、洋油、洋纸、洋匹头、洋酒、纸烟、罐头、洋杂货、洋铜铁器具、玩具等，吃的、用的、穿的无一不仰赖外人。"④ 据不完全统计："在30年代，云南全省88个县中，输入石油的县有19个，输入进口棉花的县有19个，

---

① 依照表1-1 "1889—1937年云南进出口总值择年统计"所载数据。
② [美]雷麦：《外人在华投资》，蒋学楷译，商务印书馆1953年版，第51页。
③ 云南省公署枢要处第四课所编：《云南对外贸易近况》，1926年，第78页。
④ 云南旅京学会编印：《云南旅平学会会刊》第6期。

输入进口火柴的县有 4 个，其他洋杂输入几乎遍及各县城乡。从货值情况来看，这期间，棉纱输入值达 17101422 国币元，占同期各县输入总值 33332481 国币元的 51.3%；石油输入值达 759800 元国币，占同期各县输入总值的 2.28%。"① 与此形成鲜明对比的是，在洋货充斥下，土货市场日渐萎缩，多为洋货所挤占，利权外溢，不只商民贫困，地方政府财政也捉襟见肘、日见恐慌。

　　以上种种情形表明，当东南沿海地区已经摆脱早期殖民贸易的格局，进入外国资本输入和新的产业资本扩张相交织的阶段时，云南仍然停留在大量的原料输出和消费品输入，以及与周边国家以土特产交换为主要内容的互补贸易的初级阶段。自开埠以来一直到全面抗战爆发前，国外和省外对云南的直接投资几乎等于零。"即使是滇越铁路的修筑也是以大量在云南发行法纸，又称越纸，港、沪、汉等地称西贡纸，是法帝在越南东方汇理银行在殖民地发行的一种纸币手段，由云南人民垫付的。"② 设立在云南的外国洋行无一不是从事商品倾销和原料掠夺。在云南的近代贸易中，虽然后来加入了一些工业原料以至小设备等品种，但数量很少，不占主体地位。在对外贸易总体中，资金的输入、技术交流、设备的引进都没有得到发展。这和进入 20 世纪以后，伴随工业化的浪潮，技术贸易逐步取代单纯商品贸易，我国沿海地区的对外经济关系结构因此发生了很大变化的趋势相比，云南省与其并不同步。从全国范围看，1902 年外国在华总投资 78.790 亿美元，到 1931 年已上升为 324.25 亿美元，其中对进出口业的投资下降为仅占其总投资的 14.9%，直接产业投资已占 45.7%。③ 但在云南省仍旧没有大规模的资金、设备、技术输入，依旧处于对外贸易以进口消费品、出口资源占绝对优势的低层次水平。这样，不仅使云南省落后的经济结构变革迟缓，还加剧了全国经济发展的不平衡性。这个情况只在处于特殊历史条件下的抗战时期有过变化。当时由于工厂内迁和云南成为对外交往的唯一通道，云南经济在抗战时期的发展曾达到近代史程中的最高水平。由此可见，云南社会经济基础落后导致的对外贸易低层次和对外

---

　　① 郭垣：《云南省经济问题》，正中书局 1940 年版，第 147 页。
　　② 云南省地方志编纂委员会：《云南省志》卷三十四，云南人民出版社 1994 年版，第 9 页。
　　③ 云南通志馆：《续云南通志长编》（下册），云南省志编纂委员会办公室编校，1985 年，第 573 页。

经济关系结构变革迟滞的恶性循环，并非不可改变。但政策导向与潜在能力能否转化为现实有很大的相关关系。如前所述，抗战胜利后，云南近代对外贸易继续发展的条件发生了巨大逆转，因而使正在向高层次过渡的云南对外贸易重新跌回原来的轨迹中。

"法根源于一定的经济基础，一定法的内容由经济基础决定。"① 法是一定的客观经济规律的反映，必须与一定经济基础相适应。

笔者认为，近代云南对外贸易法律制度最初是作为西方殖民列强进行经济侵略的工具而在一系列不平等条约的基础之上构建的。但由于对外贸易的进一步发展，使云南省与外省乃至外国的联系更加紧密。在经济层面的接触和交流日益频繁和深入之后，贸易制度和交易规则必将受到影响，从而对与外贸有关的法律制度的变迁也提出了要求。同时，由对外贸易引领的近代工商实业兴起和与对外贸易相关的第三产业诸如金融、邮政、交通运输等行业的出现，使利益主体更加多元化。因利益逐渐分化加之经济实力不断增强，各行业均会产生话语需求，并切实通过各种途径争取话语资格，保证利益最大化。此时，由于政策、法律在经济发展和行业运行过程中具有重要作用，所以，对外贸易经营主体除了积极寻求政策扶植和法律帮助外，还会更进一步传达或直接参与规则制定，将自身的利益诉求最大限度地融入法律规则中。这也是云南对外贸易法制变迁的一个重要的内在因素。

对外贸易与法律之间存在着需要与满足的关系，一方面法律因有对外贸易发展需求的刺激愈加专业完善，凸显专门化、技术化和职业化特点；另一方面对外贸易也因法律的参与而不断成熟，向开放、有序、平衡的方向稳步迈进。

---

① 张文显主编：《法理学》，高等教育出版 1999 年版，第 391 页。

第二章

近代云南对外贸易政策的演变（1889—1937）

西方经济学中所说的宏观经济政策，是建立在市场机制作用基础之上，政府通过税收、预算支出和利率等经济杠杆和政策工具，对市场机制进行干预并利用该机制的作用来影响总需求，以实现就业和国民收入的政策目标。[①] 这些理论都有规定的假设前提，所针对的是西方国家一个时期的经济现实，它们本身也在随经济形势的变化而演变和发展。相形之下，民国时期的经济现实还在新旧交织状态之中，并没有形成可称完备的市场机制，政府干预也不能完全依赖这种机制。对外贸易政策是经济政策的重要组成部分，政策的变迁会直接作用于法律制度的颁布实施，最终影响对外贸易的发展。本章结合近代云南对外贸易政策出台的政治经济背景，分析政府的众多政策文件以抽象出其中的政策内容，借以厘清近代云南对外贸易政策的演变过程，为进一步研究在政策指引下的法律制度构建奠定基础。

第一节 中央政府对外贸易政策的演变

清朝末年西方列强入侵，使中国政治经济主权不断丧失，沦为半殖民地半封建社会。英法殖民者为了达到蚕食云南的目的，迫使蒙自、思茅、腾越开埠通商。同时晚清政府为了挽救时局，也推出一系列经济革新政策，在一定程度上促进了云南各地方对外贸易的发展。民国时期，不论是南京临时政府、北京政府还是南京国民政府，为了富国富民，都曾积极改善国内贸易环境，在财政税收、工商业促进、基础设施建设等方面颁布多

---

① 高鸿业主编：《西方经济学》（宏观部分），人民大学出版社2011年版，第476页。

项政策，进一步促进了对外贸易的发展。

一 晚清政府的对外贸易政策

甲午战争后，西方列强掀起了瓜分中国的狂潮，中华民族危机日益加重。面对外强咄咄逼人的严酷形势，不少有识之士认识到发展工商业是走向富强兴邦的必由之途，并主张推行制度变革。1898年光绪帝发布上谕："振兴商务，为目前切要之图"，并接受康有为、梁启超的建议，实行维新变法。1901年，清廷实施"新政"。1903年清廷颁布敕令称："通商惠工，为古今经国之要政。自积习相沿，视工商为末务。国计民生日益贫弱，为始不困此乎，以鱼应变通尽利，加意讲求。"[①] 自此改变了中国历史上视工商为末务的思想，鼓励发展工商业。这一思想的转变以及后来实行的鼓励改良土货、增加出口，发展对外贸易政策的实施，是清廷在外力作用下的一种主动变革。而清末"新政"期间，出台的有关对外贸易政策主要有以下几点。

（一）鼓励兴办民族实业，与外商竞争

早在甲午战争以后，外国资本大量涌入中国，对此许多爱国官绅向清政府呼吁"设厂自救"。1896年清政府下令，要求各省在省城设立商务局，下设商会，并推举家境殷实且有声望的人充任局董，商会负责"将该省物产行情，宗其损益，逐细讲求。其与洋商关涉者，丝茶为大宗，近则织布、纺纱、制糖、造纸、自来火等诸业，考其利病，何者可以敌洋商，何者可以广销路。如能实有见地，确有把握，准其径享督抚，为之提倡"[②] 以达到振兴实业，抵制洋货的目的。清末新政时期，农工商部颁布了一系列奖励实业的办法，如《奖励华商公司章程》规定清政府将根据商人集股数额的多寡，对其授予不同品级的顶戴或顾问官、顾问议员等称号，以提高工商业者的社会地位。又如《华商办理实业爵赏章程》，"以资本之大小雇工之多寡，为国家赏爵之等差，上自子男之崇，卿秩之尊，悬为不次之殊荣，以振非常之实业"[③]。这些鼓励工商的举措在中国历史上是史无前例的，对改变商人社会形象和民众贱商习俗起到极大的促进作用，使当时社会形成了一股投资行商、兴办实业的热潮，对促进中国民族

[①] 朱寿朋：《光绪朝东华录》卷197，中华书局1958年版，第5013页。

[②] （清）刘锦藻：《清朝续文献统考》卷391，实业4，浙江古籍出版社2000年版。

[③] 朱寿朋：《光绪朝东华录》卷5，中华书局1958年版，第5725页。

资本主义的发展产生了积极作用,时人描述:"我国比年鉴于世界大势,渐知实业为富强之本,朝野上下,涉之以此为务。于是政府立农工商部,编纂商律,立奖励实业宠以爵衔之制,而人民群起而效之……不可谓非一时之盛也。"①

(二)采取措施改良土货,扩大出口

为了改良土货,扩大出口,清政府一方面采取"走出去"的措施,派员出国学习、借鉴别国的先进工艺或制造要求。例如清朝末年,茶叶是中国出口的大宗货物,仅1868—1885年输入英国的茶叶就高达100万担左右,这一时期出口美、俄的华茶也有20万—30万担。但在19世纪90年代中后期及20世纪初年,由于印度和锡兰茶叶的大量出口,严重冲击了中国茶叶的国际市场,同时中国制茶技术及工艺水平也相对落后,茶叶质量难以保证,使中国茶叶出口锐减。② 为了扭转这一局面,清朝商部曾派郑州磺章人士赴印度、锡兰考察茶务,回国写成《印锡种茶制茶》一书,提出办茶厂、开公司、改良制茶工艺,将种茶与制茶工序分开等系列举措,以改变中国由茶农种茶、制茶的传统方式和落后工艺,杜绝以次充好,良莠不分的弊端。各地商会及各地官绅也纷纷采取行动,鼓励、推广新的制茶方法,这在当时起了一定的积极作用。与此同时,清政府还鼓励华商参加国际博览会。如1876年,清政府就组团参加在美国举办的费城国际博览会。1905年,清朝商部又奏准《出洋赛会章程》:"颁行各省,晓渝绅商,稗于赴会之先,预知利便之端,于会事不无裨益。"③ 该章程还指出凡有国际博览会,商部即咨行各省督抚,晓示商人劝渝参加。并劝策:"赴会商人所陈列物品,应与各国所出陈同类之品用心比较,取彼之长补我所短,以图改良之计。"④ 可见清政府力推参加国际性的博览会,其目的是向发达国家学习,取长补短,以改良中国土货,从而扩大中国货在国际市场的影响,推动出口。另一方面,清政府在国内积极举办劝业

---

① 国风报馆编:《国风报》第1年,第一号,《中国最近五年间实业调查记》,中华书局2009年版。

② 姚贤镐编:《中国近代对外贸易史资料(1840—1895)》第二册,中华书局1962年版,第1186—1187页。

③ 章开沅、马敏主编:《苏州商会档案丛编》第一辑,华中师范大学出版社1991年版,第461页。

④ 同上书,第463页。

会、劝工会、物产会、商品陈列所等各种类型的商业赛会，以达到奖励创新、鼓励工商业发展的目的。1906年，商部为设立劝工场事札文全国各地商会，阐明："博览会一时举办不易，自应略师其意，量为变通。先在地方繁盛之区，责成商会联络各帮商人，各设一劝业工场"，"其由技艺精巧，有裨实业者，并由本部考验酌予优奖，以示鼓励……彼此通气，则其陈列之处愈多，而销路亦必愈广"①。此后全国各地纷纷举办了劝业奖进会，规模较大的有，1906—1909年连续四年在成都举办的商业劝工会，1907年在天津举办的劝工展览会，1909年湖北官府奏准举办的武汉劝业奖进会，1910年在南京举办的南洋劝业会，等等。这些措施的实施，为改进中国商品的制造工艺，提高质量，扩大出口，都产生了积极的推动作用。

（三）吸引华侨回国投资，推动对外贸易发展

自洋务运动以来，清政府对待华侨商人的政策逐渐发生变化，及至清朝末年，华侨保护政策进一步完善，并重用归国著名华侨。1893年总理衙门奏准："除伪冒洋商，包揽货税及别有不法重情者应查究外，其余良善商民，勿论在洋久暂，婚娶生息，一概准由出使大臣或领事官给予护照，使其回国谋生置业，与内地人民一律看待；并听其随时经商出洋，毋得仍前借端派索；违者按律惩治。"② 由此可以看出，出洋华商的合法地位得到承认，并开始受到重视与保护。1903年清廷发出上谕："沿海各省为统寓华商回籍时，设法保护。"③ 1904年商部在拟定的"商务议员章程"中明确规定：出洋华商回国，各省商务议员要予以切实保护，"倘有关律丁役，地方青吏及乡里萎民籍端诈索，及予按律严惩，绝不宽贷"④。此外，清政府还在沿海各省设立保护华侨商人的机构——保商局，该局专门负责回国华侨事宜。1905年清政府任命南洋华侨张振勋为商部考察外埠商务大臣，督办闽广农工路矿事宜，动员华侨回国投资。这些政策的实施，不但吸引了大批归国华侨投资，而且推动了国内对外贸易的发展。

---

① 章开沅、马敏主编：《苏州商会档案丛编》第一辑，华中师范大学出版社1991年版，第433页。

② 朱寿朋：《光绪朝东华录》卷3，中华书局1958年版，第3244页。

③ 《十年来中国政治通览》，《东方杂志》1931年第7期。

④ （清）刘锦藻：《清朝续文献统考》卷391，实业4，浙江古籍出版社2000年版。

（四）自开商埠，主动开放

甲午战争以后，西方列强在中国展开了空前激烈的竞争，他们强占租借地、划分各自的势力范围，不但倾销商品，大肆掠夺原材料，还进行大量的资本输出，投资建厂，广开财源。清政府为了应对日益严重的统治危机，阻止西方列强贪得无厌的经济侵略，同时也为了缓解自身的财政压力，于是1898年清廷发布上谕，宣布"广开商埠"，提出："欧洲通例，凡通商口岸，各国均不得侵占，此当海禁洞开，强邻环伺，欲图商务流通，隐杜觊觎，惟有广开口岸一法。……著沿江沿边各将军督抚迅速就各省地方悉心筹度，如有形势扼要商贾辐凑之区，可以推广口岸并拓展商埠者，即行咨商总理衙门办理。惟须详订节目，不准划作租界，以均利益以保事权。"① 从清廷的上谕中，我们可以看出，清廷自开商埠的目的在于保事权，拒夷侵，同时也有吸引外商资本，引进技术，发展实业的积极意向。因而在1898年，清廷先后自行开放了江苏吴淞、直隶秦皇岛、福建三都澳、湖南岳州（今岳阳）为通商口岸。到1903年又陆续开放山东济南、河南郑州、武昌江岸、广西南宁为通商口岸，并专门制定章程加强管理。如《济南自开商埠章程》，其中就规定了中外商人来此贸易所享受的各种优惠待遇、经济活动区域及行业范围。自开商埠的开辟，加快了清末对外开放的进程，促进了通商口岸及其周边地区的繁荣。商埠不仅增加了税收，缓解了清廷的财政压力，同时在抵制西方列强的侵略扩张，推动贸易增长方面也起到一定程度的作用。

二 南京临时政府的对外贸易政策

南京临时政府代表了中国民族资产阶级的利益，具有核心指导思想的"三民主义"是国民党重要的治国方略。其中"民生主义"所含内容表明，当局政府既要发展资本主义，又要避免西方资本主义社会出现的多种弊病，孙中山先生希望中国建设成为一个有别于欧美的幸福繁荣国家。为了实现这一目标，南京临时政府将经济发展方面的总政策和总方向设定为大力发展民族资本主义工商业，改变中国孱弱无能"堂堂华夏，不齿于邻邦，文物冠赏，被轻于异族"② 的落后状态。

---

① 朱寿朋：《光绪朝东华录》卷4，中华书局1958年版，第4189页。
② 《孙中山全集》第一卷，中华书局1981年版，第21页。

临时政府成立之后对社会工商业的恢复和发展给予了高度重视，从存在只有 91 天的临时政府发布的《临时政府公报》看，其中与经济事务有关的大总统令批 29 件，实业部批咨 46 件，内务部公文 8 件；另有交通部关于轮船公司、办理航运；财政部关于中央、地方及民间设立各类银行的公文数件。① 贸易发展是经济发展的重要组成部分，为促使对外贸易的良性运转，临时政府推行振兴贸易的政策措施，具体体现在以下两方面。

（一）统一货币，整顿金融业政策

清末以来，流通货币种类繁多，除传统原有的银两、纸币外，外商带入的银圆，又有铜、铁、铅质的打钱，还有名目繁多的官票、私票。各种货币"又各自有着种类的不同和价格高下的差异"。武昌起义爆发以后，各省地方军阀为维持战争及各项开支，滥发银票、纸币、随意滥铸制钱，致使物价高涨经济秩序混乱，严重阻碍了对外贸易的开展和社会经济的发展。南京临时政府成立后，立即着手整顿金融改革币制。

首先，设立财政部，专门管理"会计库即赋税公债钱币银行官产事务，监督所辖各官署及府县与公共之曾之财产"②，负责全国的财政、金融管理。

其次，将江南造币厂收归中央财政部管理。临时政府成立之时，货币制权分属各地，非常混乱。孙中山针对造币厂隶属之事指出："查造币权理应操自中央，分隶各省是前清秕政，未可相仍。惟宁省行政之费，既赖造币厂为挹注，一旦失此利源，该省财力因而支绌，尚属实情。除此咨外，合行令仰该部妥筹抵补之方，仰资行政之费。"③ 同时，对财政部下达命令："查该厂为民国特设鼓铸机关，应归财政部管理，所有厘定币制及整理厂规，应由贵部议复呈核。"④ 为了进一步加强对造币厂的管理，孙中山还批准了财政部所拟造币厂章程二十条，使中央能够有效控制和规范造币厂。这一系列举措为改铸新币，实现全国货币统一，促进对外贸易的发展创造了有利条件。

最后，筹备中国银行，制定银行章程。银行是一个国家的金融枢纽，

---

① 中国第二历史档案馆：《中华民国史档案资料汇编》第 2 辑，江苏古籍出版社 1991 年版，第 1—25 页。
② 同上书，第 9 页。
③ 《孙中山全集》第二卷，中华书局 1982 年版，第 119 页。
④ 同上书，第 31 页。

在稳定政局、平抑物价、发展经济中均具有极其重要的地位。为发展金融业、健全新式的金融制度,南京临时政府将上海大清银行改名为中国银行,并指定为中华民国的中央银行总行。同时,财政部为加强对各地方银行的管理,"先后拟定中央、商业、海外汇业、兴农、农业、殖边、惠工、贮蓄及庶民"等各银行则例①,实业部也拟订约束钱庄暂行章程等规范。经过上述分析可以看出,南京临时政府采取的这一系列举措,效果显著,达到了金融秩序井然,法律规制种类齐备,涉及领域甚广的局面。这在当时对于全国银行业的发展和规制,有利于解决政府的财政困难,促进开展对外贸易的作用也是不言而喻的。

(二) 发展交通航运的政策

孙中山先生提出要实现国富民强,必须做到:"人能尽其才、地能尽其力、物能尽其用、货能畅其流。"② 货物的流通极其依赖交通的发达。交通是一个国家发展经济、流通商品的重要杠杆,交通网络覆盖面的大小直接影响到对外贸易的便捷和兴盛。因此,南京临时政府高度重视发展交通航运。例如张宝福等人为方便运盐,提出造海青铁路,实业部立即批转交通部:"造路与运盐关系密切,诚如所陈。"③ 王需泽等为保护商业航运,提出开办苏浙洋面商船户保险有限公司,实业部也立即给予批复。同时,实业部还创设中国铁路总公司、中华汽船公司等企业,为各地贸易的开展提供更加快捷的运输方式。

南京临时政府采取的经济政策的实施,为恢复民国元年的经济和发展对外贸易提供了有利条件。媒体对当时社会经济复苏景象多有好评,如《中华实业界》杂志报道:由于"民国政府厉行保护奖励之策,公布商业注册条例、公司注册条例,凡公司、商店、工厂之注册者,均妥为保护,许各专利。一时工界踊跃欢怜,咸谓振兴业在此一举,不几年而公司大工厂接而起"④。不言而喻,大公司大工厂的出现对发展对外贸易的积极作用是显而易见的。但是,由于南京临时政府受时间限制,制定的政策还是

---

① 中国第二历史档案馆:《中华民国史档案资料汇编》第2辑,江苏古籍出版社1991年版,第447页。

② 《孙中山全集》第一卷,中华书局1981年版,第52页。

③ 中国第二历史档案馆:《中华民国史档案资料汇编》第2辑,江苏古籍出版社1991年版,第367页。

④ 《民国三年注册中国新设之诸公司》,《中国实业界》1915年5月。

存在局限性。在其 91 天的生存期里,所能制定和实行的经济政策缺乏成熟配套的法令条例,只能是权宜性的应急措施。而应急措施的政策意义,又受到临时性质的局限,并不能保证实施后获得如期的即时效应。

笔者注意到,按"国父"孙中山先生提出的将半殖民地半封建的旧中国改造成资产阶级民主共和国的目标,实现将社会革命和政治革命"毕其功于一役"的民生主义理想,所规划的蓝图是:在发展资本主义道路总方针的指导下,构思建筑铁路、港口、开矿等的"实业计划"。与之相比,南京临时政府的政策措施与这些计划、理想无疑相去甚远,在借外债等问题上甚至严重背离。面对严峻的财政经济形势,并鉴于革命党人内部的意见分歧,最后孙中山先生本人也不得不在同盟会改组后的总章草案中,放弃了民生主义的核心部分,对"平均地权"的提法,代之以"注重移民垦殖事业""整理财政、厘定税制"和"采用国家社会政策"[①] 等含糊的概念,这在临时政府的政策措施中也有所体现。

当然,这并不能否定南京临时政府所推行的政策措施的进步意义。这些政策在民国初立之期,大大激发了民族资本家振兴实业的热情,迎合了工业救国潮的需要,也为中国创立了一大批工业实业,为国内商品走出国门,发展对外贸易拓展了基础,造就了有利于资本主义新经济的社会环境,可以说临时政府所采取的经济政策功不可没,它们对此后民国历届政府所制定的经济政策,无疑具有一定的传承作用和延续效应,在其后北京政府颁布的经济政策中也成为主要条款。从整体上讲,临时政府制定的经济政策可视为民国时期经济政策的先行部分。

三 北洋政府的对外贸易政策

北京政府围绕"振兴实业"的核心宗旨,采取了一系列的政策措施。一方面大力推行振兴民族实业、提倡使用国货、扶持奖励销售国货的政策。另一方面,又为提高产品竞争力,积极促进国内商品出口,加强对外贸易,争取关税自主,维护国家经济主权而努力。

(一) 奖励和扶持国货政策

国货是相对于洋货的一种说法,它特指本国民族工业生产的产品。国货的荣枯是衡量一个国家民族经济兴衰的尺度。鸦片战争以后,外国商品

---

① 《孙中山全集》第二卷,中华书局 1982 年版,第 164 页。

随列强大量涌入，我国工商业举步维艰，对我国工商业的发展也构成了严重威胁，因此，提倡国货成为工商实业界的普遍呼声。北京政府成立后，顺应工商业的要求，推行奖励和扶持国货政策势在必行。

1. 成立商品陈列所

北京政府成立后，为提高商品竞争力，倡导先进技术的传播和交流，鼓励对外贸易，达到振兴商务的目的。在工商界人士的倡议下，工商部将原清末劝工陈列所改建成商品陈列所。此后，工商部积极开展向全国征集商品，"拟请咨行各省都督转饬实业司或劝业道将该属近三四年工艺出品调查选集陆续送部发交陈列所陈列……各种物品自应随时更换，庶物品之同出一省者，可因参互比较以验其进步之迟速，物品之分出各省者，得以彼此相形可考其制造之优劣。既供参考，藉可广告其裨益"①。在征集商品的同时，工商部还积极号召民众参观商品陈列所，并在一些重大节日免费开放。

为更好地管理商品陈列所新成立了农商部，"商品陈列所直隶于农商部，管理陈列国内商品，以供公众观览参考"②。商品陈列所成立之初是沿用清末旧制的管理方法，针对组织方面的弊端，农商部颁行了《商品陈列所章程》。该章程明确了商品陈列所的职责，还对机构设置、人员配备以及工作程序作了详细规定。为广泛征集全国商品样品，1915 年 3 月农商部又出台了《商品陈列所征品规则》，规定其征集商品分为 12 类，即：机械制造品、化学制造品、手工制造品、美术品、矿产品、农产品、林产品、水产品、狩牧产品、药品、其他原料品、专利品及参考品。③ 在工（农）商部的努力下，商品陈列所的工作颇具成效，据北京政府统计局统计，1915 年 8 月，商品陈列所共有陈列品 20037 件，其中寄赠品占多数为 16491 件，寄陈品 3366 件，购陈品 180 件。④

---

① 《工商部咨各省民政长、都督请转饬征集物品送部交商品陈列所陈列文》，《北洋政府公报》1912 年 12 月 5 日，第 239 号，第 9 册，第 51 页。

② 《工商部训令商品陈列所》，《北洋政府公报》1913 年 10 月 9 日，第 514 号，第 18 册，第 240 页。

③ 《商品陈列所章程》，《北洋政府公报》1914 年 9 月 25 日，第 859 号，第 40 册，第 396 页。

④ 《统计局编行政统计汇报·农商类》，《北洋政府公报》1915 年 9 月 13 日，第 597 号，第 115 册，第 433 页。

商品陈列所为全国各地商品创造了展示平台，提供给国民交流学习的机会，以期商家资源共享、互相借鉴，促进产品开发创新，提高新产品的竞争能力和对外贸易能力，从而有利于国内商业经济的繁荣和国力强盛。

2. 奖励产品创新

"一战"爆发以后，中国经济随之陷入进口锐减、出口滞销，商品短缺、商埠萧条，工商业损失惨重的市场低谷，但同时也刺激政府提倡国货，兴办实业的决心，在全国范围内掀起了一场国货运动的契机。

1912年工商部颁布的《暂行工艺品奖励章程》，以专利权奖励发展实业，规定："凡关于工艺上之物品及方法首先发明及改良者，得呈请专利"，由政府发给执照，可享受3—5年的生产经营专利，并发给褒状作为名誉奖励。① 此后，农商部又于1915年颁布《农商部奖章规则》，对创办实业有成效者，分别情况，给予奖章。② 奖励的范围包括设厂制造、出口贸易、竣垦荒地、发明创造、开采矿产、公海渔业、办理商会或农会事务、捐款募款设立农商陈列所、农林牧试验场、实业学校及其他与此相类之事业者。奖励的重点在中小商人。虽只是荣誉奖励，但对扭转社会上的贱商习气有积极作用。1917年又颁布的《农商部奖励实业办法》，其内容包括：经营连续3年，每年能出口外销国货10万元以上者，给予一等奖；设立工厂资本5万元以上，营业确有成效者，给予二等奖；发明有实用之物品或器械，给予三等奖；以中国资本发起开矿、放垦、渔牧等实业及实业学校者，酌情给予奖励；商会农会能实心提倡商务或农业，著有成绩者，酌情给予奖章。③ 以上行政规章都旨在奖励产品创新，提高产品竞争力，促进国内工商业的快速发展。

3. 举办国货展览会

为了增强国货的竞争力，政府还出资筹办全国性国货展览会。1915年10月，农商部在北京举办国货展览会，参赛物品一律免征税厘，并可享受运输费七折优惠。全国各地商家踊跃报名，共有18个省2个特别行政区参加，参展商品达10万件之多。该届国货展览会参加省份之广、参展商品之多出乎意料。展览会举办期间参观人数络绎不绝，据农商部统计每日不少于1万人，各地商会以及工商团体大多派代表或组团前来参观考

---

① 施泽臣：《新编实业法令》（上编），中华书局1924年版，第188—190页。
② 同上书，第195—196页。
③ 同上书，第197—198页。

察。时人称其为"旷古未有之盛典,而吾国工商业发轫之初基也"①。农商部举办国货展览会其目的在于引导"公众起购买之心",鼓励"商贾开贩运之局"②,此举对于繁荣国内商业,促进民族工商业的发展起到了积极作用。

(二) 促进国内商品出口政策的倾斜

为了引导国内商品出口,北京政府除实施奖励和扶持国货政策以外,还组织商人参加国际商品博览会,调查各国商情,传递商事信息,对国内工商业的经营方向进行引导,并出台降低商品出口税率的优惠政策,鼓励出口。为企业降低生产成本,体现产品价格优势,提高国货在国际市场的竞争能力,拓展我国工业品向海外推广提供了政策倾斜。

1. 降低产品出口税率的政策导向

近代以来,我国历届政府均采取国内商品出口,逢关纳税,遇卡抽厘的做法,致使出口商品成本增加价格抬高,在国际市场同类商品中性价比偏高。北京政府成立后,为鼓励民族工业产品出口,公布了一系列减免出口税、裁厘减税的法规。如1914年7月税务处饬令各关对于上海龙章造纸公司出口的纸张,"由经过第一海关按切实值百抽五征收正税一道给予运单,沿途经过各关卡验明单货相符并无影射及漏税情事即予放行,不再重征"③。又如,农商部于1915年颁布《海常关与厘金各口卡发给机制洋货运单办法简章》、1916年颁布《华商机制土面粉领用空白运单办法简章》、1917年颁布《准刊用机制洋式货转口免重征执照》《机制各种洋式棉货征税办法》和1924年颁布《机制洋式货物税现行办法》。根据以上条例,机制西式货物只要纳一次正税,就可获特别运单,免除崇文门落地税外的一切税厘,相较于旧时税率,课税负担大大减轻。此外,一些特别商品则适用于更加优惠的税则,如机制面粉、鼓皮、监狱出品、教育制造用品等,均免征一切税厘。据海关记载,到1922年年底,享受机制洋式货物出口完税优惠的工厂共有740余家,1921年出口货值为372万多海关两,1922年为509万多海关两。④ 北京政府实施的降低产品出口税率的

---

① 《国货展览会报告书》,《农商公报》第22期。

② 《益世报》,1915年10月2日(3)。

③ 《税务处饬》,《政府公报》1914年7月31日,第803号,第35册,第532页。

④ 杜恂诚:《民族资本主义与旧中国政府(1840—1937)》,上海社会科学院出版社1991年版,第139页。

政策导向，对于提高商品的国际竞争力具有极其重要的意义，这些措施大大促进了北京政府时期对外贸易的繁荣。

2. 政府引导贸易方向

北京政府时期，为使国内商家充分了解世界贸易市场供求信息，掌握贸易先机，促进外贸发展，农商部专门派人调查各国商情，传递商事信息，并在公开发行的报刊上刊载。如1915年6月，农商部就以饬令形式在《政府公报》上转载了美国留学生陶文浚所著《中国运入美国物产大宗之研究》一文，就"我国生丝、毯料、茶叶、山羊皮四种历年运销美国盛衰情形撮要叙述并附表件，足资参考"，农商部还令各商会"转发各商查阅以资考镜"①。"一战"爆发后，国际贸易市场发生了剧烈变化，针对此情形，农商部从1916年9月开始，陆续向各总商会发布有关欧洲各国商情的调查报告，引导商人调整出口产品的种类。1918年4月，农商部又联合税务处公布了《美国总统取缔战时货物进口之布告》②，指导我国出口企业抓住商机，加大对美国的出口力度。农商部发布的各国商情为国内出口商提供了宝贵的供求信息，有利于他们及时调整产业与产品结构，扩大商品出口规模，促进对外贸易的繁荣。

3. 组团参赴国际商品博览会

为鼓励国内商品走出国门，占领世界市场，北京政府非常重视组织商人代表团参加国际商品博览会。1913年3月，工商部为调动国内企业和商人参加国际博览会的积极性，制定了《外国博览会中国出品通行简章》。该简章对参赛筹备程序、商品出口规则及注意事项都作了明确规定，同时载明政府将为参赛物品的征集和运输提供方便。③ 此简章成为日后中国商人参加国外博览会的指导性纲领。1914年，政府又组织国内企业参加了日本大正博览会，其后还参加了法国、意大利等国主办的国际博览会。值得一提的是，1915年美国举办的巴拿马——太平洋万国博览会，经政府组织准备，中国有18个省近2000吨商品赴展，共获大奖57个，名誉优秀奖74个，金牌258枚，银牌337枚，铜牌258枚，奖状227份。

---

① 《农商部饬第518号》，《政府公报》1915年7月2日，第1131号，第60册，第78页。

② 《农商部、税务处通告》，《政府公报》1918年4月16日，第800号，第125册，第13页。

③ 《外国博览会中国出品通行简章》，《政府公报》1913年3月18日，第310号，第11册，第480页。

所获大奖及优秀奖在所有参赛国中居于首位。① 中国商人通过参加这些博览会，一方面提高了商品的国际市场知名度，另一方面也走出了国门，学习了国外先进的营销理念和生产技术，这对于促进对外贸易的发展，加快中国经济与世界市场的接轨都具有十分积极的意义。

（三）重掀自开商埠，发展对外贸易政策

作为一种新型的口岸，自开商埠虽系后起，但发展迅速。自1898年4月，清政府宣布首开湖南岳州、福建三都澳、直隶秦皇岛、江苏吴淞四个商埠后，中国各地的自开商埠渐次开放，截至清末，已达36个之多。民国初年，重掀开埠风潮。1912年，江苏浦口自行开放。1914年1月，北京政府为"变边为富庶"，"将归化城、张家口、多伦诺尔、赤峰、洮南及山东黄县所属之龙口地方，一律自开商埠，其奉天所属之葫芦岛地方，前清末年业经议准开埠，并请继续修筑，一体开放"②。10天后，政府又宣布奉天之辽源自辟开放。1916年，奉天锦州请呈为自开口岸。1919—1922年，绥远包头、山东济宁、河南郑州、江苏无锡和徐州、安徽蚌埠先后宣布为自开商埠而对外开放。③ 据统计，到1924年，全国自开商埠增至52处④，其数量与条约口岸相近，且民国初期所开口岸，绝大多数是中国政府主动开放的。这一时期自开商埠已经取代约开商埠，成为中国对外开放、实施通商贸易的主要形式。

近代中国自开商埠的开辟，最初是为了"隐杜觊觎、保全主权"⑤。同时，随着中国开放程度的逐步扩大，越来越多的政府官员也认识到扩大市场与发展经济之间的关系，因此自开商埠作为重要的通商口岸。1914年，袁世凯在宣布西北等地一些口岸开放的理由时说："惟是开埠各处均属东南内地，而长城西北建设阙如，商众既日即凋残，民风亦仍多闭塞，不亟为通商惠工之外，曷以收厚生利用之功。"开放这些地方，"洵系为发达地方，振兴实业起见。"⑥ 由此可见，为改变中国落后闭塞的现状，

---

① 《中国赴美赛会监督处第一期报告》《咨教育部直隶等省巡按使文》，《农商公报》第15—16期。

② 《大总统令》1914年1月8日，《申报》1914年1月11日。

③ 《内务部经办商埠一览表》，《历史档案》1984年第2期。

④ 中国第二历史档案馆：《1912年前中国已开商埠》，《历史档案》1984年第2期。

⑤ 薛福成：《薛福成选集》，上海人民出版社1987年版，第24页。

⑥ 《大总统令》1914年1月8日，《申报》1914年1月11日。

推动社会经济的发展,也是自开商埠的动因之一。

笔者认为,尽管自开商埠对近代中国整个社会经济的发展作用有限,但是其积极效应仍然显著。自开商埠在维护国家主权的同时,提供了一个国际间贸易互市的场所,打破了中国传统封闭的经济状态,促进了区域商品的流通和国际货物的交易,从而推动了国内商业活动的快速发展。此外,自开商埠还为引进外商企业、兴建民族工业提供了有利条件。因为商埠内基础条件优越,交通便捷,了解世界贸易信息广泛,商事信息传递快速,商品交换集中且数额巨大,所以吸引了大量中外商人在商埠兴办企业,促使埠口向工业化方向发展,对当地社会经济的进步起到了巨大作用。

四 南京国民政府的对外贸易政策

南京国民政府成立后,以复苏经济,稳固政权实行了新的经济政策和措施,包括财税改革、金融与币制改革、推动实业发展和国民经济建设运动的开展等。在对外贸易方面,国民政府也制定了倡导保护国货,裁厘免税,易货偿债,关税自主与海关改革等鼓励对外贸易的政策。

(一)倡导保护国货的政策

继北京政府奖励和扶持国货政策,国货运动方兴未艾之际,新执政的南京政府延续了北京政府的国策,相继公布一系列有关保护、提倡国货的法规。1931年根据全国工商会议提案揭露洋货"改换装潢、商标冒充土制品混销内地"的情况,实业部发布《取缔洋货冒充国货令》,公布假冒厂商名单,表示"以外货伪造商标冒充国货,其情节较普通假冒商标为重,应移请法院从严法办"[1],并要求各商业团体协助核实,查办、严惩内奸。1932年《中国国货暂订标准》中,从资本、经营、原料和工人四个方面作了明确规定,详细界定了国货与外国货的标准,并细致介于二者之间的"参国货"。按此标准,经过11—15人的国货审查委员会的核查,再根据《发给国货证明书规则》,"凡中国人民自行设厂制造之工业品可以替代外货者,得直接呈请实业部或由地方主管机关查明转呈实业部"[2],就可以获得国货证明书。实业部部长吴鼎昌还倡议设立"国货联

---

[1] 中国第二历史档案馆:《中华民国史档案资料汇编》第5辑第一编"财政经济9",江苏古籍出版社1991年版,第203页。

[2] 立法院编译处:《中华民国法规汇编》,中华书局1935年版,第3560页。

合营业公司",由中央地方政府、国货工厂和现有的国货公司集资200万元组成;业务为筹设各地国货公司,以形成"全国国货贩卖网"。①

为提倡和推广国货,南京政府要求公务员统一穿着国货服装,为全国起到示范作用。1929年政府颁行《服制条例》,明确规定男女礼服、男女公务员制服,"其质料限用国货",另有1933年公布《公务人员服用国货办法》。② 1934年国民党四届四中全会通过《请由政府切实设法救济全国纱厂恐慌及推广土布销路以裕民生而维企业案》,更是严格限定:"全国公务人员、党务工作人员、各学校教职员及学生,须一律服用国货,绝对禁止服用非国货服装。"从礼服、公务员制服着装这一件小事,政府当局大动干戈,不惜明文规定其着装要求,从质料、款式到加工公司均作出规定,可以看出政府当局振兴民族工业、推广国货的决心和态度。

另外,南京政府还出台了数十项关于开办博览会和国货展览、陈列馆所的法规。广泛涉及全国性、部辖及各省区特别市所属,以及海外中华国货陈列馆、中华商会商品陈列所的范围,还对参加外国博览会制定出相关规则。1928年《全国举办物品展览会通则》,对一年一次的全国性展览会、可随时举办的地方性及特种展览会的地点、会期都有详细规定,"经核准备案后,得请工商部签发免税证书及减费运单"。1931年《部辖国货陈列馆规程》更规定凡实业部直辖的各馆所,其职责包括征集出品、推广产销、研究仿制、调查工商业状况及重要物产、答复中外工商界访问咨询等。③ 在法规的依据和导向下,除筹划国内陈列展览外,实业部曾经组织国货厂商赴南洋商业考察团,设海外中华国货陈列馆进行展销;还组织国内工商界参加了在菲律宾、美国芝加哥等地举办的国际商品博览会。与进出口商品检验法规、国定进出口关税税则的公布一样,此举目的也在于促进对外贸易。

(二) 关税自主与海关改革政策

关税自主是一个国家独立自主制定本国关税税率、管理本国海关处理海关事务及税收收支的权力。换句话说,关税自主是一个国家主权独立的象征。

第一次国共合作实现后,在国民党"一大"会议上,代表们一致通

---

① 吴鼎昌:《创办国货联合营业公司之意义》,《实业部月刊》1936年12月10日。
② 徐百齐:《中华民国(现行)法规大全》,商务印书馆1937年版,第1236页。
③ 立法院编译处:《中华民国法规汇编》,中华书局1935年版,第3563页。

过了《海关问题案》决议。毅然宣布"收回我政府应得之关余",并进一步声明收回包括"外人管理海关"在内的一切海关大权。① 1927年南京国民政府成立后,于7月发表《实行裁撤厘金、关税自主》公告,宣布从9月1日起在江苏、安徽、浙江、福建、广东、广西六省实行关税自主并裁撤厘金。② 为此,国民政府制定《国定进口关税暂行条例》《裁撤国内通过税条例》等法规,又成立"国立税则委员会"负责编订国定税则。但国民政府这一宣誓主权的行为遭到列强的极力反对,在西方入侵者强大的压力下,此次争取关税主权的活动宣告破产。1928年全国统一,南京国民政府再次发表要求修改不平等条约的宣言。同年7月,美国首先与国民政府签订《整理中美两国关税关系之条约》,承认中国"关税完全自主之原则"③。随后,法国、挪威、比利时、意大利、丹麦、葡萄牙、荷兰、瑞典、英国、西班牙等国也陆续与南京国民政府缔结了《友好通商条约》或《关税新约》,承认中国享有关税自主权,国民政府于1928年12月颁布我国第一个国定税则。但由于日本的一再阻挠,迟迟不肯与中国政府签订新的关税条约,致使其他各国有了不履行关税新约的借口,中国关税完全自主的进程被日本阻隔。日本的顽固态度,引起了中国人民的强烈不满,全国掀起了抵制日货运动的浪潮,使日本商人在华的经济损失颇巨,故纷纷向本国政府提出抗议。1930年5月,日本政府迫于各方面的压力,终于与我国缔结了《中日关税协定》,原则上承认中国关税自主。至此,国民政府的海关自主权经过一波三折才基本上完全收回。

关税自主,除反映在我国政府可以根据本国财政经济状况的需要,独立制定海关税则外,还表现对海关行政管理权的独立行使权。自1869年起的50年间,中国海关行政主权旁落,海关总税务司长期由英国人担任,各地海关43个税务司和30个副税务司也几乎全部由外国人担任。④ 此外,甲午战争以后,关税收入作为外债担保物,一直由外国银行保管,对

---

① 荣孟源主编:《中国国民党历次代表大会及中央全会资料》(上册),光明日报出版社1985年版,第40页。

② 王正廷:《中国恢复关税主权之经过》,南京国民政府外交部编纂委员会,1929年,第82页。

③ 王铁崖:《中外旧约章汇编》第三册,生活·读书·新知三联书店1982年版,第628页。

④ 陈诗启:《中国近代海关史》(民国部分),人民出版社1999年版,第190页。

我国家财政和主权均产生严重影响。南京国民政府收回海关行政自主权后，出任财政部长的宋子文立即着手采取了一系列的改革措施。

首先，在中央财政部设立关务署，在地方设立海关监督，专管海关行政事务。一方面严格稽核考查各关征税的情况，命令各关局将近年来实际收入的征税款额，明账俱报，以确定各关局今后考核标准，并要求将所有税单副本按期造册，呈送关务署，以备稽查。另一方面严格审查各海关税务司经费支用的情况，命令各海关税务司必须将支出费用，分别款目，按期造送表册，由财政部审核，真正做到将海关收支掌控在中国政府手中。

其次，改变以往由外国银行存储税款和代理支付债款本息的局面。1929 年南京国民政府宣布关税自主后，除"值百抽五"的关税旧额仍由各海关收缴汇丰银行，以偿还外债本息。其他因提高税率而增加的税款则存入中央银行。1930 年关税改用海关金单位计征后，金银比价由中央银行每天参照各种货币在市场上的实际总价确定。从 1932 年 3 月 1 日起，关税税款改为全部存入中央银行，由中央银行用中国货币按照国际汇率解往外国银行偿还外债本息。[①] 从而收回了海关款项的储存和保管权。

再次，在海关人事制度方面进行改革。由于以往海关的主要行政职位长期由外国人担任，中国政府无权干预。南京国民政府成立后，力图扭转此局面，一方面加强对总税务司职权的监督，另一方面提高海关华员的地位和待遇，并选拔人才出国培训录用。1929 年年初，海关章制审核委员会决定停止招聘洋人关员，并从华员中培养和选拔海关高级行政官员。至 1937 年各口岸税务司中已有 1/3 由中国人出任。[②] 尽管洋人关员的比重有所下降，华人关员逐渐增加并职位提高，海关总税务司一职却始终由外国人担任。在国民政府颁布和实施四部国定税则的时候，海关总税务司是英国人梅乐和担任，而国民政府在大陆的最后一任总税务司则由美国人李度担任。

最后，关税自主与海关改革对中国对外贸易产生了巨大影响。以国定关税代替协定关税，除提高进口税率，增加财政收入外，对于改变进口贸易的产品结构、限制外国货物对华倾销，缩小贸易逆差等都起到积极的作用。同时，收回海关主权对于鼓励我国产品出口，保护国内民族工商业的

---

① 陈诗启：《中国近代海关史》（民国部分），人民出版社 1999 年版，第 248 页。
② 同上书，第 219 页。

发展也产生了深远影响。

(三) 裁厘改统政策

南京国民政府成立后，即认识到"欲图国民经济之攀达，非将万恶之厘金及类似厘金之制度，彻底清除，不足以苏民困"①。虽然厘金是当时国家的重要税源之一，但是为了取得国内资产阶级的支持与合作，国民政府最终还是痛下决心裁撤厘金。

1927年7月10日，国民党中央政治会议通过《裁撤国内通过税条例》和《出厂税条例》两项法规，着手推行裁撤厘金政策。1928年7月，国民政府在南京召开第一次全国财政会议，由财政部邀集全国商会联合会、上海总商会等团体代表，组织全国裁厘委员会。并于不久后制定并公布《裁撤国内通过税施行大纲》。同年12月财政部召开江、浙、皖、闽、赣五省裁厘会议，通过《五省裁厘会议议决裁厘要点》10项，确定裁厘改办特种消费税的具体内容。1930年财政部发布《裁撤厘金令》，规定自1931年1月1日起，"将所有全国厘金及由厘金变名之统税、统捐、货物税、铁路捐税、邮包税、落地税、正杂各捐中之含有厘金性质者，又海关五十里外常关税及内地常关税、子口税、复进口税等，一律廓清"②。1931年停办特种消费税后，裁厘改税之税成为统税，先后公布了《卷烟统税条例》《征收麦粉特税条例》《棉纱、火柴、水泥统税条例》《薰烟叶统税征收暂行章程》《征收啤酒税暂行章程》及火酒、洋酒统税法规。统税在全国范围内实行"一物一税，一次征收"③原则，一次征税后可以通行全国各省，不再重征。即使商品运入未办统税之省份而被重征，纳税人可持重征证据，向统税署或所属机关办理退税。

裁厘改统后，税目简化，税收渐趋合理，课税范围以国家法律上指定的特种物品为限，较之物物课税范围缩小，在一定程度上顾及了人民生活；实行一物一税原则，所有应纳统税货物一税征足后，即可通行全国，改变了过去关卡林立，重征苛敛的陋规，减轻了商人负担，有利于货物流通，为民族工商业和对外贸易的发展扫清了障碍；凡舶来货物入口，除须缴纳关税外，再交以与国货同等的统税，方可内销，使洋货与国货税率不

---

① 贾士毅：《民国财政经济问题今昔观》，台北正中书局1954年版，第162页。

② 中国第二历史档案馆：《国民政府财政金融税收档案史料（1927—1937）》，中国财政金融出版社1997年版，第784—785页。

③ 陆仰渊、方庆秋主编：《民国社会经济史》，中国经济出版社1991年版，第278页。

平等的矛盾有所缓和，提高了本国产品的竞争力，对民族工商业具有一定的保护作用，在一定程度上促进了民族工商业和对外贸易的发展。

（四）易货偿债政策

20世纪30年代初，德国曾派特使克兰来华，与中国政府商谈以贷款易货方式向国民政府出售军火、兵工厂和重工业设备，得到蒋介石的赞同。孔祥熙通过克兰与德国经济部部长沙赫特签订了《中德经济合作条约》。1936年4月8日又签订了《德华信用借款合同》，言明在一亿金马克的限度内，国民政府可以向德国购买军火、兵工厂及重工业设备，以钨、锑、桐油、生丝、猪鬃等农矿产品作为抵补。① 为便利易货偿债活动，国民政府宣布对桐油、猪鬃等农产品和钨、锑等矿产品实行贸易统制，决定农产品的收购和运输交由中央信托局办理，矿产品的收购和运输则由资源委员会办理。1936年8月，实业部设立中国植物油料厂股份有限公司，专门负责桐油、豆油等植物油的出口。② 在易货偿债的政策下，中德两国的贸易往来有了长足进步，也使德国成为中国的第三大贸易伙伴。

易货偿债政策在一定时期有利于某些产业的迅速发展和对外贸易的扩大，但从长远看，贸易统制有碍于市场经济的正常运转，最终将阻碍我国经济的发展。

第二节 近代云南对外贸易政策的演变

在中央政府颁布一系列促进对外经济发展政策的大背景下，云南省政府各个时期的执政者也都致力于本省经济的保护和发展，面对英法殖民者的经济掠夺，从最初的消极抵抗到后期的主动应对，体现了云南省不同时期对外经济政策的演变过程。积极的对外经济政策也促进了云南对外贸易的快速发展，并逐渐形成以开放口岸为中心，以近代交通干道为纽带的对外贸易的基本格局。

一 晚清时期云南对外贸易政策

清代的地方政权设置沿袭明朝旧例，在云南设云贵总督（驻节昆明）

---

① 朱伯康、施正康：《中国经济史》，复旦大学出版社2005年版，第546页。
② 陆仲渊、方庆秋主编：《民国社会经济史》，中国经济出版社1991年版，第422页。

和云南巡抚，光绪三十年（1904）巡抚一职由总督兼任。晚清时期云南省对外经济政策也发生了较大变化，随着外国殖民者经济侵略步伐的加快和民族工商从业者经济主权意识的觉醒，云南省从最开始的被动开放逐渐转变为主动开放，顺应历史潮流，促进云南近代工商业、金融业的兴起，也加快了对外贸易城镇网络的形成。

（一）自开商埠，确保外贸商业利益

云南商埠分为"约开商埠"与"自开商埠"两种，基于履行条约被迫开放的商埠为约开商埠。而为杜绝外国殖民者觊觎之心自行开放的商埠，为自开商埠。鸦片战争后，国际通商日益发达，1889—1905年，英法两国根据不平等条约，强迫清政府先后将人口众多、交通便利、商业繁盛的蒙自、思茅、河口、腾越开放为通商口岸，并设立海关。1905年，为保护地方商业利益，云南绅士翰林院编修陈荣昌、庶吉士罗瑞图、广东补用道工鸿图、四川补用道解秉和等禀报云贵总督丁振铎称："省城南门外得胜桥地方，为官商往来孔道，货物骈集，市廛栉比，且与车栈附近，应请援照山东、湖南等省成案章程，就该处开作商埠，奉派大员督同地方官绅，勘购地段，修筑埠头、马路，起建房屋，设局经理，实于交涉、商务、利权，均有裨益。"① 云贵总督丁振铎对这一提法颇为赞同，将此意愿上奏朝廷："云南地处极边，外来商贾，本属无多。比年以来，蒙自、思茅、腾越先后开关，中外通商贸易渐臻繁盛，滇越铁路转瞬畅行，省会要区，商货尤为辐转，自不得不开设商埠以保主权。……臣查：该绅等所禀系属实情，今昔形势既有不同，亟应援案设立埠头，自开口岸。相应请旨，俯准将云南省城开设商埠，以便通商而扩利源。"② 清廷于同年2月16日奏准照办，将昆明辟为自开商埠。随后，云贵总督丁振铎派员赴湖南、山东等地调研，参照湖南、山东自开商埠的做法，订立自开商埠章程，在省城东门外设立昆明商埠清查局，并于1907年9月正式开局办公。

由于英法两国的驻京公使认为，昆明开埠通商时所订立的《商埠总章》和《商埠租赁房屋专章》"限制过严，碍难承认"，所以开埠通商后，"英、法人等并在城外自设行栈，自由居住，不受约束。故此项章则，迄未能见诸实行"③。为进一步完善对昆明商埠的管理，宣统二年（1910），

---

① 李春龙等：《新纂云南通志》（七），云南人民出版社2007年点校本，第92页。

② 同上书，第93页。

③ 同上书，第92页。

云贵总督李经义上奏朝廷："臣到任接续筹备，适火车开行，商货辐辏，外人多有请受廛营业者。该埠纯全内地性质，不惟与约开各埠不同，即与自开各埠，亦略有区别。只以铁路所在，因时、因势，不得不筹一格外变通之法，订立完善埠章，既为体恤商民，复不至漫无限制。"① 首先，在机构设置上裁撤商埠清查局，改设商埠总局，委任司道大员主理。其次，修订《商埠总章》，拟定分章，从法律形式上完善章程内容。此外，对在云南贸易经商的外国人提出了具体的管理办法："如愿在埠居住贸易，必先赴局呈明遵章，经局允许，始准租地设栈，否则仍照约办理。予以特别利益，仍为便商，但能恪守范围，一体优待，庶符部臣由我自握其权之原议。埠内工程、巡警、词讼、税捐，本地方有司之责，即为地方应服之务，均按照细则逐渐推行。"②

五口开埠后，进出口贸易大增，出口物资以大锡为第一位，约占出口贸易总额的 80% 以上。大宗出口物资是锡、铅、锌、猪鬃、茶叶、牛羊皮、火腿等；进口物资主要有棉花、棉纱、布匹、水泥、煤油、纸烟、火柴等。

（二）改善交通，促进对外贸易发展

中法战争后，法帝国主义依恃不平等条约，迫使清政府强行取得滇越铁路修筑权，并于 1903 年动工，1910 年正式建成通车。帝国主义的强权行径咄咄逼人，经济侵略使云南人民深感主权丧失，一部分爱国士绅力谋补救，与当地政府协商修筑滇蜀铁路，随后组建了滇蜀铁路公司。紧接着英国殖民者也通过其驻华公使与晚清政府交涉，"欲由属地缅甸兴造铁路直通腾越以达云南省城，定名为滇缅铁路"③。帝国主义再一次妄图攫取我省铁路修筑权的行径激起了全省人民的强烈愤慨，云南士绅群起反对，国人自修铁路，挽回主权，已成为朝野上下共同的呼声。舆论迫使清政府将腾越一线并入滇蜀铁路线，滇蜀铁路公司改名为滇蜀腾越铁路公司。1906 年，云贵总督奏设滇蜀铁路"议成"，云南开始着手成立"滇蜀腾越铁路公司"集股兴办自己的铁路。铁路公司成立以后，决定云南铁路的出省方向引起一番争论。基本意见有三个，即"通蜀、连湘、接桂"，但

---

① 李春龙等：《新纂云南通志》（七），云南人民出版社 2007 年点校本，第 93 页。
② 同上书，第 93 页。
③ 云南省地方志编纂委员会：《云南省志》卷三十四，云南人民出版社 1994 年版，第 8 页。

由于财力有限，只能三选其一。唐璆先生写了一篇《滇蜀铁路宜改道滇邕》的文章，文中详细分析了修建三条道路的优势和劣势，指出："滇湘、滇蜀、滇桂，除滇湘路远工巨，暂勿庸议外，其比较难易惟滇蜀桂两线。滇蜀除大理至宁远外有三道，一由东川、昭通、叙府至成都二千三四百里；二由威宁、毕节、泸州至成都二千七八百里；三由贵州、重庆至成都三千里。均款巨难成功，且川汉铁路成功无期，即通亦不能绕远三江两湖之兵以救云南之急。"① 唐先生认为无论是从军事、外交，还是从商业利益等诸多方面看，先修滇桂一线最有裨益，其原因在于："滇桂由广西州、广南至百色千余里，再展至南宁近二千里，粤汉铁路已抵英德，成功当在四五年，若通则两湖之兵一二日可至广东。而粤汉路的支路已定议由三水、梧州至南宁，若通则广东之兵可一日至南宁。宁为广西重兵所驻，若滇桂通，广西之兵一日可至云南，其修费则较滇蜀少二千余万之款，若夫商务可夺滇越铁路之利一也，由西江达香港二也，联粤东为一气三也，云南矿产销路四也。且线短而费省，其利一；工成甚速，其利二；便于行军，其利三；商务盛而财政裕，其利四……"② 当时的云贵总督李经义对此项提议也极为赞同，积极上奏朝廷，提出：铁路乃"便兵商、致富强"的交通机关，云南"居西南边地，当英法交冲，今英之铁路已抵滇边，法之铁路直抵滇省"要想自修铁路来谋求抵制，就应该"审地理之形势，道路之远近，必使路线易于成功而便于兵商"，这样方可以设法"保滇"。③ 同时，他还建议由中央政府主持该路的修筑大局。

1900 年，晚清政府决定将"滇蜀腾越铁路"收归国有，计划先修滇桂线缓修滇蜀线，并命交通部具体负责滇桂线的勘察及修筑事宜。在筑路经费的筹措方面，决定由晚清中央政府及云南、广西、贵州三省各出一份额。云南省前期已经集资相当数量的"滇蜀"路款，此刻正好用于"滇桂"铁路的勘修经费，于是将该项款额拨存大清银行，准备"滇桂"路随时调用。但是由于种种历史原因，"滇桂铁路"一直未能修成。

二　中华民国时期云南对外贸易政策

中华民国时期的云南省政府大体上可以划分为三个时期，即由蔡锷、

---

① 云南档案馆编：《清末民初的云南社会》，云南人民出版社 2005 年版，第 24 页。
② 同上书，第 25 页。
③ 李春龙等：《新纂云南通志》（四），云南人民出版社 2007 年点校本，第 23 页。

唐继尧主政的军政府时期；唐继尧主政的省长制时期；龙云、卢汉主政的省政府委员会时期。因此，云南省的对外经济政策也分别从这三个时期加以分析。

（一）蔡锷主政时期云南对外贸易政策

1911年10月10日，武昌起义成功后，云南民众也积极响应，成为全国最早发动起义的省份之一。10月27日，由张文光领导，在腾越率先发动起义。三天后的10月30日（农历九月初九），由蔡锷、李根源领导，在省会昆明发动起义，11月3日成立大汉云南军政府，随后改称大中华国云南军都督府，公推蔡锷为都督。军政府成立后，一方面应邻省要求，出兵援川、援黔、援藏；另一方面在内政和社会进行了一系列改革，着力整顿财政，重视发展工业、农业、交通、邮电以及文化教育事业。在对外贸易方面也秉承扶持态度，鼓励对外经贸的发展。

1. 发展实业，提升产品竞争力

清末洋务运动后期，云南创办了一批具有近代工业色彩的企业，其中属于官办的有机器厂、造币厂、陆军制革厂、劝工总局、电报总局、邮政总局等七个实业。属于官督商办的有滇蜀腾越铁路公司，属于官商合办的有个旧锡务公司和宝华锑矿公司。辛亥革命爆发以后，这些企业全部由军政府管制（商股仍有效）。1912年云南耀龙电灯股份有限公司成立，新成立时为商办，后改为官商合办。营业所设在昆明升平坡，转电所设于昆明小西门，发电所设在昆阳县石龙坝。成立之初发电量仅为460基罗瓦特。[①] 后因市内用电量剧增，公司进一步追加投资，扩大规模，改名为耀龙电力公司。1913年，云南又组建了官商合办的东川矿业公司，该公司总部设在东川城内，昆明设立分部，并分别在汤丹、落雪、因民等地设立分局。产品以生产铜、铅、锌为主，一度产销两旺，铜产量由1913年的421吨增至1918年的1122吨。[②] 该公司用东川铜制作的手工艺品，参加了1915年2月在美国旧金山举办的巴拿马太平洋万国博览会，荣获一等奖。

2. 加强交通邮政建设，为对外贸易奠定基础设施

军政府成立后，云南都督蔡锷多次致电北京中央政府，提出改善云南

[①] 云南通志馆：《续云南通志长编》（下册），云南省志编纂委员会办公室编校，1985年，第339页。

[②] 同上书，第451页。

交通运输的重要性,"查滇土贫瘠,生计维艰,自禁中鸦片以来,专恃矿产为命。而运输未便,仍须仰鼻息于外人。若运费日增,生机将绝"①。1912年5月2日,蔡锷将军再次致电大总统袁世凯、国务院,提出修建滇邕铁路的主张。同时,他还给广东都督陈炯明、广西都督陆荣廷、贵州总督唐继尧发出通电,请求由北京政府主持,滇、黔、桂、粤四省分段承办共同修筑滇桂铁路。在通电中,蔡锷历数云南急需修路的缘由,"滇界缅、越,逼处强邻,自滇越路程,危机日迫,不唯滇缅铁路屡被要求,即滇蜀铁路亦有垂涎之象。……滇中五金矿产之盛甲于各省,只以运输未能捷速,无人投资开采,间有集股试办者,每于销路不畅成本过巨,多所亏折"②。他进一步分析指出修建滇邕铁路在政治、军事和经济等方面的各种益处:"然熟审办情形,滇蜀一线尚可缓图,滇桂一线尤为重要","以滇邕铁路可以便滇桂两省之交通,并可以夺滇越路线之势力,较滇蜀为尤要。……一则路线较短,成功较易,需费较省;一则滇粤交通互相策应,动员集中均能神速、则边远可古固;一则与滇越路不平行,免滋外人口实,且离越较远,于兵事上甚为安全;一则滇、黔、桂三省之地可扩商业,可辟荒土;一则滇川、滇黔两线将来便于延长;一则东昭矿产便于转运。此路一通,则滇越一线之势力顿失,即可阻其伸张之势,并可徐图赎还之机"③。

蔡锷冬日通电后,身在澳门的孙中山先生当即发电予以支持。1912年11月,中国铁路总公司在上海成立,孙中山先生任总理。次年1—2月间,孙中山先生为筹修滇桂铁路一事与蔡锷多次往返电函商议。希望"各省声应气求,同心共济",给予支持;同时要求云南对铁路建设"已办者若何,待办者若何,亟应先事调查,务希详细见示,以便统筹全局"④。蔡在复函中,仍力主先修建滇邕铁路,原因是"滇省远距中原,非先同内以联络腹地各省,实不足以图存。况滇邕路线于商业上、军事上均占优势,此所以为急之又急者也"。他设想的起止路线是"西起昆明,由曲靖经黔之兴义,过桂之百色,以直达南宁。若由南宁延长至龙门岛

---

① 云南省地方志编纂委员会:《云南省志》卷四十七,云南人民出版社1995年版,第176页。

② 云南档案馆编:《清末民初的云南社会》,云南人民出版社2005年版,第122页。

③ 同上书,第123页。

④ 《孙中山全集》第三卷,中华书局1984年版,第21页。

(今广西防城地区），尤为美善"①。其设想的路线走向与现在已经建成的南昆铁路走向大体一致。北京政府以及广东、广西等省亦积极响应倡议。北京交通部很快派遣专人赴滇桂沿线勘路调查，以备进一步决策。遗憾的是，修筑路款始终不能落实，滇桂线最终未能实现。

除铁路外，其他交通方式也有新发展。在盘龙江至滇池的水路增加了汽船，成立滇济轮船公司，负责从省城到滇池各口岸旅客和货物运输。此外还筹修全省公路，军政府下令各州、县将所辖区域内应修公路，先行勘察丈量，编造预算，提出修建计划上报，以便择要举办。

在邮政建设方面，于1913年架设了永平至鲁节（沪水），永昌（保山）至顺宁（凤庆），大理至鹤庆，丽江至中甸至阿墩子（德钦）的有线电报路线；扩大了邮政区域，全省未通邮政的县城一律通邮。

（二）唐继尧主政时期云南对外贸易政策

1913年9月，都督蔡锷奉调赴京任职，由唐继尧继任云南都督。1914年10月官制改革，唐被任命为开武将军督理云南军务，简称"督军"。在唐继尧执政期间，由于护国、护法两次战争以及在黔、川、桂三次用兵，投入了大量人力、财力、物力，不可能有更多的力量进行经济、文教建设。但这段时期有几项显著的建设成就，对云南省对外贸易的持续发展也起到了重要的支撑作用。

1. 振兴云锡，提高产量扩大出口

1919年10月，赴美学矿冶专业的留学生缪云台学成回滇，当他得知个旧云南锡务公司因经营管理不善，再加上第一次世界大战结束后锡价猛跌，存货积压出口量减少，公司债台高筑，全靠借贷度日，就提出了一份整理锡务公司意见书，面呈省长唐继尧。唐决定委任缪为锡务公司总理，赴个旧实施其整理方案。

缪在任职两年内，进行了大刀阔斧的改革。史料记载："以前土法冶炼不精，成色不一，须到香港改炼，经港政府化验师出给证明书，始能运至欧美销售，而所得价值比较其他国家所产同一成分之锡，每吨常低减英金八磅以上。其销售数量，在世界锡市总额上百分比亦少。乃于二十一年二月成立炼锡公司，聘著名炼锡技师亚迟迪克为炼冶部经理。至二十三

---

① 云南省地方志编纂委员会：《云南省志》卷四十七，云南人民出版社1995年版，第176页。

年，完成炼锡炉二座，净矿炉二座……出品有百分之九十九点七五上锡。百分之九十九点五纯锡、百分之九十九普通锡三种。取得伦敦、纽约五金交易所化验证书，可直接运往外洋销售。"① 通过雇用外国工程师进行技术指导，起用工业学校毕业生以增强技术力量，同时在生产上推进新技术，增加新设备，采用新法生产，大大提高了产品的质量和产量。使大锡产量成倍增长，1919 年仅产锡 440 吨，1920 年产 1992 吨，比上年增长 3.5 倍；1921 年产 2110 吨，比上年又增长 6%。此外，缪云台还主持建造了运送矿石的空中索道以提高生产效率。一系列生产和技术改革举措的推行，降低了生产成本，提高了产品售价，使云南锡产品有了很大改观，在国际市场极具竞争力。

2. 发展交通，为对外贸易提供便捷条件

在唐继尧执政期间，云南对外交通有了较大发展，除建成个碧石铁路个（旧）碧（色寨）段，修筑逸西省道昆明—禄丰段，还修建了近代历史上我国的第二个飞机场——巫家坝机场。

（1）个碧石铁路个碧段建成通车

个旧锡矿的开采，文字记载可以追溯到东汉年间。至清朝末年，个旧年产锡量已达 5000 余吨规模，居全国首位。出口量约占云南出口总值的 2/3，从业人数高达 10 余万。② 个旧居民所需的大量生产及生活物资以及开采的锡矿，长期依靠人力或畜力运输，严重影响了锡业的经营发展，改善运输手段早为各经营绅商所关注。1905 年，法国经营的滇越铁路滇段工程施工已展开，云南士绅深感铁路主权丧失，倡议集收盐、粮股款自行修筑滇蜀铁路，但认股人不多。1908 年，官商共议，除随粮随盐认股外，在个旧锡业项下增收"锡股""炭股"，得到滇督锡良批准。至清宣统年间，个旧绅商认为修筑滇蜀铁路对个旧锡矿的经营无利，滇蜀铁路又开工无期，而滇越铁路已建成通车，法国又企图获取个碧铁路的筑路权，随于清宣统二年（1910），由李光翰等人联名上书云贵总督，请求将修筑滇蜀铁路已抽收的锡、炭股款用作修筑个碧铁路的资金。但未获准，只同意将待抽收的股款作为借用。几经商议后，云贵总督决定将修筑个碧铁路一事由滇蜀铁路公司承办。辛亥革命后，政权更迭，此决定就此停置。1912

---

① 云南通志馆：《续云南通志长编》（下册），云南省志编纂委员会办公室编校，1985 年，第 441 页。

② 李春龙等：《新纂云南通志》（七），云南人民出版社 2007 年点校本，第 139 页。

年，个旧绅商再度商定，拟于滇蜀铁路的股金抽足后，由各绅商自动抽交新股，同时增加"砂股"以用作兴修个碧铁路的资金。集资办法由李文山、朱朝谨等人呈报云南省政府都督蔡锷，蔡即嘉奖照准。随即由发起人组织股东会，草拟章程，筹组铁路公司，开展修路的各项工作。1913年，个碧铁路股份有限公司在蒙自成立，由云南行政公署（滇蜀铁路公司代表全权代表）及个碧铁路股东代表共同组成，属官商合办组织。公司所定章程经云南省政府转报民国政府交通部立案。当时，章程所定的筑路范围仅为碧色寨至个旧，唯因建水、石屏两地锡矿商人占锡商人数的80%以上，两地股东愿意多负担股本金额，要求将铁路延伸至建水、石屏。于是形成铁路修建的三个阶段，即碧色寨至个旧为第一段，鸡街至建水为第二段，建水至石屏为第三段。个碧铁路也随之扩展为个碧石铁路，成为云南省内早期由中国自行修建的第一条地区性商办铁路。个碧石铁路全长73公里零280尺，个旧至碧色寨一段于1915年初开工兴建，1921年11月建成通车，历时7年。这条铁路为6公寸轨距，总投资500多万元。全线有隧道8座，共长1648米；有车站11所，小桥62座；最大坡度3%，最小半径60米。[①]

(2) 修筑迤西省道

受其他省影响，唐继尧政府为增加财政税收，促进省内物资与外省流通，决定修筑公路，发展交通事业。因当时云南以滇西地区商业最盛，与缅甸的商业贸易频繁，物资运输较多，遂决定公路建设首先向滇西方向发展。1924年2月，云南省公署交通司司长董泽、军政司司长马骢会同呈报《云南工兵修迤西省道条例》，经省务会议批准实施，并将一部分军队改编为工兵，承担滇西省道干线的修筑任务。施工第一期计划修筑以昆明小西门为起点，西向至禄丰县的一段，全长约160里，6月23日正式开工。其中昆明至碧鸡关一段于1925年10月建成通车。初修公路时，测量选定路线为"小西门经菱角塘、普坪村、车家壁而上碧鸡关"。由于这条线占用水田较多，遭到了地主官僚的强烈反对，他们以"修路不应多占水田，影响粮食收成"为由阻挠此路勘修，于是只能改线路为"小西门、大西门、黄土坡、黑林铺、眠山、普坪村、车

[①] 云南省地方志编纂委员会：《云南省志》卷三十四，云南人民出版社1994年版，第44页。

家壁、高峤转到碧鸡关"①。这样一来,线路加长,工程量增加,经费也随之加大。小西门至碧鸡关的公路是云南省第一条公路。此段修通之后,至禄丰一段,也于1927年年初修通。此后因发生"二六"倒唐政变,董泽辞职而中辍。

(3) 发展航空事业,修建机场

1920年第一次世界大战结束后,世界列强热衷于发展空军。在军阀割据的中国,各省军阀也纷纷效仿外洋,组建空军,开办航校,并聘请外国顾问训练飞行人员。当时,唐继尧结识了刘沛泉等美国华侨航空人员,认识到航空的威力。档案资料显示,他在云南航校第二期的训词中说:"顾飞机之用其利不可胜述,而于军事关系尤重。泰西之论强国者,问起艇机之多寡,即可预知。"② 1922年秋,唐继尧即聘请刘沛泉和一些美国华侨航空人士来滇筹建空军,成立航空处,任命刘为处长,下辖两个航空队。航空队设在原讲武堂旧址,辟巫家坝陆军操场为飞机场,拨陆军营房一部为修理工厂及飞机队队部办公室,先后从法国购来飞机五架,云南空军从此诞生。同时成立了云南第一所航空学校,刘沛泉兼任校长,1922年冬在昆明、贵阳两地招收学生,共录取10多人,含朝鲜籍学生4人。当年12月25日正式开学,编为一个航空入伍(生)队,与讲武堂十七期学生一同受入伍训练。③ 1926年7月毕业,唐继尧亲自主持毕业典礼,并当面嘱托队长柳希权继续招收第二期学生,全部在昆明各中学学生中选拔,共招收40人,于当年12月入校受训。巫家坝飞机场是近代我国最早建设的继杭州览桥机场后的第二个机场。

唐继尧时期,云南航空公司在商业航运上曾做过多次尝试,先后购买数架运输机。1929年从香港接机返昆时,创造了当时全国飞行最长航线的记录。④ 其后,云南航空试图开通与邻省广西、贵州间的商用航线,后因两省当局强烈反对未获成功。随即开通了省内昆明—昭通、昆明—蒙自—广南、昆明—保山三条航线。

---

① 云南档案馆编:《清末民初的云南社会》,云南人民出版社2005年版,第134页。
② 云南省政协委员会文史资料研究委员会:《云南文史资料选辑》第1辑,云南人民出版社1962年版,第55页。
③ 云南省地方志编纂委员会:《云南省志》卷四十七,云南人民出版社1995年版,第188页。
④ 同上书,第58页。

（三）龙云主政时期云南对外贸易政策

1921—1927 年，云南统治集团争权夺利斗争加剧，七年内共发生政变四起，政局动荡。第一次是 1921 年 1 月驻川滇军第一军军长顾品珍率部回滇迫唐继尧下野出走，顾品珍任滇军总司令兼云南省省长。第二次是 1922 年 3 月唐继尧聚集旧部击败顾品珍，重主滇政。第三次是 1927 年 2 月蒙自镇守使胡若愚、昆明镇守使龙云、昭通镇守使张汝骥、大理镇守使李选廷以"清君侧"为名，联合倒唐，逼唐继尧交权让位，成立由胡若愚担任主席的省务委员会，唐继尧则被推为虚有其名的挂名总裁。第四次是 1927 年 6 月，胡若愚、张汝钱火并龙云，龙云束手就擒，被迫发出辞职通电。由龙云担任军长的三十八军所属师长孟坤、卢汉、孙渡、朱旭等人聚集兵力向胡、张部队发起进攻，胡、张不敌，被迫释放龙云，龙云于 8 月 13 日就任省务委员会主席。1928 年 1 月 17 日南京国民政府正式任命龙云为云南省政府主席。21 日龙又被加封为国民革命军第十三路军总指挥，集军政大权于一身。龙云提出的施政口号是："实行三民主义，拥护南京政府，肃清反革命派，彻底改革政治，建设党化国家。"① 在 1929 年 8 月 1 日公布的《省政府委员会改组就职宣言》中，又提出了要建设"三民主义革命的新云南"②。

经过近三年的战乱，云南政局逐步从动荡走向稳定。加上龙云政府采取一系列整理财政金融措施后，财政经济状况逐渐好转，这就为云南发展经济事业提供了必要的条件。同时，省政府一系列积极对外贸易政策的推行，使云南对外贸易的发展进入一个新的高潮。

1. 整理财政金融，为对外贸易提供良好的经济环境

由于连年用兵，军费开支浩大，加之民不聊生，工商萧条，税收锐减，各军阀只有依靠滥发纸币度日。1912 年成立富滇银行时，开始发行纸币，1913 年发行 60 万元，1921 年增至 620 万元，1926 年增至 3860 万元，1930 年高达 9200 万元。③ 龙云上台初期，面临财政枯竭、金融紊乱、通货膨胀、入不敷出的严重局面。他曾向蒋介石上书说："滇省为贫瘠之区，向系受协省份，连年用兵，迄无宁日，经济落后，财政困难。但为仰

---

① 云南省政协委员会文史资料研究委员会：《云南文史资料选辑》第 2 辑，云南人民出版社 1963 年版，第 124 页。

② 龙云：《云南行政纪实》第一编，云南财政厅印刷局 1934 年版，第 6 页。

③ 云南省地方志编纂委员会：《云南省志》卷八，云南人民出版社 1995 年版，第 166 页。

体时艰,力图自给,减轻中央补助,为国分忧。"① 当时南京政府自顾不暇,只好顺水推舟,允许云南自辟财路。龙云在宣誓就职时就宣布,滇省建设的前提是"统一财政,整顿金融",提出了整理财政金融的十年计划。省政府成立了由他亲自主持的整理财政金融委员会,先后召开了三次全省性的整理财政金融会议,采取的主要措施如下。

(1) 整顿财税秩序

云南由于多年处于军阀割据,战乱频发,军人当政的局面,盘踞各地的军队头目大都采取"到州吃州,到县吃县"的办法,就地筹粮筹饷,税赋征收机关掌握在军人手中,直接征收所管区域的赋税,坐地开支,根本不上缴,省财政厅形同虚设。1928年龙云委派的两任文职厅长陆崇仁、朱景暄,都因为上任后无法扭转这一局面、一筹莫展而被迫辞职。1929年年底,龙任命掌握军权的实力人物、滇军第九十八师师长卢汉兼任财政厅厅长,卢到任后大刀阔斧地进行整顿和改革,上台的第一件事是接收烟酒事务局,拟副师长袁昌荣、张崧兼任局长,以后又决定撤销该局,其业务并入财政厅,以统一征收机关。同时决定收回全省税收征收权,将烟酒、厘金等税收一律交给中标人承办,如敢违抗,即以军法从事。② 许多军人慑于卢汉的威势,只得把征税权交出来。经过一番整顿,税收大增,不仅偿清积欠,收入还有节余。

(2) 整理金融秩序

从护国、靖国诸役以来,云南由于连年用兵,军费开支浩繁,仅依赖滥发纸币维持,因而滇币币值狂跌,最初滇币2元兑国币(国家银行发行的中央货币)1元,以后跌到5:1,至1929年竟跌到10:1,富滇银行被迫停兑。③ 1932年5月龙云政府将富滇银行改组为富滇新银行,直属省政府,赋予该行发行新币特权。确定本省半开银质硬币为本位币(经过数年筹集,该行已储积半开银币1600多万元,足资兑换),将富滇银行发行的旧滇币,以本位币1元兑5元,收回焚毁;同时发行新滇币,和半开银币同时流通使用,新滇币1元兑国币5角。前后两次共收回焚毁旧滇

---

① 云南省地方志编纂委员会:《云南省志》卷四十七,云南人民出版社1995年版,第192页。
② 云南省地方志编纂委员会:《云南省志》卷十二,云南人民出版社1994年版,第38页。
③ 云南省地方志编纂委员会:《云南省志》卷十三,云南人民出版社1994年版,第106页。

币 5170 多万元。同时改变税收征收本位，将过去征收旧滇币改为征收半开银币，兑换比价为 5∶1，即旧滇币 5 元折合半开银币 1 元，税额不变，税收即增加 4 倍。通过对金融币制的整理改革，有效制止了通货膨胀，稳定了币值。①

2. 改革税制，为对外贸易提供良好的税收环境

龙云政府还在税收政策上对商业贸易加以扶持，裁撤各种捐税，既繁荣了商业，又促进了对外贸易的发展。整顿前税制庞杂混乱，各地苛捐杂税多如牛毛。从 1931 年 1 月起，遵照全国财政会议决议，将全省百货厘金改为特种消费税，取消商税，同时对旧有各税进行清理改革，除盐税外，只保留烟酒税、印花税、特种消费税、田赋税、契税、屠宰税、特种营业税等 17 种，作为国家规定的地方收入。其余中央和省旧有的 64 种苛捐杂税，一律明令废除；各县自行征收的附捐杂税 60 种，也全部取消。通过税收的清理改革，既增加了财政收入，在一定程度上也减轻了人民负担。

同时，国家通过多方努力取得关税自主权后，云南省就充分运用关税主权，提高某些货物的进口税率，限制外国商品的恣意倾销，客观上也起到了保护民族工业发展的作用。对于出口货物则实行免税或减轻税负，也有利于提高本国产品出口的竞争力，促进出口贸易的扩大。如 1932 年 5 月，云南省政府规定生丝出口免税②，此后，云南生丝出口获得长足增长，对外贸易优惠政策的倾斜为本省带来了极好的经济效益。

3. 扩大官营企事业，重点扶持对外贸易拳头产品

云南地方政府在辛亥革命后，因地制宜地采取了一些保护工商业和振兴云南矿业的政策措施。民国二年成立官商合办东川矿业公司，负责东川铜矿的开采和冶炼。在个旧锡矿，除了官商合办的锡务公司外，还允准成立了一大批商办锡务公司。如负责个旧锡矿采选的云南矿业公司，负责个旧锡矿砂伴生的钨矿、锑矿的开采和冶炼的云南钨锑公司等。此外，由省政府扶持扩办的重要官营实业还有：负责一平浪盐矿、煤矿开发的一平浪矿务局；负责宣威、嵩明煤矿开发的宣嵩矿务局；统管全省火柴制造运销

---

① 云南省地方志编纂委员会：《云南省志》卷十三，云南人民出版社 1994 年版，第 108 页。

② 云南通志馆：《续云南通志长编》（下册），云南省志编纂委员会办公室编校，1985 年，第 610 页。

的云南火柴专卖处，等等。由于省政府的大力支持，1910年以后，云南形成了大锡主导型的对外贸易格局，除大锡以外，矿产中的铜、铅、石磺等也大量出口；农副产品中的生丝、茶叶、皮革、药材、桐油、猪鬃等都成为重要的外销产品。在出口不断增加的同时，棉花、棉纱、各类机器设备等商品亦大量进口。云南新近涌现及先期成立的各大商号，在政府政策的激励下积极参与对外贸易活动，它们不仅建立了沟通全省城乡的经营渠道，还在全国各大城市、通商口岸以及东南亚各国建立分号，进行商品采购、加工及销售业务。这一时期，云南进出口贸易进入鼎盛发展时期。

4. 兴办工业，提升对外贸易商品整体水平

为了提升云南省工业发展的整体水平，完善出口商品的门类，推进出口产品的规模效应，龙云主政时期，大力兴办近代工业，健全云南省的工业体系。

（1）云南纺织厂。1934年筹建，一开始设立纺纱、织布、动力三个厂。由省政府经济委员会拨付固定资金国币2000万元，并由富滇新银行提供流动资金1260万元。从上海购入英制1250瓦蒸汽发电机1座，锅炉两座，美制5200锭纺纱机及其附属设备，英制织布机60台及其附属设备。同时选址昆明南郊玉皇阁85亩地，建筑厂房及附属物，1937年8月建成开工生产。1938年6月动力厂并入昆明耀龙电力公司，纺纱、织布两厂合并为云南纺织厂，省政府委派金龙章为厂长，朱健飞为副厂长。主要产品为金龙、碧鸡牌10—24支粗、细纱，粗细平布、斜纹布、药纱布、帆布、袋布等。最高年产粗细棉纱287627股，裸布42386匹。[①] 棉纱除供本厂织布外，其余畅销全省，远及四川、贵州。棉布多供军需产品，部分供应省内市场。

（2）云南五金机器制造厂。1934年省政府改组原云南模范工艺厂，成立五金机器制造厂。主要制造机器工具、车床、刨床、钻床、抽水机、碾米机、揉花机、轧花机、切面机、印刷机以及铁箱、热水锅炉、搪瓷器皿、铝制品、木器家具等，产品供不应求。

（3）云南电气制铜厂。1936年省政府以原造币厂厂房设备拨交经济委员会，扩组为云南电气制铜厂。采用电解法提炼粗铜为99.9%精铜，

---

① 云南通志馆：《续云南通志长编》（下册），云南省志编纂委员会办公室编校，1985年，第373页。

并碾制黄、紫铜片制造器物。所设鼓风炉月出97%熟铜60吨，电解槽月出精铜30吨，碾片机月出铜片45吨。产品主要为军用器材，月平均生产90万件。①

5. 建设公路，为对外贸易提供良好的交通环境

1927年龙云任省政府主席后，云南进入一个较为稳定的发展时期。龙云深知公路是建设的"先务"。在他的主持下，以原有规划建设迤东、迤西两公路的设想为基础，重新规划了云南巩固干道的格局，即"四干道八分区"。四干道为：滇东干道，昆明经嵩明、寻甸、马龙、曲靖、沾益至富源，为滇黔交通要道；滇东北干道，嵩明杨林经寻甸、会泽至昭通，为滇蜀交通要道；滇西干道，由昆明经安宁、罗茨、禄丰、广通、楚雄、南华、姚安、祥云、弥渡、凤仪至大理，为滇省西部要道；蒙剥干道，由蒙自经开远、文山、广南、富州至剥隘，为滇桂交通要道。② 八分区以昆明为中心，逐步向全省其他州县辐射。第一分区由昆明至昆阳，途经呈贡、晋宁；第二分区由昆阳至通海，途经玉溪、江川；第三分区由江川至澄江，途经晋宁、宜良；第四分区由安宁至禄劝，途经罗茨、武定；第五分区由曲靖至平彝，途经沾益、宣威；第六分区由曲靖至宜良，途经陆良、路南；第七分区由文山至麻栗坡，途经马关、西畴；第八分区由宁洱至勐卯，途经墨江、思茅、车里县、佛海。计划开辟线路共计5339公里，其中，省道为2719公里，县道为2620公里。③

1929年1月，全省公路经费委员会成立，采取发行地方公路股票、特货（鸦片）出口附加公路捐、盐股捐、开广边盐捐等多种形式筹集修路经费。10年间，云南公路建设分成三期进行：1928—1932年为一期，"测勘路线及修成土路则进步较速，计南路通车至玉溪，东路通车至曲靖，西路通车至禄丰，共约三百里……"④ 1933—1935年为二期，西路修通楚雄，东路开通至宣威、平彝、罗平，东北路通车至功山。这一时期，

---

① 云南通志馆：《续云南通志长编》（下册），云南省志编纂委员会办公室编校，1985年，第463页。

② 云南通志馆：《续云南通志长编》（中册），云南省志编纂委员会办公室编校，1985年，第948页。

③ 云南省地方志编纂委员会：《云南省志》卷三十三，云南人民出版社2001年版，第107页。

④ 云南档案馆编：《清末民初的云南社会》，云南人民出版社2005年版，第132页。

公路建设进展较快，施工较为困难的地区均告完成。截至 1935 年 3 月，已铺设公路共计 2339 公里，其中，省道为 2006 公里，县道为 334 公里。[①] 1935 年春成立公路总局，由龙云亲自兼任督办，开始第三期工程，至 1939 年基本实现"四干道八分区"的计划。横贯云南省的公路干线以昆明为中心，西通缅甸，东接川黔两省，实现了云南与全国公路网络的联通，结束了从云南去内地要出国经越南绕道香港的历史。主要的县区公路均已通车，使各地信息和商品的流通更为便捷。同时，与越南、泰国、广西衔接的各干线也已分段修筑，完备的交通网络为云南的转口贸易的迅速发展奠定了坚实的基础。

---

① 云南省地方志编纂委员会：《云南省志》卷三十三，云南人民出版社 2001 年版，第 2 页。

第三章

近代云南对外贸易的管理体制（1889—1937）

英法殖民者在入侵中南半岛各国后，加紧了对云南的侵略扩张。通过与晚清政府签订一系列不平等条约，英法等国获得了商业特权。伴随工业制成品的大量输入和原材料源源不断的输出，云南完全被纳入了资本主义世界市场体系，彻底沦为殖民国家的产品倾销地和原材料供应地。在此背景下，云南对外贸易开启了近代化进程并曲折地向前发展。在近代云南对外贸易发展过程中，云南地方政府也在相关政策和法规的指导下，建立起一套与中央政府相配套又兼具云南地方特点的近代云南对外贸易管理体制，对云南的进出口贸易实施系统的监管。

第一节 近代云南对外贸易的管理机构

近代中国的对外贸易管理机构从清晚时期到民国时期，随政权更迭不断发生变化，云南省对外贸易管理机构也随中央政府的机构调整而有所变动。总体来看，无论在哪个时期，统治者对于对外贸易管理机构都非常重视，首先从其归属、机构建立到职能设置都周密安排，其次对外贸易管理机构的演变也朝着更为合理化和专业化的方向发展。

一 国家对外贸易管理机构

对外经济贸易在国民经济中的地位越来越重要，为适应这种经济上的变化，国家对外贸交往的管理职能也相应加强。主要体现在对外贸易管理机构规模不断扩大，人员数量不断增多，人员组成日益专业化、知识化；逐渐建立了从中央到地方的垂直式管理系统，加强了近代意义的经济集权体制；出现了近代含义的分科治事的机构组织形式，分工较为明确，依法办事，提高了管理效率。

(一) 晚清政府对外贸易管理机构

鸦片战争之后，中国沦为半殖民地社会，晚清政府为应对西方列强的入侵设立总理各国事务衙门和南北洋大臣以统理洋务。其后，由于内忧外患的不断扩大，清朝统治者为顺应新形势的要求，在光绪庚子年后，进行了一系列的政治改革及官制改革，如将总理衙门改为外务部，并增设农工商部、税务处等部门，使晚清政府在对外贸易管理机构设置上更为系统，专业性也更强。

1. 总理衙门

1860年，第二次鸦片战争结束后，清政府办理"抚夷局"的恭亲王奕䜣等上书请设立"总理各国事务衙门"，同年12月咸丰帝下谕批准设立。总理衙门为"总理各国事务衙门"的简称，内部机构分为：英国股、法国股、俄国股、美国股、海防股、司务厅和清档房。除以上办事机构外，总理衙门还下设职掌各海关征税及全国关税行政等事务的总税务司以及学习外国文化、科学的专门学校同文馆。

最初根据《光绪会典》卷99所载："总理大臣掌管各国盟约，昭布朝廷德信，凡水陆出入之赋，舟车互市之制，书币聘飨之宜，中外疆域之限，文译传达之事，民教交涉之端，王大臣率属定议，大事上之，小事则行。"[①] 即总理衙门的总理大臣掌管与各国订约、并遵约办事，凡通商贸易，关税、交聘、定界、海防、传教、文书往来等事，都由大臣直接协办，只有重大事项才奏报皇帝裁决。由此可见，总理衙门设立之初的职权范围仅限于对外通商和交涉等事务、对外贸易的管理（实际是外国对华贸易）及海关税务等。但随着总理衙门实权的不断提升，其职掌范围逐渐扩展，凡有关洋务的铁路、电报、关税、矿务、海军、制造、文教、内政各个方面，也都归它掌管。[②] 此时，清政府的军机处只管对内事件，对外事宜尽归总理衙门，使其具有"洋务内阁"的性质。

总理衙门成立以后，即设南、北洋通商事务大臣。在南洋，"办理江

[①] 《光绪会典》卷九十九，转引自沈云龙等《近代中国史料丛刊》（第一辑）0129，台湾文海出版社1966年版。

[②] 陈茂同：《历代职官沿革史》，华东师范大学出版社1997年版，第346页。

浙闽粤内江各口通商事务大臣，以江苏巡抚兼领，为南洋大臣"①。1865年4月，由于任通商大臣的江苏巡抚李鸿章署理两江总督，于是南洋通商大臣改为两江总督兼管，后遂成定制。南洋通商大臣名义上统辖南方各通商口岸通商事务，据载："同治元年设办理通商事务大臣，统辖江、楚、苏、浙、闽、粤六省口岸，驻扎上海……所有上海及长江一带中外交涉事件，以通商大臣为专管，各督抚为兼管。"② 但实际上广东、福建、浙江、湖北各省的通商事务，各有关督抚直接对皇帝负责，不一定随时知照南洋大臣，也就不奉行他的指示。③ 所以南洋大臣并不能统辖南方一切新旧通商口岸。

在北洋，自1860年12月起，"办理牛庄（营口）、天津、登州（蓬莱）三口通商事务大臣，为北洋大臣"均设为专职，直到1870年8月，改由直隶总督兼任，并成为定制。北洋大臣职掌范围极为广泛，"掌北洋洋务、海防之政令，凡津海、东海、山海各关政悉统治焉。……凡招商之务，则设局派员以经理之。其安设各路电线亦如之"④。由此可见，北洋大臣除统办直隶省交涉事务、三口通商事务与南洋大臣职责相同以外，还职掌北洋洋务、北洋海防、招商、各路电线四项事务。且后两项事务并不专属北洋，实属全国性质，可见北洋大臣实权远在南洋大臣之上。

总理衙门与南、北洋大臣在办理交涉和通商方面存在联系，"凡疑难之事或剖断不决之事，咨商总理衙门定议，电奏大事，由总理衙门代陈"⑤。可见总理衙门对南、北洋大臣只起到顾问和传达作用。在关税方面，总理衙门也只是予以审核，如有变更制度等大事，须请旨决定。因此，总理衙门和南、北洋大臣之间没有上下级的隶属关系，前者并不能指挥后者。这也说明清政府作为独裁统治者不允许任何中央行政部门拥有直接指挥地方的权力。

---

① 《筹办夷务始末》（同治朝）卷七十七，转引自沈云龙等《近代中国史料丛刊》（第一辑）0611，台湾文海出版社1966年版。

② 《光绪会典》卷一百，转引自沈云龙等《近代中国史料丛刊》（第一辑）0129，台湾文海出版社1966年版。

③ 《筹办夷务始末》（同治朝）卷七十八，转引自沈云龙等《近代中国史料丛刊》（第一辑）0611，台湾文海出版社1966年版。

④ 张德泽：《清代国家机关考略》，中国人民大学出版社1981年版，第276页。

⑤ 《光绪会典》卷一百，转引自沈云龙等《近代中国史料丛刊》（第一辑）0129，台湾文海出版社1966年版。

2. 外务部

庚子之役惨败以后，清政府深感数十年来"积弊相仍，因循粉饰"，致力学习的不过是"西艺之皮毛"，而对"富强之始基"并未学到，以致强敌压境时，被动挨打无力抵御，因此企图通过改革政治，变迁制度谋求自强之道。1901年1月，光绪皇帝通谕全国，变法维新实行"新政"，以图自强。

1901年6月，光绪下谕改总理衙门为外务部，专司外涉与通商事务，其内部机构分为四司、一厅、五处。即和会司、考工司、榷算司、庶务司，司务厅，德、俄、日、法、英五处。各机构职掌进一步细化，和会司"专司各国使臣觐见、晤会、请赏宝星，奏派使臣，更换领事，文武学堂，本部员司升调，各项保奖"。考工司"专司铁路、矿务、电线、机器、制造、军火、船政、聘用洋匠洋员、招工、出洋学生"。榷算司"专司关税、商务、行船、华洋借款、财币、邮政、本部经费、使臣支销经费"。庶务司"专司界务、防务、传教、游历、保护、恤赏、禁令、警巡、词讼"①。司务厅掌管来往文书及一切杂务。五处分办各国交涉事务。外务部职掌及组织形式与以前的总理衙门近似，凡带有"洋"关系的事务，均归其掌握，实质上仍为一个洋务衙门。此外，外务部附设储才馆以培养外交人才。

3. 农工商部

庚子之役后，清政府更是陷入了空前的政治和财政危机。清廷认识到"时局艰难，财用匮乏"②，为谋求解决财政危机，执政者提出"振兴工商"。同时，随着社会对工商业地位认识的提高，发展工商实业的呼声已成为一个历史潮流，也促使清政府开始思考设立专门机构来管理、推动工商实业发展的现实问题。

1901年4月，针对当时清政府工商管理机构的现状，督办政务处提出："商务为财政之大端。"③ 王公大臣们也纷纷指出中央应设置商部衙门，以专责成。1903年9月设立商部，标志着清末振兴实业活动的开始，也意味着国家承认了工商业所占的重要地位。该部门组建后，成为清政府

---

① 钱实甫：《清代的外交机关》，生活·读书·新知三联书店1959年版，第272—273页。
② 沈桐生等：《光绪政要》第25册，卷39，江苏广陵古籍刻印社1991年影印版，第10页。
③ 同上。

统辖全国工商实业的最高领导机关。"商业之有政策,以设立商部始。"①

1906年11月6日,清政府发布上谕公布了中央官制改革方案,其中包括"工部著改并入商部,改为农工商部"②。其人员设置遵循商部前例,设尚书一人,左右侍郎、左右丞、左右参议各一人。机构设农务、工务、庶务、商务四司。③ 其职掌也重新厘定:商务司掌商会、商埠、商勋、赛会、专利、保险,厘定商货运输及水面商货保险规则,保护商船航业,招商、设立诸银行。农工商矿各公司掌一切提倡保护奖励调查报告诉讼禁令事宜,统辖京外各商务学堂公司局厂及办理商政人员,兼管本部商律馆、商报馆、公司注册局、商标局。农务司掌管农田、屯垦、树艺、蚕桑、纺织、森林、水产、海界、畜牧、狩猎暨一切整理农务,增值农产、调查农品,组合农会、改良农具、渔具、刊布农务报告,整顿土货丝茶并各省河湖江海堤防工程、建设闸埔疏浚河道及岁修款项核销、统辖京外农务学堂公司局厂,各省船政及办理农政河工水利人员。工务司掌管工艺物料、机器制造、劝工招工、组合工厂、物品改良、瓷业保护各项工匠及调查全国矿产,管理办矿准驳事宜,发给勘矿开矿执照,延聘矿师,整理一切工政矿政机器人工制作事宜,统辖京外各工艺制造、矿务学堂、公司局厂暨办理工政矿政人员。庶务司掌管收支款项报销经费,各司员缺升迁调补,承领俸银俸米及各项杂务,并统辖本部承值所。④

为进一步实现系统化、专业化的管理,1910年农工商部各司实行分科治事。如商务司下设商政科、商学科、商法科、商业科。⑤ 科的设置适应了近代化管理的要求,有利于提高行政效率。

4. 税务处

1906年5月9日,清政府外务部发给海关总税务司一个札文:奉上谕户部尚书铁良着派督办税务大臣,外务部右侍郎唐绍仪着派会办税务大臣,所有海关所用华洋人员统归节制。⑥ 7月22日,由外务部、户部分设

---

① 《十年来中国政治通览》,《东方杂志》1913年第7期。
② 故宫博物院明清档案部编:《清末筹备立宪档案史料》,中华书局1979年版,第44页。
③ 张德泽:《清代国家机关考略》,中国人民大学出版社1981年版,第294页。
④ 李鹏年等:《清代中央国家机关概述》,黑龙江人民出版社1989年版,第303页。
⑤ 同上书,第304页。
⑥ 海关总署编译委员会:《旧中国海关总税务司署通令选编》(第一卷),中国海关出版社2003年版,第564页。

的机构——税务处正式成立。这意味着海关隶属关系由外务部转到税务处名下。到9月改革官制，上谕说并入度支部（即原来的户部），但实际未并，直到宣统三年设责任内阁时仍未裁撤。税务处专司关税，直接管理海关总税务司及各关税务司，"各关事务除牵及交涉仍由外务部接办，支用税项应候户部指拨外，其余凡有关系税务各项事宜，统应逐申本处核办"①。税务处成立之时的人员构成包括从户部、外务部抽调的20多名官员以及从海关抽调的阅历丰富的高级华员。处内在督办大臣、会办大臣之下，设提调、帮提调、分股总办、帮办各一人，由外务部、度支部的垂参兼充。②

（二）民国时期对外贸易管理机构

在向近代社会转变过程中，南京临时政府、北京政府、国民政府的对外贸易管理机构的组织结构也在不断完善，其组织的合理化程度相应提高。与前期相比，国民政府的对外贸易职能部门不论是从机构设置、职权划分还是从工作人员的行政效率方面都得到较大提升。

1. 南京临时政府的对外贸易管理机构

虽然南京临时政府存续时间较短，许多工作还未来得及开展，但就其所提出的三权分立和资产阶级民主制度而言，却具有重要进步性和历史意义。同时，在行政机构设置方面参照西方先进的行政管理机制组建各部门，为后来北京政府组建和改革管制奠定了基础。

（1）外交部

1912年1月1日，中华民国临时政府在南京成立，作为管理国家军政事务的执行机构，直接隶属临时大总统。下设陆军、海军、外交、司法、财政、内务、教育、实业、交通九个部委。其中，主管对外贸易相关事宜的仍是外交部。

外交部于1月11日正式成立。《中华民国各部官职令通则》规定外交部直接受临时大总统领导，"管理外国交涉及关于外人事务并在外华侨民事，保护在外商业，监督外交官及领事"③。外交部的内部机构设有承政厅、外政司、通商司、庶务司。其职责分别为：外政司主管有关国际交涉事项，以及关于界务、铁路、矿务、电线等交涉事项；通商司主管有

---

① 陈诗启：《中国近代海关史》（晚清部分），人民出版社1993年版，第476页。
② 李鹏年等：《清代中央国家机关概述》，黑龙江人民出版社1989年版，第171页。
③ 《民立报》第466号，1912年1月26日，第2页。

保护在外侨民、通商行船,以及税务、邮政、外债等交涉事项;庶务司主管办理国书与国际礼仪事项,以及接待外宾、监理外人传教、保护外人游历等事项。①

人员配备方面,外交部除设外交总长、次长各一人以外,还设有司长3人,分别主持外政、通商、庶务三司相关事务。另置秘书1人,书记6人,参事4人,以及佥事、主事、录事、翻译、通事、工事等若干,分工协作。② 依据《中华民国临时政府中央行政各部及其权限》规定,外交总长"管理外国交涉及关于外人事务,并在外侨民事务,保护在外商业,监督外交官及领事";外交次长"辅佐总长整理部务,监督各局职员"。

从外交部的机构设置、职掌范围和人员安排等各方面,可看出中华民国临时政府是以西方国家现代化的外交架构为参照,谋求建立较为先进的机构体系和管理机制,具有一定的积极意义。

(2) 实业部

在中华民国临时政府九大部委中,从实业部被赋予的职权看,也会涉及对外贸易的相关事宜。依据《南京民国临时政府组织大纲》和《中华民国临时政府中央行政各部及其权限》规定,实业部管理农、工、商、矿、渔、林、牧猎及度量衡事务,监督所辖各机构。内设一处四司,即秘书处、农政司、工政司、商政司、矿政司。部门设总长、次长各一人,掌理各部所辖事务,以协理大总统处理各项行政工作。次长辅佐总长,整理部务,监督各局职员。虽规定各部由总长总理本部事务,实际上次长具有很大的部务实权。

2. 北京政府的对外贸易管理机构

1912年3月10日,袁世凯在北京就任中华民国第二任临时大总统,随后依据《中华民国临时约法》,任命唐绍仪为国务总理,陆徵祥为外交总长,对外贸易活动的主管机关仍然是外交部。依照西方外交部模式北京政府外交部进行了重组,同时,结合实际情况,适时进行官制改革,最终确定了外交部内部结构与分工,为外交事业的发展提供了一个良好的制度环境。

---

① 中国第二历史档案馆:《中华民国史档案资料汇编》第二辑,江苏古籍出版社1991年版,第9页。

② 吴成章:《外交部沿革纪略》乙编,台湾文海出版社1913年版,第16页。

(1) 外交部

1912年4月20日，外交部按照《各部官制通则》重组，分设承政厅和外政司、通商司、编译司、庶务司。同年7月，北京政府颁布《修正各部官制通则》20条进行管制改革。10月8日颁布《外交部官制》10条。依据新律，外交部也进行了机构改革，将主要机构设置为一厅四司，将部分职责重新界定划分。分别为总务厅、交际司、庶政司、通商司和外政司。① 总务厅掌管收藏条约及国际互换文件、收发保管文件和条约、调查编纂交涉专案、翻译文书语言、公布文书等事务；外政司掌管领土交涉、禁令与诉讼、公约及红十字会事务、外人保护及偿恤、国籍、在外华侨刑法事物及外人传教游历事务；通商司掌管关于开埠设领事通商行船、保护外侨通商、公会赛会、外债及延聘外人等事务；交际司掌国际礼仪、接待外宾、国书、对外颁勋和核准本国官民受勋事务；庶政司掌传教交涉、领事馆及各种公费经费等事务。完成了较为符合世界通例的外交部构建，北京政府外交部架构基本定型。

1914年7月，大总统申令修正中央各部官制，外交部内部再度调整。《修正外交部官制》共17条。在机构设置和职能方面，总务厅、通商司和交际司保持不变。外政司改名政务司，裁撤庶政司。在人员配备方面，总次长以下，置参事4人，司长3人，秘书4人，佥事36人，主事60人，专职外交人员已达百余人。

通过这次改组，外交部在机构设置和职能分配上更为科学，所有辅助性工作基本由总务厅承担，政务则由三司承担。同时，三司所掌事务也与其性质一致，专业化程度进一步提高，分工更为合理，从而推动了外交部管理体制的不断完善。

第一次世界大战后全国掀起了修约高潮，修约事务增加，外交部于1921年5月增设条约司，其主要职能是：办理国际联盟约、保和会、红十字会事务；订立修改、解释和收藏条约；翻译各国约章、法律、外交书籍；编纂条约、统计报告和外交文件集；调查外交事件等有关条约的事务。② 1912年和1920年又分别增设条约研究会和和约委员会，其职责以研究条约、和约为主。1926年又设编纂处，负责编纂外交历史约章成案

---

① 吴成章：《外交部沿革纪略》乙编，台湾文海出版社1913年版，第101页。

② 《外交公报》第1期，法令。转引自王立诚《中国近代外交制度史》，甘肃人民出版社1991年版，第229页。

并研究本部外交要案。①

(2) 工商部

基于职能所在，工商部涉及对外贸易的相关事务管理。北京政府中的工商管理机构虽仍承袭南京临时政府时期的建制，但亦有所变化。

1912年8月，北京政府设立工商部。据《工商部官制》规定，部设工商总长，管理工商矿业事务，并监督所辖各官署。下设矿务、工务、商务三司。1913年，工商部与农林部合并，成立农商部。据《农商部官制》规定，部设农商总长，管理农林、水产、牧畜、工商、矿业事务。下设矿政、农政、工商、渔牧四司。后将矿政司改为局。1917年，农商部又分立为实业、农工两部。② 首任工商部总长为陈其美，后由王正延、刘揆一、张謇等继任。农商部首任总长为张謇，继任其职者达24人。农工部首任总长为刘尚清，实业部总长为张景惠。

依据官制规定，工商部除总长、次长、司长、厅长外，还有参事、秘书、佥事、主事，以及其他技术人员。初建时不过58人，至1913年，官制改革后，已达百人之多。③ 除中央部外，各省也设有掌管工商矿业的机构，名曰"实业司"，内分农、工、商、矿四科办事。

袁世凯篡夺政权后，废止《临时约法》的限制，但各部总长对大总统仍有相对独立权力。1914年5月颁布《中华民国约法》以后，根据修正各部官制规定，各部直隶于大总统，各部总长的独立职权被取消，仅以部代表者身份行使部的职权。

(3) 税务处

税务处为关税管理机构，与财政部并立。其下属有征税、海事、工务三部，分管征税、海务和机关管理事务。但北京政府时期的关税控制权掌握在总税务司手中，而总税务司一职又长期为英国人所把持。海关的其他事务，则由总税务司所属六局处理。所以该机构名存实亡，其职权早已被架空，毫无实权可言。

3. 南京国民政府的对外贸易管理机构

从北京政府到南京国民政府，中央政府对外贸易管理部门的组织结构

---

① 《外交公报》第63期，法令。转引自王立诚的《中国近代外交制度史》，甘肃人民出版社1991年版，第229页。

② 陆仰渊、方庆秋主编：《民国社会经济史》，中国经济出版社1991年版，第152页。

③ 李进修：《中国近代政治制度史纲》，求实出版社1988年版，第183页。

进一步完善，机构设置更为合理，专业化程度更高。

（1）外交部

南京国民政府成立后，遵循世界各国外交部组织的通例，于1928年2月22日，外交部按地域重划各司。设置总务处和第一、二、三司。第一司掌管国际范围的事宜，包括通商、国籍等事务；第二司掌管亚洲各国及苏联事务；第三司掌管欧美各国事务。① 这样的划分标准与前清外务部到北京政府外交部时的标准不同，均以所办事务的性质作为区分标准。由于外交不同于其他，因各国国情不同，处理方法也会不同，且通常的交涉案件性质并不单一，因此以地域作为分工标准，对外交部更为适宜。1928年12月8日外交部进行调整，将总务处扩大为司，同年7月增设的情报处也扩大为司，掌搜集情报和对外宣传，原第一至三司分别改名为国际司、亚洲司和欧美司。② 关于条约事务，则由当年成立的属于咨议机构的条约委员会职掌。

全面抗战爆发后，至1939年9月，外交部再次调整各司设置，撤销条约委员会改设条约司，以配合抗战时期重订新约。裁撤国际司，将其事务移归其他各司。亚洲司分解为亚东司和亚西司，前者掌日本及东南亚各国事务，后者掌苏联及西亚各国事务。欧美司分解为欧洲司和美洲司，前者掌欧洲及非洲、澳洲各国事务，后者掌南北美洲各国事务。此时的外交部共有总务、条约、情报、亚西、亚东、欧洲、美洲七司。③

除上述内部机构外，国民政府外交部还有两个派设机构，分别是北平、驻沪办事处，专门负责与各国公使、外国使节联络。④ 其重要性不亚于部内机构。

（2）实业部

1927年国民政府在南京成立后，即着手改造原有工商管理机构，建立与资本主义经济相适应的全国统一的工商行政管理机构。在行政院下设有工商部、农矿部、财政部、交通部、铁道部等，管理工业、商业、农业、矿业、财政、税收以及交通运输、邮电通信等事业，并另设中央银行

---

① 朱汉国、杨群主编：《中华民国史·志三》，四川人民出版社2006年版，第315页。

② 中国第二历史档案馆编：《中华民国史档案资料汇编》第五辑第一编，江苏古籍出版社1991年版，第1—3页。

③ 陈钟浩：《外交行政制度研究》，独立出版社1942年版，第90—94页。

④ 朱家治、胡庆育等编：《中国外交年鉴》，上海生活书店1934年版，第23页。

管理国家的金融、货币。

南京国民政府于1928年12月8日公布《工商部组织法》规定："工商部管理全国工商行政事务"，"工商部就主管事务对于各地方最高级行政长官之命令或处分认为有违背法令或逾越权限者，得请由行政院院长提经国务会议议决后停止或裁撤之"①。从该法条看，工商部是统理全国工商的最高机构，而且就业务范围内有弹劾地方官的权力。南京政府中央工商管理机构对各地方的权威性较之北京政府有很大的提高。

工商部下设总务司、工业司、商业司和劳工司。1930年12月，工商部与农矿部合并为实业部，是管理全国工业、商业、矿产、农林牧渔等实业的最高行政机关。实业部内设总务、工业、矿产、商业、农业、渔牧、劳工七个司及由原农矿部林业司扩充改组成立的林垦署。② 其中，据1931年1月17日国民政府公布的《实业部组织法》规定，商业司职掌国营商业的设计管理；民营商业的鼓励、保护、监督、改良及推广；商品的陈列、检验；商号、商标的登记；商业团体的登记、监督；商业金融及国际汇兑的调查及其调节之研究；交易所及保险公司、特种营业的核准登记、监督；调节物价及出口销场和发展国际贸易；商埠、商港的经营；商业的调查及统计等事项。③ 此外，实业部还设有各种专门委员会和专业局等直属机构，在商业行政管理方面，诸如针对外国倾销商品所设立的国货调查委员会和国货陈列馆；在对外贸易管理方面设立的咨询指导机构——国际贸易局；为加强商标管理的商标局以及为商品检验所设的商品检验局等。

南京政府时期的工商管理机构比北京政府时期有较大扩展，分工也更专业细致。但由于在国民政府实业部之外，还设有其他经济实业管理机构，以致政出多门，管理混乱。

（3）财政部

国民政府于1927年5月设立财政部，并将海关划归财政部管辖。据同年11月颁布的《国民政府修正财政部组织法》规定：财政部的基本任务是"管理全国库藏、税收、公债、钱币、会计、政府专卖金银暨一切财政收支事项，并监督所辖各机关及公共团体之财政"④，财政部直接隶

---

① 陆仰渊、方庆秋主编：《民国社会经济史》，中国经济出版社1991年版，第226页。
② 朱伯康、施正康：《中国经济史》，复旦大学出版社2005年版，第509页。
③ 立法院编译处：《中华民国法规汇编》，中华书局1935年版，第337页。
④ 同上书，第336页。

属于国民政府,是管理监督全国财务的最高行政机构,故该部门在对外贸易管理过程中占有非常重要的地位。

财政部成立后,其组织结构随职权范围扩大改组频繁。该部成立初期设2厅、5司、4处。后经多次改组,到1937年内部机构设置为:1厅、2处、6司和2署。即参事厅,秘书处、会计处、总务司、赋税司、公债司、钱币司、国库司、盐政司,关务署、税务署。以上处、署、司均设科管理有关事务。其中,关务署就职掌全国关务行政,内设关务、关政、关税、计核四科,分管关税赋课、征收、管理、监督;关税制度改革与实施;关税法令修改与解释;货物进出口禁止;各国关税调查及关税统计;海关常关及各税卡指挥监督等事项。①

除以上内部机构以外,财政部还先后设立了多个直属机构,如国定税则委员会、税务整理研究委员会、整理地方捐税委员会等,以及中央造币厂、北平印刷厂等事业单位。同时,在地方也设置了多个派出机构,诸如财政特派员、海关监督、盐运使、统税局、印花烟酒税局等,有力地保障了国家税收的征管。至抗日战争全面爆发前,国民政府已通过各项行政立法,建立了一套比较完整的财政管理体制,为国民政府时期的经济繁荣创造了有利环境。

二 云南省对外贸易管理机构

19世纪下半叶由于英法殖民者的入侵,云南被迫处于半殖民状态,特别是滇越铁路通车后,对云南的对外经济和贸易产生了极其重大的影响。对于中央及地方政府而言,如何倡导、扶植、保护地方民族经济以抵制外来工业商品的倾销成为当务之急。同时,鸦片战争后云南逐渐成为罂粟的重要种植地,"土药"鸦片收入成为云南地方财政支柱和农民的重要经济来源。而利用鸦片打开中国国门的西方列强这时却要求中国政府严禁鸦片,清末多数省份停止了协助云南财政的"协饷"。结果,云南地方财政、农民尽失"烟利"。怎样解决财政困难,增加农民收入,寻找农产品替代品,发展边境贸易,加强贸易管理也成为清末云南地方政府的当务之急。

(一) 清末时期云南对外贸易管理机构

蒙自开埠以后,外国洋行和银行进入云南各通商口岸,商务发展很

---

① 陆仰渊、方庆秋主编:《民国社会经济史》,中国经济出版社1991年版,第222页。

快，而云南对外贸易的管理，仅在洋务局机构之下，专设工务科管理，后来改为交涉使司第四科，专管华洋贸易事务。

19世纪20年代后期，云南政局渐趋稳定，经济有所发展。到30年代，云南省政府着手加强对云南省进出口贸易和外汇的管理，设置云南省进出口贸易管理委员会，富滇新银行对外汇实行统制，云南政府对外贸易管理初步形成。

1. 交涉使司衙门

1895年，云贵总督府在昆明开设洋务局，负责云南地方的对外交涉。洋务局设总办、会办及坐办等，由藩、臬两司兼任。①

1908年，云南改洋务局为交涉使司衙门，设交涉使，主持一切外交事务。交涉使司衙门内部编制，遵照洋务局旧例，分股办事。1910年改股为科，并成立交涉公所，附于司署，所有各科人员，皆于所内办事。内部组织分总务、工务、界务三科。总务科职掌有关保护外国人游历、传教，签发中外人员护照及办理会计、庶务、收发、监印等事项。工务科职掌中外贸易、华洋诉讼及关务、路政、邮电、交通等事项。界务科职掌滇越、滇缅界务、边务及对汛等事项。②三科之外设置英、法文翻译各一员，专任翻译文件及交际事项。

2. 云南劝业道

1902年晚清政府推行新政，提倡发展工商业，各省设立农工、商务局主理农工商各业事务。1903年9月，云南成立农工商务局，专管农工商企业和市场经济活动。1908年，农工商务局撤销，改设云南劝业道，同时设立劝工总局，主管工商实业。③

农工商务局和劝业道是和商部（农工商部）相配套的地方振兴实业的领导机构。商务局成立于1903年9月，具体负责本省振兴实业事务。初受各省督抚管辖，后改为受中央商部和地方督抚双重管辖。劝业道始置于1908年5月，当时商部已改为农工商部，根据该部为其拟订的章程规定："劝业道秩正四品，为督抚之属官，归其节制考核。"但其负责人由中央直接任命，其职掌是振兴实业，专管全省农工商业及各项交通事务，并将"详细调查呈明农工商部"，亦有"督饬地方官切实奉行

---

① 李春龙等：《新纂云南通志》（六），云南人民出版社2007年点校本，第546页。
② 同上书，第546—547页。
③ 云南省地方志编纂委员会：《云南省志》卷九，云南人民出版社1998年版，第6页。

及考察勤惰之权"①。前清云贵总督衙门档案有这样的记载:"……案奉宪台札开：前奉谕旨饬令各省增设巡警、劝业道、裁撤守巡各道。现各省已遵行，滇省拟裁去粮道改为劝业道，增设巡警道，札司会同学按两司所拟裁该增设道缺办法妥为议定详覆。又奉宪台札开，准军机处有日电开，本处会同各部奏准设云南劝业道，缺希由遵处于道府班内无论本省外省，择其曾办实业卓有成效货熟悉矿务者酌保数员电达本处，以备请简当经本部查酌核电覆札司，分别核会查照各等因，先后行司。查滇省僻处西南，界连缅越，民多瘠贫，地少膏腴，财政极形困难，边务最为吃重，近则开修铁路，扩充商埠，中外交通日益繁盛，非整理警务讲究实业不足以肃内政而裕民生。巡警、劝业两道诚为滇省必不可少之官，亟应分别添设，以之治理。"②

虽然云南劝业道成立仅三四年，但几乎统揽了所有经济事务。"裁粮道，增设劝业道"③的思路，是云南从以农为主的经济状态向近代工商业迈出的重要一步。这一机构的出现与19世纪下半叶形成的地缘政治、经济有极大关系。它提倡农业大兴水利，变革和种植经济作物、工商企业审批与注册等做法沿至整个民国时期，直至今天现代社会的工商管理部门仍然执行这一管理思想。

云南劝业道设立后，其内部亦分科办公，劝业道就所治地方设劝业公所，分设六科：总务科、农务科、工艺科、商务科、矿务科、邮传科。具体职能如下，总务科职掌承办机要、议定章程、考核属员、编存文牍、收发经费、统计报告及实业交通学堂各事项；农务科职掌农田、屯垦、森林、渔业、树艺、蚕桑及农会、农事试验场各事项；工艺科职掌工艺制造、机器专利、改良土货、仿造洋货、工厂各事项；商务科职掌商业、商勋、赛会、保险及商会各事项；矿务科职掌调查矿产、查核探矿、开矿、聘请矿师及矿务公司各事项；邮传科职掌航业、铁路、轮车、电线及测量沙线、营治埠头厂坞、考察路线、稽核通运行车并电话、电车、邮政各事项。每科设科长一员、副科长一员，其科员额缺由劝业道酌量事务繁简定之，唯总务科、邮传科不得过四五员，其余每科不得过二三员。④

---

① 李鹏年等：《清代中央国家机关概述》，黑龙江人民出版社1989年版，第300页。
② 云南档案馆编：《清末民初的云南社会》，云南人民出版社2005年版，第37页。
③ 云南省地方志编纂委员会：《云南省志》卷十四，云南人民出版社1993年版，第6页。
④ 同上书，第38页。

（二）民国时期云南对外贸易管理机构

中华民国时期的云南省政府，经历了由蔡锷、唐继尧主政的军政府时期，由唐继尧主政的省长制时期，由龙云、卢汉主政的省政府委员会3个主要时期。随着政治经济环境的变化，云南省的对外贸易主管部门也在承袭前制的基础上不断发生变化。

1. 外交部驻云南特派员公署

1912年，交涉司改为外交司，隶属于云南军都督府军政部。[①] 1913年，据外交部颁布法令通则，于6月改外交司为云南交涉署，归北京政府外交部管辖。署内由特派员主持工作，下设4科，其中第四科执掌商务、埠务、路政、中外贸易、华洋诉讼及邮政、交通、关务等事项。[②] 1916年，护国运动兴起，云南省宣布"自主"，并宣布凡原直隶中央各机关概归都督府节制，交涉署改归都督府管辖。1918年，西南军政府在广东成立，将西南各省外交机构收归军政府外交部管辖，交涉署改由外交部特派云南交涉员直辖。1922年，废督军制，成立云南省公署，于省长之下分设8个司，交涉署改为外交司。1927年，省公署改为省政府，实行委员制，改外交司为外交厅，隶属于省政府。1928年4月，又废厅，恢复成云南交涉署，由特派交涉员主持对外交涉工作。1929年，国民政府统一办理各省对外交涉事件，裁撤各省交涉署，云南省交涉署也随之撤销。后因云南省地处边要，外侨甚多，对外交涉事务繁重，1930年1月，国民政府外交部又电令，复组外交部驻云南特派员办事处，由外交部选任特派员一人，常驻云南办理一切外交事宜。按规定，特派员接受云南省政府的监督与指挥。特派员办事处于2月1日成立，仍设4个科。[③]

2. 云南省实业厅

1911年，云南成立军都督府，在军政部下设置实业司，曾一度将云南省垣商务总会名称改为云南全省商务局，短期兼理过商务行政事宜。1912年7月，公布都督府管制草案，都督府按制设政务厅，下设实业司，

[①] 云南通志馆：《续云南通志长编》（上册），云南省志编纂委员会办公室编校，1985年，第1079页。

[②] 云南通志馆：《续云南通志长编》（下册），云南省志编纂委员会办公室编校，1985年，第59页。

[③] 云南省地方志编纂委员会：《云南省志》卷十六，云南人民出版社1998年版，第52页。

主管工商行政事务。① 1914年，奉中央令改民政长为巡按使，巡按使署内设政务厅，下设实业科，管理工商事务。1915年，护国军兴，在都督府下置民政厅，辖实业科。1916年，在省长公署内设政务厅，下设实业科主管工商事务。1920年，省政府为增加收入，充实财政，将原政务厅的实业科，财政厅的矿务科，水利局，垦殖总局等机构合并成立云南省实业厅，下设工商科。1922年8月实业厅改为实业司。1927年实业司恢复为实业厅，工商事务仍由其下设的工商科管理。1928年4月，省交通厅并入实业厅，成立云南省建设厅，内设6科，分别负责管理农林、工商、矿务、邮电、公路、航务、水利等事项。1932年9月，将工商事项划出，成立云南省实业厅。1935年实业厅再次并入建设厅，下设工商科。②

云南省市、县一级均未设专管工商贸易事务的机构，昆明市在1922年8月—1928年7月设置市政公所时期，在劝业课下设工商股；在1928年8月—1931年12月昆明市政府时期，工商事务由社会科主管。③ 省内多数县政府凡设置有建设局或建设科与省建设厅对口的，在其辖区内的工商事务也由县建设局或建设科管理。

3. 云南省财政厅

1906年，清政府预备立宪，云南始于藩司衙门内附设财政公所，并特设财政局。④ 1911年11月1日，以蔡锷为首的云南军都督府成立，下设一院三部。财政司就设在军政部下，并于都督府下特设会计检察厅，以监督财政。⑤ 1912年5月，财政司又直属云南军都督府。1914年7月，财政司与国税厅筹备处合并，组成云南财政厅。财政厅下设一、二、三科分掌有关各项事宜，此外造币厂、富滇银行和财政司库（1914年7月后改称云南分金库）也隶属于财政厅管辖。1918年，财政厅内部机构改制，设总务、征榷、制用、矿务4科及1个分金库。各科设科长1人，金库设

---

① 云南省地方志编纂委员会：《云南省志》卷四十七，云南人民出版社1995年版，第145页。
② 云南省地方志编纂委员会：《云南省志》卷十四，云南人民出版社1993年版，第43页。
③ 云南省地方志编纂委员会：《云南省志》卷八，云南人民出版社1995年版，第109页。
④ 李春龙等：《新纂云南通志》（六），云南人民出版社2007年点校本，第371页。
⑤ 云南省地方志编纂委员会：《云南省志》卷四十七，云南人民出版社1995年版，第145页。

主任，另设委员 3 人分掌经收公租、整理税务以及总验契所。当时全厅有科员 32 人，办事员 9 人，加上各级长官，总额 50 人。1922 年 8 月，又复改财政厅为财政司。①

1927 年"二六"政变，龙云主政云南。当年 8 月，财政司再次改为财政厅。1929 年 8 月，南京国民政府正式向云南财政厅颁发铜质印鉴，全称"云南省财政厅"。厅内机构增至 6 科，各设科长 1 人，厅长下设秘书 3 人，全厅计有科员 54 人，办事员 23 人。直属财政厅的单位有禁烟局、富滇银行、造币厂及烟酒事务局等。②

1928 年以后，各县相继设立县财政局和县财政委员会。1931 年出版的《云南财政特刊》载：1928—1931 年的四年间，全省设立了 117 个县级财政局。至此，云南全省财政系统管理机构始见完整。

1931 年，厅内原 6 科改为总务、征收、度支、稽核、库藏 5 科，科下设股。另又添设印花税处（后来并入征收科内）、清丈处以及清丈高级评判委员会。清丈处下设总务、设计、编查 3 股，各县设清丈分处（清丈处于 1941 年随全省清丈田亩工作完毕而裁撤）。造币厂、富滇银行、禁烟局、印刷局、特种消费税局，以及昆明市特种工农业税局、契税局、烟酒牲屠税局等单位直隶于省财政厅。③

1935 年，省政府批准成立特货（鸦片）统运处，对特货实行统收、统运、统销。至民国 1938 年撤销。④ 由于省内推行新县制，各县财政局于 1939 年也相继裁撤。原财政局业务改由县政府财政科接办，县地方财政预、决算的审核，各项收支款项的稽核，均由各县的财政委员会负责。

4. 云南省进出口贸易管理委员会

经省政府会议议决，于 1934 年 12 月 1 日正式成立了云南省经济委员会，作为专门负责办理经济建设事业的机关。省政府指定民政厅厅长丁兆冠、财政厅厅长陆崇仁、建设厅厅长张邦翰、教育厅厅长龚自知、富滇新银行行长缪嘉铭（云台）为当然委员，并指定缪为常务委员，负责日常

---

① 云南省地方志编纂委员会：《云南省志》卷十二，云南人民出版社 1994 年版，第 434 页。

② 云南通志馆：《续云南通志长编》（上册），云南省志编纂委员会办公室编校，1985 年，第 1081 页。

③ 同上书，第 434 页。

④ 云南省地方志编纂委员会：《云南省志》卷十四，云南人民出版社 1993 年版，第 63 页。

领导工作，会址设于富滇新银行。经济委员会的职掌是：关于全省经济建设发展计划的设计建议及审定事项；关于全省经济建设或发展计划各项经费核议审计事项；关于全省经济建设或发展计划监督指导事项；关于特定经济建设或发展计划直接实施事项；受省政府委任特别指定监督各官商合办营业机关及民营公用事业机关；经济委员会事业经费。成立之初由省政府划拨国币357万元，随着事业不断扩大，资金需要剧增，均由国家银行、国家企事业机关、富滇新银行以及本省各机关采取投资或贷款方式解决。经济委员会成立以后先后组建企事业单位39个，固定资金总额为国币21145万元，流动资金最高额为国币14036万元。[①] 1937年以后，云南省政府为适应本省生产建设事业服从军事需要，特令云南省经济委员会组织云南省进出口贸易管理委员会，管理云南省的对外贸易。管理委员会暂定管理范围分为进口商品和出口商品两类，进口商品主要有棉纱、棉布、棉花、石油、建筑材料等，出口商品则包括金属矿物、矿砂、油类、茶叶、杂粮、生丝等。

云南省进出口贸易管理委员会成立后，制定了管理章程18条，设置了进口部、出口部、转运部、信托部等机构。管理委员会设于昆明，并在上海飞香港、海防、碧色寨、个旧、昭通、下关、丽江等处设置办事处和货仓。[②] 其后，为适应本省生产建设，发展生产和扩大对外贸易，管理委员会又制定了奖励出口商人办法和对外贸易管理措施等规范，进一步完善了云南对外贸易法律体系。

5. 云南贸易委员会

国民政府为把对外贸易置于军事委员会的控制之下，曾于1937年9月成立了贸易调整委员会。1938年2月又将贸易调整委员会和国际贸易管理局合并，成立贸易委员会，隶属财政部。国民政府授予该会对外贸易和外汇的行政管理权。[③] 在贸易委员会下，设立复兴（垄断桐油）、富华（垄断生丝、猪鬃等农副产品）、中国茶叶（垄断茶叶）三大垄断公司，对全国的丝、茶、桐油、猪鬃等主要出口产品实行统购统销和出口。

---

① 云南省地方志编纂委员会：《云南省志》卷四十七，云南人民出版社1995年版，第196页。
② 云南省地方志编纂委员会：《云南省志》卷十六，云南人民出版社1998年版，第53页。
③ 同上书，第54页。

第二节 近代云南对外贸易税收机构

清代的税关，史称为"榷关"。因其隶属关系不同而有户关和工关之分。户关属户部管辖，工关则属工部管辖。然而因"户部制天下之经费"，掌管全国的户籍和财政经济事务，故其所辖之户关，在设立数量和税课征解数额上，均居主要地位。榷关因其税收来源不同，可分为内地关税和国境关税两种。清代的国境关税是指对以贸易行为为目的而进出中国国境的商品所征收的关税，也就是通常所说的海关税。① 内地关税是指对以贸易行为为目的而进出国内各关卡的商品所征收的关税，也就是通常所说的常关税。"清兴，首除烦苛，设关处所，多为明制。自海禁开，常关外始建洋关。"② 近代海关建立以后，榷关出现分化，原来的海关税收业务被近代海关接管，并在此基础上建立起以外籍税务司为核心的近代海关制度；原来的常关税收业务及其管理制度仍然保持不变。为了突出它们的区别，一般把近代海关称为新关或洋关，把原来的榷关称为旧关或常关。③ 就云南地区而言，因地处西南边疆，对外贸易的主要税收机构为近代海关和厘金局。

一 常关

常关制度由明代钞关制度演变而来，在清代逐渐形成了一套较为规范的管理体制，由此成为国家的一项长期实行的财政税收制度。

常关设立之初是为了促进区域之间的商品交流，扩展商路，推动长途贸易的发展，从而使清政府获得稳定的商品流通税。清政府在各交通要道上设立常关，并通过一系列具体制度来进行有效管理。做到无论是税则制定、税收报解、官员考核，还是税收使用，都有章可循。④ 同时，为保证商品流通，防止官吏额外需索（乱收费）行为，专门刊刻木榜，公布所征税课法令，并严惩贪赃枉法的官员，以正法度。对经过常关从事长途贸

---

① 祁美琴：《晚清常关考述》，内蒙古大学出版社2004年版，第8页。
② 《清史稿·食货六》卷125，"征榷"，中华书局1977年版，第3672页。
③ 萧一山：《清代通史》，台湾商务印书馆2004年版，第400页。
④ 郭蕴静：《清代商业史》，辽宁人民出版社1994年版，第53页。

易的商人，也实行了行之有效的管理。包括，规范报关纳税程序，限制商业行走路线，偷逃税的惩戒等方面均作出相关规定。完善的制度使常关税收收入逐年递增，成为重要的税收渠道之一。至清朝中期，常关税已经成为仅次于田赋、盐税的国家第三大财政收入。

鸦片战争以后，中国沦为半封建半殖民地社会，国家主权遭到严重践踏。在经济领域，以外籍税务司制度为核心的中国近代海关的建立，对常关的维系和发展产生了巨大威胁。最初，原属榷关序列中的粤、闽、江、浙海关被西方资本主义列强控制下的近代海关所接管。其后不久，伴随关税自主权的进一步丧失，通商口岸50里内常关陆续划归近代海关监管，50里外常关和内陆常关虽仍归清政府管理。但由于不平等条约对外国商品的保护和地方政府权力的不断膨胀，导致常关税税源被子口税和厘金所分流，使常关税收入大幅减少，难以为继。但作为中央政府所能直接控制的少数财政收入之一，常关有其存在的必要性。民国时期，虽然常关制度已滞后于当时的经济发展需求，对区域经济的发展也产生了较大阻碍，但由于财源枯竭，常关关税在民国财政中仍占有极其重要的地位，中央政府不得不予以保留。此种情形一直延续到1928年国民政府实行统税后。统税的征收克服了传统流通税的弊端，同时，扩大了征税范围，保障了中央政府的财政收入。在此前提下，1931年，常关制度才被国民政府废除。

二　海关

海关是一个国家对输出入国境货物的监督管理和征收关税的行政机关。[①] 它设在开放口岸，承担把守经济大门的职责，是保卫民族经济的有效工具。

近代中国海关，是在西方资本主义列强践踏中国主权，争夺（分割）中国权益的半殖民地时期产生，其设立目的不是捍卫中国经济主权，而是为列强实施对华经济侵略提供便利。它的机构和职能设置依据不平等条约的条款内容建立，以外籍税务司制度为核心，具有浓烈的半殖民地色彩。总税务司赫德在《关于中国洋关创办问题备忘录》中就近代中国海关不同于一般国家海关的特点作出概述："按照各项条约，并考虑到条约规定

---

① 姚贤镐：《中国近代对外贸易史资料（1840—1895）》第一册，中华书局1962年版，第702页。

的贸易前途，一个诚实的税收行政是件首要的事情。""为使中国人按照条约规定强加于他们的贸易方向行动，没有这样一种税务司制度将显得更加混乱。""由于它（海关）的国际性的组织，它的治外法权化成分和它的奇特的国际职责"，"它一开头就是中国外交部（总理衙门）必然的附属部门"，因此，"海关是一个非正常的机构"①。

就近代云南海关而言，要求设立海关的不平等条约是基于英、法资本主义列强的侵略立场，而非保障中国利益。在此背景下产生的近代云南海关也是为英、法等国利益服务，保证对外贸易按照条约规定的发展方向和贸易方式进行，彻底沦为西方列强的掠夺工具。

（一）近代云南海关的设立

1887年6月，清政府被迫与法国签订《中法续议商务专条》，此条约第二条规定："按照光绪十二年三月二十二日所定和约（即《中法新约》）第一款，两国指定通商处所，广西则开龙州，云南则开蒙自。缘因蛮耗系保胜至蒙自水道必由之处所，以中国允开该处通商与龙州、蒙自无异。又允法国任派在蒙自法国领事官属下一员在蛮耗驻扎。"② 据此，蒙自、蛮耗成为西南地区最早开设的商埠。

1. 蒙自关

蒙自、蛮耗成为商埠后，海关总税务司赫德（Robert Hant）立即着手筹办开关事宜。1887年4月3日任命美国人哈巴安（A. P. Happer Jun）为蒙自关首任税务司。1889年年初，云南巡抚兼云贵总督谭钧培与法国领事弥乐石和税务司哈巴安，会同临安开广道兵备汤寿铭，会商设关收税一事。③ 确定蒙自正关设在蒙自东门外，分关设于蛮耗街，并于蒙自西门外及河口新街二处设置分卡。同时订立《蒙自关通商章程专条》十条，《蛮耗分关通商章程专条》十九条，公布施行。1889年8月24日，蒙自关正式开关办公，关区范围包括今红河、文山、昆明一线。同年9月19日，蒙自关又在蒙自东南的马白（今马关县）设立分卡。④

---

① 赫德：《关于中国洋关创办问题备忘录》，转引自陈诗启《中国近代海关史》（晚清部分），人民出版社1993年版，第144页。

② 王铁崖：《中外旧约章汇编》第一册，生活·读书·新知三联书店1982年版，第515页。

③ 云南省地方志编纂委员会：《云南省志》卷三十二，云南人民出版社1996年版，第33页。

④ 云南档案馆编：《清末民初的云南社会》，云南人民出版社2005年版，第4页。

1895年，法国为扩大在华权益，和俄、德两国联合，出面干涉日本归还辽东半岛事宜。事后，以"功臣"自居的法国于同年6月20日强迫清政府与之签订《中法续议商务专条附章》，提出要将蛮耗分关改设于河口。该条约第二条规定："两国于光绪十三年五月初六日在中国京都互议续约之第二条，现已改定如下，以全其事。两国议定法越与中国通商处所，广西则开龙州，云南则开蒙自，至蒙自往保胜之水道允开通商之一处。现议非在蛮耗而改在河口，法国任在河口驻有蒙自领事官属下一员，中国亦有海关一员在彼驻扎。"① 据此，光绪二十三年六月初二日（1897年7月1日），蒙自关正式开设河口分关，原蛮耗分关降为分卡，河口新街分卡裁撤；同时在马白分卡属下增设天生桥、牛羊新街两个查卡。1900年，中国北方发生了反帝爱国的义和团运动，同年6月，云南府也掀起了反帝热潮。受此影响，蒙自关曾于1900年7月9日—1901年1月31日，迁往河口办公。②

　　1909年，滇越铁路通车到蒙自碧色寨。同年4月15日，蒙自关在碧色寨设立海关办事处。1910年，滇越铁路河口至昆明全线通车，总督李经义拟订《云南省城商埠总章》八条上报清政府，并请准在昆明设立海关。③ 当年蒙自关即在昆明设云南府分关，碧色寨海关办事处也于4月间改为碧色寨分关。至此，蒙自正关下包括河口、云南府、碧色寨3个分关；蒙自西关、马白、蛮耗3个分卡；天生桥、牛栏新街2个查卡。此后，除1913年蒙自西关分卡被裁撤外，蒙自关其他下属机构均无大的变动。

　　随滇越铁路的开通，昆明在云南对外贸易中的地位日趋凸显，此时，蒙自关虽设于蒙自，但大部分业务移交昆明办理。1932年，蒙自关迁往昆明，蒙自关税务司也移驻昆明，并在昆明太和街租赁警厅房屋办公。原云南府分关改为总关，原蒙自总关改为分关。④ 但鉴于云南府为自辟商埠，更因为条约限制不便更名，故仍保留蒙自关的名称，云南府总关称"蒙自关驻省办事处"。总关迁至昆明后，在市区设立了驻邮局支所、滇越铁路支所、东站支所、西站支所等分支机构。

---

① 王铁崖：《中外旧约章汇编》第一册，生活·读书·新知三联书店1982年版，第622页。
② 蒙自县志编纂委员会：《蒙自县志》，中华书局1995年版，第564页。
③ 李春龙等：《新纂云南通志》（七），云南人民出版社2007年点校本，第93页。
④ 昆明海关编撰：《昆明海关志》，云南人民出版社1996年版，第34页。

2. 思茅关

中日甲午战争后，帝国主义列强掀起瓜分中国的狂潮。为进一步控制清政府的财政税收，扩大资本输出，英、俄、美、日、法、德等国争相向清政府进行"政治性贷款"①。清光绪1895年，俄、法两国取得了对清政府的第一次贷款权。在贷款谈判过程中，法国借机向清政府提出进一步扩张在中国西南边疆陆路通商的要求。同年6月20日，双方签订了《中法续议商务专条附章》，该条约第三条规定："议定云南之思茅开为法越通商处所，与龙州、蒙自无异，即照通商各口之例，法国任派领事官驻扎，中国亦驻有海关一员。至法国领事官所住公馆，由地方官相帮照拂，其法国人民及法国保护之人前来思茅，均照咸丰八年五月十七日条约第七、第十、十一、十二等款及光绪十二年三月二十三日商约第三款办理。其运往中国各货物，准由水道如罗梭河、湄江等河运入，并准由陆路如猛烈或倚邦至思茅、普洱之官道。其货之有应纳税项者，即在思茅输纳。"② 据此，1896年8月，法国在思茅设立领事馆，海关总税务司赫德将蒙自关税务司柯乐尔（F. A. Cari）调至思茅关任税务司一职，负责开关事宜。③ 经柯乐尔、法国领事、思茅同知张坦商定，并拟订《开办思茅正关通商章程专条》十条，公布实施。思茅关于1897年1月2日正式开关。思茅正关设于思茅县南城外，在易武（今勐腊，在西双版纳境内，与老挝邻界）、勐烈（今江城，在普洱县境内，与老挝邻界）设立分关，在思茅东门外设东关查卡、在思茅柏枝寺设永靖查卡。④ 关区范围为今思茅、西双版纳一带，凡思茅地区通往缅甸、老挝和内地的商路均归其管辖。1897年2月4日，中英两国签订《中英缅甸界务商务续议附款》，其中第十三款规定："按照原约中国可派领事官一员驻扎缅甸仰光，英国可派领事官一员驻扎蛮允。中国领事官在缅甸，英国领事官在中国，彼此各享权利应与相待最优之国领事官所享权利相同。如将来中缅商务兴旺，两国尚须添设领事官，应由两国互相商准派设，其领事官驻扎滇缅之地，须视贸易为定。

---

① 白寿彝：《中国通史》第十一卷，上海人民出版社1999年版，第237页。

② 王铁崖：《中外旧约章汇编》第一册，生活·读书·新知三联书店1982年版，第622页。

③ 云南省地方志编纂委员会：《云南省志》卷三十二，云南人民出版社1996年版，第35页。

④ 云南档案馆编：《清末民初的云南社会》，云南人民出版社2005年版，第4页。

今言明准将驻扎蛮允之领事官改驻或腾越,或顺宁府一,任英国之便择定一处,并准在思茅设立英国领事官驻扎,所有英国人民及英国所保护之人民,准在以上各处居住,贸易与在中国通商各口无异。英国领事官在以上各处驻扎与中国官员会晤、文移及往来酬应亦与通商各口领事官无异。"① 自此,思茅关成为法越、英缅通商口岸。

1900年,因勐海在控制中老、中缅贸易方面地点更为合适,易武分关迁往勐海,分关名称不变。② 由于思茅地区的对外贸易并不兴旺,所以在相当长的一段时期内,思茅关及其下属机构并无多大变化。只是思茅边境地形复杂,通道众多,常有走私货物进出,为更有利监控中缅边境贸易状况以及思茅地区至普洱、大理的商路。1930年,经海关总税务司署批准,思茅关增设打洛、勐笼、孟连3个分卡。次年,因勐烈分关区贸易不振,税收极少,将其裁撤,并将易武分关也迁回漫乃。③

3. 腾越关

《中法续议商务专条附章》及中法铁路合同的签订,使英国大为震动。为保证本国在扬子江流域的既得利益,巩固西南地区的势力范围,英国也加大了对云南的扩张步伐。清光绪1897年,英国认为清政府在1895年订立的《中法续议商务专条附章》中将江洪界内之地割让法国,有违1894年中英签订的《续议滇缅界商务专款》第五条规定:"若未经中国大皇帝和英国大君预先议定,中国必不将孟连与江洪之全地与片地让与别国。"④ 以此为由,胁迫清政府于1897年2月4日签订《中英缅甸界务商务续议附款》,其中第十三条规定:"准将驻扎蛮允之领事官改驻或腾越,或顺宁府一,任英国之便择定一处,并准在思茅设立英国领事官驻扎,所有英国人民及英国所保护之人民,准在以上各处居住,贸易与在中国通商各口无异。英国领事官在以上各处驻扎与中国官员会晤、文移及往来酬应亦与通商各口领事官无异。"⑤ 1899年,英国最终选定腾越为通商口岸。

---

① 王铁崖:《中外旧约章汇编》第一册,生活・读书・新知三联书店1982年版,第689页。

② 海关总署总务厅、中国第二历史档案馆编:《中国旧海关史料》第32册,京华出版社2001年版,第290页。

③ 万湘澄:《云南对外贸易概观》,新云南丛书社1946年版,第25页。

④ 同上书,第577页。

⑤ 同上书,第689页。

1900年，中英双方协议在腾越建立海关，后因中国北方爆发义和团运动搁置。1901年年底，腾越设关议案重新启动。英国驻腾越领事烈敦（G. J. L. Litton）偕同腾越关税务司孟家美（G. F. Montgomery，英国人）自缅甸抵达腾越，经与腾越厅同知兼腾越关监督叶如桐会商，决定租赁腾越县南门六保街的三楚会馆作正关办公地点，并拟订《开办腾越正关通商章程专条》十六条，公布实施。1902年5月8日，腾越关正式开关办公，并在蛮允和弄璋街设立了分关。① 腾越关主要管辖腾越通缅甸的商路，关区范围包括保山、大理等地。至此，继蒙自关和思茅关之后，腾越关成为云南第三个由外国人把持的近代海关。

1911年，腾越发生反清起义，起义胜利后成立了地方政权——腾越军政府。② 此时，腾越关税务司好威乐（E. B. Howell）以政局不稳不便开展商务为由，离开腾越前往缅甸。同年9月，军政府应中外商旅开关放行要求，任命张文运为腾越关税务司总办、董其芳（又名董延春）为税务司副办，接管腾越关，并按旧例抽纳关税。③ 1912年中华民国政府成立后，英籍税务司及外籍海关人员从缅甸返回腾越，重新入主腾越关。

为便于征税和查缉，腾越关自1902年开关以来，相继增设分关和查卡。至民国初年，腾越关下辖有龙陵、小辛街、蛮允三分关；蛮线、石梯二查卡。1924年因发生干崖土司骚乱，交通梗阻，小辛街、蛮允两分关及蛮线、石梯两查卡被裁撤。另在遮岛增设一分关；杉木笼增设一查卡。1930年增设南伞分关和孟定、塘上水查卡。1932年将遮岛分关移驻干崖旧城为干崖查卡，蛮线复设分关，蛮允、腊撒设查卡。④ 此后各分关卡多有变动。至抗战全面爆发前，腾越关下辖机构共有龙陵、小辛街、南伞3个分关；蛮允、腊撒、陇川、牛槛河、遮岛、孟定、塘上水7个查卡。后因滇缅公路通车，龙陵分关于1938年移驻畹町，成立畹町分关。⑤

---

① 云南档案馆编：《清末民初的云南社会》，云南人民出版社2005年版，第4页。
② 云南省地方志编纂委员会：《云南省志》卷四十七，云南人民出版社1995年版，第170页。
③ 海关总署总务厅、中国第二历史档案馆编：《中国旧海关史料》第57册，京华出版社2001年版，第448页。
④ 同上书，第36—37页。
⑤ 腾冲县志编纂委员会：《腾冲县志》，中华书局1995年版，第532页。

（二）近代云南海关行政机构的设置及沿革

清末民国时期的云南海关同全国海关一样，存在管理体制上的双重性。中央政府任命海关监督负责口岸管理，总税务司任命各口税务司负责征税、监管等具体事务管理。两套管理机构对海关进行双重管理。税务司虽接受海关监督名义上的管理，却手握实权，不断弱化海关监督的管理职能，成为海关实际的控制者。

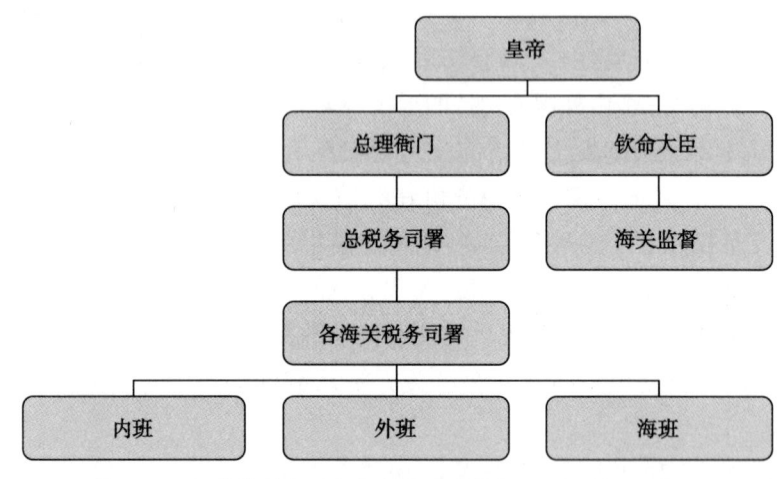

```
                        皇帝
                    ┌────┴────┐
                  总理衙门    钦命大臣
                    │          │
                  总税务司署   海关监督
                    │
                  各海关税务司署
              ┌─────┼─────┐
            内班    外班    海班
```

图 3-1　近代海关行政组织结构主体框架（1869 年 11 月）

1. 税务司署

1858 年 10 月，英美法三国和清政府签订了《通商章程善后条约》，第十条规定：①关于海关任用洋员一事，各口划一办理；②任凭总理大臣邀请英（法、美）人帮办税务。① 该条款成为外籍税务司监督制度最早的条约依据，继而推向全国海关照此执行。至 1864 年，由清政府任命的总税务司赫德拟定，总理衙门批准的《通商各口募用外国人帮办税务章程》成为外籍税务司制度最终确立的依据。该章程规定，总税务司属总理衙门管辖，各地海关名义上仍由监督负责，但税务司并非监督属员，而且只对总税务司负责。② 洋员的征募、调派或者撤换均由总税务司决定。外籍税务司制度是清末民国时期中国海关最核心的制度。

---

① 王铁崖：《中外旧约章汇编》第一册，生活·读书·新知三联书店 1982 年版，第 118 页。

② 陈诗启：《中国近代海关史》（晚清部分），人民出版社 1993 年版，第 100 页。

第三章 近代云南对外贸易的管理体制（1889—1937）

各海关税务行政机关称为税务司署，又称征税部或税务部。税务司是司署最高的行政长官。《通商各口募用外国人帮办税务章程》及赫德发布的总税务司通令等正式文件规定了税务司的主要职能，包括：(1) 负责海关的行政工作及征收关税。(2) 对各关所辖中国籍雇员的任免及薪酬增减。(3) 培训下属。(4) 行政汇报。将各关每月所发生的重大事件、贸易情况、关税收入、罚没款项等情况向总税务司提交书面报告。(5) 收集地方各类情报及协调与中国地方官员、海关监督之间的关系等其他任务。[1] 各关税务司署，大都设置总务、秘书、会计、监察、查验5科。就工作性质而言，习惯分为内班、外班、海班3部分，分别执掌行政、检验、缉私等事务。内班是海关的管理机构，其人员主要分布在总务（有的海关也称大公事房）、秘书、会计等科室。专办海关内部事务，负责关税、船钞（吨税）的征收、统计、预算、会计、报告、人事、文案等事宜；既有业务方面的决定权，又有人事方面的管理权。内班成员包括税务司、代理税务司、副税务司、各等级帮办、供事、文案、司书（书办）、录事等人员，以高级关员居多。[2] 外班地位不如内班。主要负责船舶检查及货物的稽查、检验等事务，工作场所主要在室外，如码头、验货厂、机场、轮船等。成员由各等级总巡、验估、验货、钤字手、巡役、水手、听差、门役、更夫、木匠、杂役等组成。海班又称作巡缉科，专门管理海关所属船只并负责缉私。其编制有管驾官（即船长）、管驾、管轮（即各等级驾驶员）、炮手首领、巡艇长等。[3]

蒙自关税务司署于1889年设立，地点在蒙自县城东南湖边，蒙自关税务司署规模较大，有办公室、验货处，还有税务司外籍人员的住所。[4] 思茅关税务司署于1897年设于思茅县南城外。1937年抗日战争全面爆发后，思茅关机构增多，税务司署设在思茅县天民街，包括办公区、海关验关区、关员生活区三部分。[5] 腾越关税务司署于1901年设立，地点在腾

---

[1] 黄胜强等编译：《旧中国海关总税务司署通令选编》第1卷，中国海关出版社2003年版，第183—184页。

[2] 白寿彝：《中国通史》第十一卷，上海人民出版社2004年版，第698页。

[3] 同上书，第88页。

[4] 蒙自县志编纂委员会：《蒙自县志》，中华书局1995年版，第562页。

[5] 云南省思茅县地方志编纂委员会：《思茅县志》，生活·读书·新知三联书店1993年版，第258页。

越县城南六保街三楚会馆内，四年后购置六保街官厅巷来凤山麓的一块地，重新修建了办公用房。①

蒙自、思茅、腾越三关的税务司均由总税务司派员担任。蒙自关首任税务司是美国人哈巴安（A. P. Happer, Jun），最后一任代理税务司为中国人徐学锄。从1889年蒙自开关到1933年间，蒙自税务司及代理税务司前后更换过27人，任期长的达4年，少则一年半载，其中英籍11人，法籍6人，美籍4人，意大利籍2人，德国、日本、挪威、丹麦籍各1人。

思茅关首任税务司是美国人柯乐尔（F. A. Carl），最后一任代理税务司为中国人黎彭寿。从1897年至1942年间，税务司及代理税务司共19人，其中英籍4人，意大利籍2人，法国、美国、俄国、比利时籍各1人。由于思茅关贸易不振，贸易量不大，关税也较少，从1926年起，税务司便改由中国人担任。

腾越关的首任税务司是英国人孟家美，最后一任代理税务司是中国人曾广泽。从1902年至1948年间，税务司及代理税务司共16人，其中英籍12人，意大利、挪威籍各1人，中国籍2人。昆明关正式命名时间较短，到1942年才定型。从正式成立到1949年止，代理税务司共8人，其中英籍7人，中国籍1人。②

云南省三个主要海关（蒙自关、思茅关、腾越关）历任税务司或代理税务司共69人，外籍人员58人是绝对的多数，而中国人只占11人。在中国任职人员中，整个清末民国时期云南海关建立长达60多年之久（1889—1949年），蒙自（昆明关）、腾越关历任税务司的中国人各仅有1人，而思茅关因贸易不振，小关收益微薄不被重视，所以才选派中国人担任税务司一职9人。云南三个海关所辖的各个分关、分卡、查卡均由税务司署派帮办、税务员主持管理，执行与中国其他省会口岸相同的由外籍税务司把持的半殖民地海关体制。

2. 海关监督署

1684年清政府在沿海开放海禁，为加强管理于次年设立粤海关、闽海关、浙海关和江海关四关。海关监督（也称海关道）是海关的最高负

---

① 腾冲县志编纂委员会：《腾冲县志》，中华书局1995年版，第527页。
② 云南省地方志编纂委员会：《云南省志》卷三十二，云南人民出版社1996年版。附录《清末民国时期云南海关历任海关监督职名表》。

责官员,为清政府(后由国民政府)委派或地方大吏直接兼任,海关监督独揽海关大权。然而,1859年海关外籍税务司制度实行以后,海关管理职能就被分割为两个部分。虽然海关监督名义上仍然是海关的最高负责人,其实权已被架空,鲜少涉及海关的核心事务,保留的权力仅剩保管册籍公文、授权税务司处理违章处分案件、负责部分税款的保管及支付,而在海关的重大、核心业务如征收关税、行政运行、人事任免等方面,海关监督均被排斥在外。正如赫德在1873年总税务司通令24号中指出:"中国的海关,可以这样说,是由两个部门组成的。行政部门,征收关税;登录部门,设置档案。由于洋员的募用,这两个部门就变得有点像分离了。因为尽管登录职务仍由监督衙门执行,而主要的行政工作则移归税务司了。"①

云南省蒙自、思茅、腾越三关,开关前就由清政府指定官员兼管关务。1887年,蒙自关即将开埠,云贵总督岑毓英等奏请增设巡道员兼管关务。同年秋季经吏部批准蒙自增设了一名巡道员。1889年蒙自正式开关,将原迤东道所属开化(今文山)、广南二府和原迤南道所属临安府(今建水),一并划归蒙自管辖,称为临安开广道,道署设在蒙自县城内,由临安开广道兵备汤寿铭兼任海关监督。至1913年推行官制改革,海关监督由北京政府直接委任,其监督署仍设在蒙自城内。② 同样,1897年思茅关开设之初比照蒙自关的做法,由思茅厅同知张坦兼任海关监督。思茅厅同知兼管关务,至1909年为加强国防,原驻普洱的迤南道移至思茅,海关监督一职改由迤南道兵备兼任。辛亥革命以后,迤南道兵备改称滇南观察使,并兼任海关监督。1902年腾越关开关之时,也是由腾越厅同知叶如桐兼管关务。③

中国海关官员的所谓"兼管关务"实际并无海关主权,不过是办理些关务交涉,校核、保存税务司交来的报表和以中国行政官员身份在其辖区内为税务司贯彻条约章程而已。1912年,为再次明确海关监督与税务司的权限划分,海关总税务司安格联发布总税务司通令第1942号,包括:

---

① 黄胜强等编译:《旧中国海关总税务司署通令选编》第1卷,中国海关出版社2003年版,第183页。
② 李春龙等:《新纂云南通志》(六),云南人民出版社2007年点校本,第291页。
③ 云南省地方志编纂委员会:《云南省志》卷三十二,云南人民出版社1996年版,第53页。

①由总税务司管理各口岸所征税款用作赔款及偿还债务。税务司对海关内部人事任免仍享有绝对权力（仅录事一职，按照旧例，仍由海关监督委派）。②位于海关半径 25 公里以内之常关机构由税务司管理，其所收税款由税务司汇往总署作为赔款之用。位于海关方圆 25 公里以外的常关机构仍归海关监督管理，其所收税款直接上缴清（国民）政府。③由海关监督签发的所有沿海海关及常关文件，仍由海关监督签发。④海关及常关每日税收数字须报给海关监督。① 该通令的发布使海关监督的权力范围进一步缩减。1911 年辛亥革命时，由清王朝官员担任的蒙自、思茅、腾越三关监督逃亡，三关外籍税务司便独揽了三关的一切事务，包括接管一向由海关监督负责的税款保管权。

海关监督设有海关监督衙门或海关监督署，有其独立的人员体系。蒙自、思茅、腾越三关的海关监督署最初设有总务、文牍、外物、稽核、会计五科。总务科管理署内一切杂事，文牍科掌握文卷，外务科管交际，稽核科编发各种税案单照，会计管理收入支出及预算决算等事宜。② 1931 年经海关监督总署发布关务署法规组织案统一规定，监督署内设总务、税务、计核三课。另各分关则设分关委员 1 名，负责监察各分关税务，分关委员统由监督署直接管辖。民国时期，海关监督署几经改制，直至 1945 年，国民党财政部才正式下令撤销海关监督一职，将海关的一切事务交由税务司主管。

（三）云南海关的管理职能

海关的主要职能包括 3 个方面：贸易政策职能（关税保护，海关统计、贸易保障等）；贸易管理职能（海关监管、海关缉私等）；财政职能（征税、退税、补贴等）。其中财政职能和贸易管理职能是最基本的海关职能。③ 云南海关根据本省具体需要因地制宜的制定出几项主要职能，包括货运监管、征收关税、财务管理、海关统计、缉查走私 5 个部分。

---

① 黄胜强等编译：《旧中国海关总税务司署通令选编》第 2 卷，中国海关出版社 2003 年版，第 283 页。

② 云南省地方志编纂委员会：《云南省志》卷三十二，云南人民出版社 1996 年版，第 53 页。

③ 熊金武：《近代中国海关制度变迁的解构和解释——基于制度职能定位与制度安排变迁的视角》，《贵州社会科学》2011 年第 8 期。

1. 货运监管职能

货运监管是海关的基本任务和重要职责。凡进出境的运输工具、货物及物品，必须通过海关关口进境或出境，接受海关管理和检查。

云南地处西南边陲，国内与贵州、广西、四川、西藏相连，国外与老挝、越南、缅甸接壤，与上述三国边界线总长达 4060 公里。[1] 同时，云南还与泰国、柬埔寨毗邻。从地理位置上看，云南正处于中国大陆和南亚、东南亚地区的结合部，具有得天独厚的区位优势，成为西南地区对外交往的门户。由于云南地处高原，境内山岭盘结，沟壑纵横，形成了中原地区与云南的交通阻隔。云南海拔较高，河川山脉由云南延伸至东南亚，造就了云南"对外交通和出海通道北阻南敞、东西贯通"[2] 的特征。

独特的地容地貌，决定了云南货运方式多样，也使云南海关在监管进出境货物方面具有不同于外省口岸的工作特点。云南有驮畜货运、木船货运、铁路货运、公路货运及 20 世纪 30 年代兴起的航空货运，海关针对以上运输方式和运输路径分别制定较为详尽的规范。比如滇越铁路通车后，针对铁路货运的监管，蒙自关就铁路沿线各分关管辖范围、监管内容、监管程序等都做了详细规定。滇越铁路从昆明至河口途经蒙自关所属云南府分关（即昆明关）、碧色寨分关及河口分关。蒙自关规定："运入河口、碧色寨间各地的进口货物，由河口分关监管，运入碧色寨、云南府间各地的进口货物，由碧色寨分关监管，运入云南府的进口货物由云南府分关监管。出口货物亦照此分工监管。"[3] 同时，针对禁止进口贸易的货物种类，也作出相应规定，如《中法越南边境通商章程》第十五条规定："谷米等粮食不准贩运出中国边关。火药、子弹、枪炮、硝磺、青白铅、一切军器、食盐及各项有碍人心风俗之物品，不准贩运进关，违者当即查办，全罚入关。"

2. 关税征收职能

征收关税作为海关主要业务之一，在对外贸易中发挥了重要作用。云南省蒙自、思茅、腾越三关征收的税种包括进出口正税、子口税、复进出口税、转口税、战时消费税和船舶吨税。

---

[1] 《当代中国》编辑部：《当代中国的云南》上册，当代中国出版社 1991 年版，第 3 页。
[2] 陆韧：《云南对外交通史》，云南民族出版社 1997 年版，第 5 页。
[3] 云南省地方志编纂委员会：《云南省志》卷三十二，云南人民出版社 1996 年版，第 73 页。

蒙自、思茅、腾越开关后，税款由海关征收，海关监督保管。商人缴纳关税的具体程序为："到海关办理征收手续；持海关制发的验单向海关监督管理下的海关银号缴清税款；将银号所发收据送交海关，作为实收税款的依据。"①

由于近代中国惨遭西方殖民者的掠夺，主权丧失，沦为半封建半殖民地社会，海关税则、税率的制定必须同资本主义列强协议，实行协定税则。从1843年清道光二十三年至1948年国民党政府执政期间，海关税则先后经过十次修订。蒙自、思茅、腾越三关自开关以后，实行1858年清咸丰八年税则，即对进出口货物按"值百抽五"的法则征收正税。在英法等国的威胁下，清政府被迫签订适用于西南边疆进出口减税办法的条约《中法续议商务专条》，其第三条规定："凡由北圻入中国滇粤通商处所之洋货即按中国通商海关税则减十分之三收纳正税。其出口至北圻之中国土货，即按照中国通商海关税则减十分之四收纳正税。"《中英续议滇缅界商务条款》规定："凡货经蛮允、盏西两路由货物由缅甸入中国者，完税照海关税则减十分之三，若货由中国国此路运往缅甸者，完税照海关税则减十分之四。"上述不平等海关税则及减税办法的制定，使西方资本主义列强向中国倾销商品、掠夺自然资源和原材料的丑恶行径合法化。

3. 财务管理职能

蒙自、思茅、腾越关遵照海关总税务司署建立的会计制度进行财务管理，对海关账目实行分类管理，对海关经费根据来源和用途不同，分别置于不同账目项下，并严格区分公私账目。为划清收支界限，总税务司署要求在财务科目中，将收入、支出两项，分列在税款账和经费账内办理。所有税款及杂项收入归列税款账，其预算内各项开支则归列经费账。各关税款账按月结算，绘制报表送总税务司署备案。经费账也按月结算，一个季度向总税务司署报备一次。此外，如有特种税款，委托海关税务司管理，各关需设立其他附属账目，但需经总税务司署核准办理。② 海关通过建立会计制度，加强了会计监督，提高了经费使用的计划性和预见性，有效地降低了财务管理风险。

税款保管及支付，由海关监督负责，税款除拨付各关、监督署经费

---

① 李春龙等：《新纂云南通志》（七），云南人民出版社2007年点校本，第327页。

② 陈诗启：《中国近代海关史》（晚清部分），人民出版社1993年版，第207页。

外，其余上缴国库，用以支付外债、赔款等。至1943年后，海关全部税款才由民国政府中央银行自主经营。

4. 海关统计职能

云南海关统计是云南省对外经济贸易货物（包括国际贸易和省际贸易）实际进出口统计，是全国海关统计的一个组成部分。清末民国时期，自清咸丰九年（1859）至民国三十七年（1948），历时90年编制《中外贸易统计》，囊括全国各种海关统计，总称"关册"，分为贸易报告和贸易统计两部分。云南各海关编写的《华洋贸易报告》《贸易统计表》和《十年贸易报告》，送交海关总税务司署，纳入"关册"资料中。

蒙自、思茅、腾越关自开关当年即建立海关统计制度，并确立实际通过各自口岸进出口货物的品种、数量、金额、国别等统计指标，按年编制《华洋贸易报告》和《贸易统计表》，《十年贸易报告》则每10年编一期。《华洋贸易报告》和《十年贸易报告》是云南海关所做统计的文字表述，其内容涉及范围极广，涵盖了省情地情、行政司法、道路交通、工农商业、贸易运输、财政税收、金融货币、教育医疗、疫情灾害、媒体报道等多个方面。《贸易统计表》为数字统计，附于华洋贸易报告后，主要包括海关进出口贸易值统计、货物进出口数据统计、内地贸易统计、大宗进出口洋土货统计、贵重金属（金银等）进出口统计、海关税收数据统计等。各海关编制的《华洋贸易报告》《贸易统计表》以及《十年贸易报告》均由各关税务司亲自汇总撰写，呈报海关总税务司署。

5. 缉查走私职能

走私是指违反一国的法律规定，非法运输、携带、邮递货物、物品进出关境，逃避海关监管，以达到偷税牟取暴利或其他目的的违法行为。

云南与越南、缅甸、老挝三国接壤，陆地边界线长，通道多，走私现象较为突出，缉私一直被列为主要工作之一。云南设关伊始，走私物品多为鸦片和食盐，海关通过监管现场检查、口岸检查和巡回查缉的方式进行查处。随进出口货税率提高及政府限制部分货物进出口政策的出台，走私现象日益猖獗，涉及货物种类繁多。海关除加大定点查缉力度外，增加了列车巡查，同时对铁路沿线、公路、水路等多条进出口通道进行武装巡逻。民国二十六年9月，经海关总税务司署批准，蒙自关正式成立武装巡缉队，任务为缉查走私，护送税款，保护关产和关员安全等。为了获取走私货物的情报，云南海关根据国民政府财政部颁布的《缉获私货从优给奖办法》《设甑告密办法》等法律文件，制定了对检举人予以重奖的规定。如腾冲关规定："海关根据密告缉获的私货，每价值1万元，告密人可得5000元，以资鼓励。"① 以上措施进一步加强了云南海关的缉私职能。

为保障贸易正常进行，在总税务司署的推动下，各地海关还加强了勘测、疏浚航道，保障商路安全等基本设施建设。如红河水路在蒙自初设关时盗匪频发，而且多处河滩浅狭，不易行走，中法两国共同疏通河道，设立营垒，打击盗匪。另外，根据相关法律，海关还承担出入境管理、卫生检疫管理、动植物检疫管理、商品检验管理等任务。

蒙自、思茅、腾越三大口岸扼制着近代全省的对外贸易，并由此直接影响着省内原有的商道、市场及金融流通布局。但因这三个口岸的贸易情况和所占地位并不相同，从而作用于各自辐射网内的小农经济解体和兄弟民族经济变化的程度也不一致。从分岸统计来看，"由蒙自关输出输入的商品最多，贸易量约占全省外贸总量的75%至85%。腾越关次之，约占10%至20%左右。思茅关最少，只占0.9%至2%。"② 正因为如此，使本来经济发展就呈现不平衡状态的云南省更加凸显出经济区域发达地区与落后地区的分化，其影响直至中华人民共和国成立时仍然存在。这也是我们在探索云南地区近代化历史进程时，值得注意的历史遗留问题的渊源。

三 厘金局

厘金，顾名思义，即交易满百便抽一，故又称厘捐，开征于1853年。当时由于太平天国运动，清政府遭到严重打击，财政陷入窘境，为筹措镇压太平军的军费，清政府在江苏扬州就米市募征1%的厘捐，以解决军饷之急。厘金制度初兴时，施行区域仅限于扬州附近，征收货物也仅限于大米一项。从翌年3月开始，抽厘货物种类迅速增多，实施区域也在江苏省内全面铺开。1855年，各省更是纷纷仿效，至1857年，清政府下旨在全国范围内普遍开征，"厘金"便由地方税（捐）正式成为全国性的税收，并由募之于市而扩展到征之于所有流通领域。厘金制度就此确立，成为清政府的一项新税制。厘金分为板厘、活厘两种。板厘是对产地或销地店铺按月征收，属于交易税，又称坐厘。活厘则是对转运途中的货物进行抽

---

① 云南省地方志编纂委员会：《云南省志》卷三十二，云南人民出版社1996年版，第193页。

② 董孟雄、郭亚非：《云南地区对外贸易史》，云南人民出版社1998年版，第37页。

取，是一种通过税，又称行厘。① 厘金税征收以后，以活厘征收为主，对国家财政税收的贡献也最大。随着厘金征收范围的不断扩大，税收收入也呈逐年增长态势。至辛亥革命前夕，全国厘金收入已接近田赋收入数。

1863年，云贵总督劳崇光和云南巡抚贾洪诏，曾联合贵州巡抚张亮基向朝廷请奏："滇黔两省财政困难万分，而两省产殖本属无多，流通惟仗邻省，山径分歧，商贾不前，所有转输贸易，皆汇总于川省。本省抽厘既感困难，因奏请仿照湖南东征局办法，在川省大江要路夔州，重庆，泸州，凡有厘金之处，添设滇黔厘局，一应盐茶百货，按照川省办定章程厘数，减半抽收，所收之数，滇黔二省各支用一半。"② 四川总督骆秉章奉旨调研后回复称："川省厘数已重，商情疲惫不堪，实难再行加抽。"③ 由此可见厘金税深得地方官员的看重。

云南与贵州两省联合奏请向四川借地抽厘不成之后，至1874年，云南巡抚岑毓英又以"籍供兵饷"为名，向清政府奏请准予云南省开征厘金，朝廷允准。同年即在省城云南府（今昆明）设立云南省厘金总局，全省各地下设厘金局共23处，各地盐井也设局抽收盐厘。其后，随抽厘业务不断拓展，厘金局屡次添设，数量之多曾一度增至70余处。后又因各种原因裁撤，至1881年厘金局还有25处，分布于14府85厅州县。其后随抽厘业务多寡有所增设，至光绪末年共存厘金局47处，分卡269处，查卡57处。④

表3-1　　　　　　　　　光绪末年云南省各厘金局、厘卡

厘局名称	驻在地	分卡数目	查卡数目	厘局名称	驻在地	分卡数目	查卡数目
六城局	省城南关外	9		漫乃局	思茅厅之漫乃	1	
宜良局	宜良县城外	5		倚邦局	思茅厅之倚邦	1	
阿迷局	阿迷州城外	2		副官局	靖江县副官村	6	7
嵩明局	嵩明州之杨林驿	6	1	竹园局	弥勒县之竹园街	4	

---

① 戴一峰：《近代中国海关与中国财政》，厦门大学出版社1993年版，第132页。
② 同治三年三月十八日御批劳崇光等折。转引自罗玉东《中国厘金史》，商务印书馆1936年版，第424页。
③ 《洛文忠公奏稿》卷七。转引自罗玉东《中国厘金史》，商务印书馆1936年版，第424页。
④ 罗玉东：《中国厘金史》，商务印书馆1936年版，第426页。

续表

厘局名称	驻在地	分卡数目	查卡数目	厘局名称	驻在地	分卡数目	查卡数目
昆阳局	昆阳州城小东门	2	2	开化局	开化府城西门外	8	3
武定局	武定州城外南街	13	7	剥隘局	广南府属之剥隘东	1	3
曲靖局	曲靖府城外北街	8	1	个旧局	蒙自县西门外瓦货村	2	
新嶍局	新兴州城西门外	7	1	下关局	大理府赵州之下关	5	
陆凉局	陆凉州南乡马街	5		弥渡局	弥渡街	1	
平彝局	平彝城南街	9	3	永昌局	永昌府城南门外	9	2
宣威局	宣威州城西关外	11	1	腾越局	腾越厅南门外五保街	13	
东川局	川府城内之西街	3	1	龙陵局	不详	3	
蒙姑局	巧家厅之蒙姑	6	1	缅云局	缅宁东城外	5	
盐井渡局	大关厅属盐井渡场头			丽江局	丽江府城内	10	
牛街局	沿河之牛街	2	5	蒙化局	蒙化厅城北门外	4	3
普洱渡局	大关厅属之普洱渡	2		楚雄局	楚雄府城西门外	11	5
罗平局	罗平州属之板桥	9		临安局	临安府东门外	3	
镇雄局	镇雄州城	12		通海局	通海县南门外	7	
昭通局	昭通府城	6		他郎局	他郎厅城南门外	5	
寻甸局	寻甸洲之羊街	6		姚州局	姚州城东门外	5	
仁和局	大姚属仁和街	5	6	景东局	景东厅城	8	3
顺宁局	顺宁府城	6		威远局	威远厅之香盐井	5	
永北局	永北厅城	8	3	皈朝局	广南之皈朝	5	
思茅局	思茅厅城	4		总计		268	58

资料来源：李春龙等点校：《新纂云南通志》（七），云南人民出版社2007年点校本。

厘金开征初期，各地自定征收办法、厘种和税率，自行分界抽收，各行其是，厘金征收比较混乱。光绪初年（1895），云南省厘金总局拟定统一章程，下属厘金局遵照办理，使厘金征收规范化、秩序化。将厘金种类大致分为11种，包括：百货厘、红糖厘、川烟厘、土烟厘、土酒厘、绸缎厘、鹿茸厘、麝香厘、大锡厘、省货厘、各项杂收。其中，各项杂收又分为5项：随厘加色，开支扣获平余，核减各局开支，包收省城牲畜、油、酒厘，五日罚款。①

---

① 李春龙等：《新纂云南通志》（七），云南人民出版社2007年点校本，第316页。

自云南省厘金总局颁布章程之后，云南厘税征收日渐兴旺，厘务也略具规模，每年约收厘银37万两，其中以土药（鸦片）税收为大宗。据罗玉东先生提供的数据显示，平均每年土药厘银税收高达20万两之多。光绪三十四年（1608）清政府实行禁烟，停收土药厘税，云南厘金收入骤然减少。同时，百货厘收入也随之锐减。由于云南商务大半依靠本省输出土药与外省交易百货，所以一旦停止土药输出，便极大地影响到了百货输入，从而导致百货厘收入减少。据统计仅光绪三十四年（1608）一年，云南省各厘金局所收百货厘银为228950余两，较往年厘银平均数37万两少收近10万两，宣统元年（1909）则仅收厘银194500余两。①

虽然厘金征收数额随禁烟令的颁布而有所减少，但它依然是云南省弥补财政赤字的一项重要手段。所以中华民国建立之初，云南的厘金制度除个别内容稍作变动外，其余部分继续沿用清末旧制，厘金收入也仍然是云南省的重要财政收入之一。

第三节　商会

"商会"是清朝末年由西方传入中国的。作为西方资产阶级的一种社团组织形式，它的出现打破了传统行业间的限制，将各界工商从业者有效地组织起来，对维持社会经济秩序、顺利开展经济活动、维护市场正常运行均起到保障作用。

20世纪初，中国商会、商业同业公会等新式商人组织相继成立。中国商会出现有多方面的原因，既与晚清商业的发展和商人自身力量的增强有密切关系，也与清政府对工商业政策的初步转变相关。但更直接的原因还是西方商会制度的传入与在华外商商会的示范作用。当时西方列强已采取不同实业形式进入中国，成立中国商会也迎合了清政府贯彻工商政策的需要。在这一特殊背景下建立中国商会，便又赋予了它一定的政治使命，使其成为实现政府振兴民族工商业强有力的支持者和执行者。此外，随着社会进步，被人们称为"无奸不商"的商人逐渐得到正名，其社会地位

---

① 罗玉东：《中国厘金史》，商务印书馆1936年版，第425页。

慢慢提升，长期排在"四民"（士、农、工、商）之末的商人也成了城市中不可缺少的重要社会力量。从中国商会的组建到运行的全过程看，对保护民族资产阶级利益，它也做出了不小贡献。由于商会本身承担了联络工商界人士、管理并指导经营开展、调查商情、规范市场行为、调解贸易纠纷等一系列的职能，对于维持对外贸易正常秩序，保障对外贸易的良好环境等方面起到了重要的促进作用。

一 商会的产生及发展

1904年年初，清政府商部奏请设立商会，并在《请设立商会折》中指出："商会者所以通商情，保商利，有联络而无倾轧，有信义而无诈虞。""今日当务之急非设立商会不为功夫，商会之要义约有二端，一曰剔除内弊，一曰考察外情……臣部拟劝谕各业之商务较巨者先在京师倡设商会，以开风气之先。至外省各业商人有能并心一致筹办商会者……不得稍有阻遏以顺商情。"[①] 由此可见，商部决定仿照西方国家的商会模式，倡导华商设立商务总会的目的和意义在于使商会成为兴商惠工的民间团体，并成为本国加强发展工商业、振兴民族经济的得力助手。

同年，清政府谕批颁行商部拟定的《商会简明章程》。随之，商部向各省颁布《劝办商会谕帖》，进一步阐明："商会一设，不特可以去商与商隔膜之弊，抑且可以去官与商隔膜之弊，为益商务，良非浅鲜。"同时希望通过成立商会"上下一心，官商一气，实力整顿，广辟利源"[②]。《商会简明章程》规定："凡属商务繁富之区，不论系省域或城埠，均应设立商务总会，商务发达稍次之地则设商务分会，前此所设商务公所等类似的组织，一律改为商会，以为各省之倡。"[③] 商部主动派员访觅声望素孚的商董，"亲行接见，面为晓谕，俾知举办商会，实为联络团体，挽回利权起见"[④]，促成京师商会很快成立。此前设立的上海、天津等地的商业会议公所均改组为商务总会，随后从沿海沿江通商大都市向内地和中小城镇

[①] 唐文治：《茹经堂奏疏》卷二，第162—166页。转引自沈云龙等《近代中国史料丛刊》（第六辑）0056，台湾文海出版社1970年版。

[②] 《商部劝办商会谕帖》，《东方杂志》1904年第2期。

[③] 天津市档案馆等编：《天津商会档案汇编（1903—1911）》（上），天津人民出版社1989年版，第21页。

[④] 《商部奏劝京城商会并推广上海商会情形折》，《东方杂志》1904年第5期。

逐步推广。

清末商会的组织体制，根据《商会简明章程》规定，各省垣及通商大埠均设商务总会，府、道、州、县等中小城市设商务分会。又根据商部制定的《商会章程附则》规定，为免分歧，原则上一州县"每属只准设立一分会，其设会所在，不论系城埠，系村镇，总以在该州县中商务最盛之地为断"①。1906年商部又将"分会之分会"定名为商务分所，规定"嗣后各府州县中，如已设立商会，而各村镇尚有续请设立者，即令定名为商务分所，与各该处总、分会设法联络"②。这样，清末的商会最终形成商务总会、商务分会和商务分所三级组织体制。分所从属分会，分会隶属总会，相互之间宗旨相同，规章一致，组成一个层层统属、不可分割的有机整体。

迄至1912年，全国各地除西藏、蒙古以外各地都相继成立了商务总会、分会和分所。同年11月，北京政府工商部召开全国临时工商会议，全国各主要商会均派代表出席。会议议决：成立"中华全国商会联合会"，设本部于北京，以上海总商会为总事务所，各省各侨埠设立分事务所。12月20日，工商部发文批准设立全国商会联合会。上海总商会推举总理周晋镳和协理贝仁元、王震为总事务所总干事，于1913年1月18日任职启印，总事务所宣告成立。1914年3月15日在上海召开第一次全国商会联合会代表大会，正式宣告全国商会联合会成立。

北京政府成立后，为加强对商会的控制于1914年年底颁布了重新拟定的《商会法》和《商会法施行细则》，并限定各商会在半年内依新颁布法律进行改组，凡不服从新法及逾限不改组者一律取消。由于《施行细则》中规定了一系列的强制内容，如"取消全国商会联合会；商会举定会长、会董及设立商品陈列所、工商学校和其他工商事业均须禀报地方长官详咨办理"③，等等。这种试图以法律形式强化商会管理的举措，遭到了全国各商会的强烈反对。迫于压力，北京政府在1915年重新修订《商会法》及其施行细则，于11月公布执行。修订后的《商

---

① 朱英：《辛亥革命时期新式商人社团研究》，中国人民大学出版社1991年版，第53—54页。
② 同上。
③ 《中华全国商会联合会报》第2年第7号，转引自丁守和主编《辛亥革命时期期刊介绍》第三卷，人民出版社1986年版，第512页。

会法》取消了有关强化管理的条款,允许商会组织全国商会联合会。同时,指出商会的任务在于"研究促进工商业之方法"及处理有关"利害关系"和"陈述其意见于官府"等内容。① 明确了商会和政府之间的关系,将商会界定为具有资产阶级性质的团体组织,有利地维护了工商业资产阶级的利益。

国民政府在南京成立后,对商会不断加强控制。1927年12月17日蒋介石在上海召开的商会联合会上发表演讲,认为商业不能脱离政治,要求商会服从国民党及其政府的指导。1928年中华全国商会联合会更名为"中华民国全国商会联合会"。同年8月15日国民政府颁布了新的《商会法》。该法对商会的性质、创办目的、宗旨均作了修改,规定:"商会以图谋工商业及对外贸易之发展,增进工商业公共之福利为宗旨。"② 按照新《商会法》的规定,成立各级商会的主要目的是协助和保证国民政府有关商业政策的贯彻实施,辅助国民政府有关机构加强对工商业的管理,以使各种计划和措施得以有效执行。

自新《商会法》颁布到1938年期间,各地在实业部备案的商会共有1830家。③ 同一时期由于国内商业和国际贸易的发展,中国的商会也开始加强了与国际商会的联系。1931年国际商会中国分会正式成立,并于同年5月获得国际商会理事会的承认,正式成为国际商会的一个成员。从此中国商会开始步入国际经济舞台。

二 商会的职能和作用

晚清政府颁布的《商会简明章程》规定,商会有权代表遭遇困难的商人向地方衙门"秉公申诉",直至向清政府商部报告;有权调整中国商人和外国商人之间的纠纷,甚至有权代理中国商人当事人"伸理"地方官和外国领事裁判不公的诉案,直至报告商部。商会也有权管理商业企业的开业注册和资产登记,有权管理市场、平抑物价;有权在商人缴纳的注册费、簿册费和凭据费中提取公积金作为自己的积累;有权动用公积金资

---

① 《北洋政府公报》1914年9月13日。
② 《商会法释义》,转引自朱鸿达等《现行十大工商法详解汇编》,世界书局1931年版,第1页。
③ 《中央民众运动史概略》(1938年),转引自陆仰渊、方庆秋主编《民国社会经济史》,中国经济出版社1991年版,第237页。

助本会中能够抵制进口货商号以及经营有难的商人。① 北京政府颁布的《商会法》和《商会法施行细则》赋予了商会"编查商号，发展商业，维持商务，补助商政，调查商情，裁判商事，议定商律、商税及议结商约，管理和提倡工商业，举办工商教育事业"② 等多项职能。南京国民政府所颁布的新《商会法》也遵循前例，除承袭商会一贯的职能之外，还赋予了商会"关于国际贸易之介绍及指导事项"及"就有关工商业之事项建议于中央或地方行政官署"等职能。③

基于以上几部法律条款，可将清末民初商会的作用总结为以下几个方面。

第一，联络工商。由于中国工商各业素来行帮壁垒森严，以致商情涣散，阻碍了工商业的发展。各商会成立后，都以保护商业，开通商智，联络商情，互相维持，振兴商务，自保利权为宗旨。商会联络工商的方式多种多样，其中较为常见并固定的形式是定期召开各业会董和会员会议，共同商讨各项有关兴利除弊的措施。此外，创办商品陈列所、劝业会以及发起并领导抵制外货和收回利权等运动，都是商会为增强工商各业之间的相互联系，号召各业协调一心，激发商家的竞争意识，促进实业发展所开展的一系列活动。此类活动的开展也使商人之间的互相联结在各项社会政治活动中越发紧密。

第二，调查商情。商会成立后，开展了较大规模的商情调查活动，考核"贸易之盈亏、制造之精细、销场之迅速，以及一切关系公司利弊、改良等事"④，以促进工商业的发展。商会调查事项分为三类：第一类为各业调查，包括各商号盛衰原因、贸易量大小、主要销售场地等常规经营情况，由商会统一制表，交各业会董按表填报。第二类为特别调查，主要内容是全省商业状况、各埠实情及进出口货物、物产种类，以及如何振兴、改良等，此项调查由商会专设特别调查员进行。第三类为寻常调查，

---

① 《奏定商会简明章程》，《东方杂志》1904年第1期。

② 《中华全国商会联合会报》第2年第7号，转引自丁守和主编《辛亥革命时期期刊介绍》，人民出版社1983年版，第513页。

③ 《商会法释义》，转引自朱鸿达等《现行十大工商法详解汇编》，上海世界书局1931年版，第1页。

④ 《苏州商会档案》第72卷，第5页。转引自朱英《辛亥革命时期新式商人社团研究》，中国人民大学出版社1991年版，第88页。

内容包括商人申诉纠纷，商部及本地官府饬查之事，此项调查由商会总、协理及坐办主持，酌情派司事员探询。

为了起草商法草案，上海商务总会还组织开展全国各地商会参与的调查商事活动。1907年，上海商务总会和预备立宪公会联合发起拟定商法草案，由上海商会分别致函全国各地商会，要求各商会实施调查后，派代表赴上海交流讨论。这次全国性的调查商事习惯和讨论商法草案大会，实际上是清末商会领导全国商人进行的一次民间立法活动的尝试，被当时媒体称为"中国立宪之基"。

第三，兴办商学、商报，启发商智。"商业之发达，由于开商智，商智之开通，由于设商学。"[①] 为适应时代发展的需要，商会在联系工商、调查商情的同时，大兴商学培养人才，创办商报开拓商智。许多商会创办了商业学堂和实业学校，如天津商务总会创办中等商业学堂、苏州商务总会主办实业学堂、通崇海泰商务总会主办银行专科及教育学校、上海商务总会创办商业学校等。此外，商会还自办报纸杂志。如天津商务总会创办《商报》、广州商务总会创办《广州总商会报》、重庆商务总会创办《重庆商会公报》、济南商务总会创办《济南商会日报》等。另外，发行于全国的《华商联合报》也是在上海商务总会的直接赞助和支持下创办起来的。后来为适应筹建全国商会联合会的需要，改名为"华商联合会报"，成为联络海内外华商商会的重要刊物。

以上各种活动，对于增进工商界人士的文化科学知识，培养新型管理人才，传播商事活动，促进商业发展都起到了明显的推动作用。

第四，维持市场运行。为了保证商业的正常发展，每出现市场危机，为避免市面波动，商会都尽力维持市场机制的运行，发挥了重要的调节作用。1908年前后，全国许多地区由于官府滥铸铜圆，致使铜圆数量激增，充斥市面而日趋贬值。为缓解铜圆危机，许多商会都积极采取措施。例如天津商务总会首先提出停铸铜圆和限价措施，后又议决全津各业一律停止使用铜圆，改为银圆交易，及时缓解了铜圆危机，为稳定市场作出贡献。

1910—1911年，全国各地又发生了更为严重的金融风潮。上海正元、谦余、北康等全国有影响的钱庄相继倒闭，紧接着源丰润票号、义善源银

[①] 《苏州商会档案》第43卷，第66页，转引自朱英《辛亥革命时期新式商人社团研究》，中国人民大学出版社1991年版，第90页。

号也歇业，风潮波及全国。上海、京师、天津等地商务总会共同协助处理正元、源丰润、义善源倒闭后的债务纠纷，又由商会担保，请求官府拨款给商号以资周转。如苏州商务总会出面借得现洋 20 万元接济市面。通过这一系列措施，市面才勉强得以维持。

第五，受理商事纠纷，保护工商利益。商会成立之前，商事裁判权掌握在官府手中。由于无商法可循，主事官吏中"熟商务而通商情者甚鲜"，绝大多数只知"以抑商为主，或且以肥己为心，故商务之中一涉官场，必多窒碍"①。商会成立以后，专门设立商事裁判所，商号的一切诉讼案件，均归置商事裁判所办理。

商会在审理商事纠纷的过程中，一改传统官衙刑讯逼供的积习做法，主要采取倾听原告与被告双方相互申辩，以及深入调查研究、弄清事实真相的办法加以调解。许多商会都制定了理案章程，其理案程序首先是由理案议董分别召集原告和被告详询事件原委，记录在案。接着召传有关证人，了解调查、详细核实。在此期间，被告如提出申辩，可赴会再次申述。然后，商会又邀集原告被告双方所属行业的商董询问案由，最后经商会议董秉公细心研究，提交公断。公断时原告、被告双方及有关证人皆到场，并特别强调证人未到不得开审。商会审理商事纠纷的做法与我们现今法院经济庭与工商仲裁部门处理经济案件的程序相仿，为当今调解经济纠纷的相关部门提供了重要的参考作用。

调解商事纠纷的主持者多为当地享有声望且为人公正的工商界头面人物，因对其工商业界各方面情况较为熟悉，故问案审理大都能切中症结，做到秉公处理。这就避免了当事人涉讼旷日持久纠纷迟迟不得解决，或遭官府敲诈勒索的窘况，故深受广大商人的欢迎。

第六，推动民族工业发展。随着洋货大量涌入中国，本国商人开始意识到工业和商业唇齿相依、唇亡齿寒的密切联系，工业不发达直接影响商业的销售，商业不昌盛工业生产的产品就不能流通。"农、工、商三者实相表里，今商界风气渐开，农工尚少讲求。顾工与商尤有直接之关系，工以商为尾闾，商以工为源头也。"② 所以，许多地区的商会也承担了积极

---

① 《书税务司理财要略后》，《江南商务报》第 28 期，转引自丁守和主编《辛亥革命时期期刊介绍》第二卷，人民出版社 1982 年版，第 420 页。

② 《苏州商务总会试办章程》，见《苏州商会档案》第 3 卷，转引自朱英《辛亥革命时期新式商人社团研究》，第 96 页。

推动民族工业发展的历史使命。有的商会特别注重联络工业界人士。例如苏州商务总会指出:"现虽无力专设工业会,然工界中亦不乏读书知大义,讲公益,识团体之人,及时提倡,商界之责。如有前项工人,应准一体入会,以开风气。"① 凡遇激励工艺,制造新颖,烟通机器,伐木开矿,土货仿照洋式,商会"无不尽力维持,禀请地方官迅速保护"②。

商会还承担了协助创设工矿、航运企业及组织各种股份公司的职责。例如1906年江苏长洲县商人欧阳元瑞等4人筹设瑞丰轮船公司,因在常州修筑码头为当地官府受阻,无法顺利进行。后经苏州商会与各级衙署交涉,并呈文农工商部,要求"俯赐鉴核,照章保护",终于在1907年元月使该轮船公司正式开航。③

三　云南省的商会组织

云南省的商会组织(云南商务总会)于1906年成立,至1950年组建工商联合会期间,共经历14届人选。商会名称多次变更,先后更名为云南商会总会、云南省城商务总会、云南全省商务总局、云南商务总会、云南总商会、云南总商会临时执行委员会、云南省商民协会、云南省商会联合会。

(一)云南省商会的沿革

1906年3月,云南绅耆马启元(鹤庆工商业大户,捐有二品武职副将头衔)、王鸿图(经营同庆丰,捐有二品道员四品京堂)、董润章、祁奎、王连升、施复初等发起,报请云贵总督丁振铎转请清政府核准,成立云南省商务总会(商会)。会址设在威远街,后迁于南城脚,最后拨用福照街旧抚左守备署为商会办事处。商务总会最初成立时,下设总理1人,协理1人,会董10人,帮董10人。有58个商业行帮(内含少数商帮)加入商会。④ 其后,下关、蒙自、腾越等地也纷纷成立地方商会组织。云南商务总会成立目的一是抵御列强的经济侵入,维护本省及国内其他省份在滇经商者"自有之权利";二是面向整个商界,"开通商智,扶持商

---

① 《苏州商务总会试办章程》,见《苏州商会档案》第3卷,转引自朱英《辛亥革命时期新式商人社团研究》,第96页。

② 《广东总商会简明章程》,《东方杂志》1904年第12期。

③ 《苏州商会档案》第152卷,转引自朱英《辛亥革命时期新式商人社团研究》,第97页。

④ 李春龙等:《新纂云南通志》(七),云南人民出版社2007年点校本,第112页。

业"，促成"众商团结，俾无涣散倾轧之虞"①。所以商会将其宗旨定位为："联络工商感情，研究工商学术，扩张工商事业，巩固商权，调处工商争议，维持市面治安。"②

辛亥革命后，商会曾一度奉军都督令改为云南全省商务局，短期兼理过商务行政事宜，性质仍为商民团体。1913年1月，仍改称云南商务总会，并增设商事公断处。同年，据省实业司调查，全省已填报设有商务分会的有墨江、洱源等37县，入会的商号及行帮共3132家。1914年4—8月，陆续成立的商务分会又有路南、中甸、个旧、沾益、文山、彝良、弥渡7县。③

1916年，云南商务总会改组为云南总商会，负责人改称正、副会长，扩大为会董60人，函聘特别会董10人，并继续设置公断处。1928年，民国政府颁布《修正商会法》及《商业同业公会法》。同年，昆明市商民协会成立。1929年，民国政府新颁布《商会法》及《工商同业公会法》，1931年2月，昆明市商会正式成立。市商会同样突破了行业和地域的界限，负责各行业间的协调工作，对当时商业的发展起到了积极的推动作用。据省实业司统计，至1938年时，全省上报依法成立商会的共计85个市、县。④

（二）云南省商会的性质和功能

商会属于社会团体，其所设总理、协理、会董、邦董等，均由商民选举产生。但在实际工作中，商会行使了很多管理工商事务和市场经济活动的职责，如负责调解、仲裁商务纠纷，负责评议物价、负责查处有关商人的案件，负责报呈商店的开、歇业等。因此，商会具有半官方性质。⑤

1906年，云南商务总会成立后，商会在诸多方面都发挥了积极作用，如搜集商情；打击奸商囤积米粮油豆柴炭等物资，究治欺伪行为，维护公平交易；保护商人免遭盗、抢及其欺行霸市的行为；处理商人之间的纠纷；禁止无故贱卖货物，保障众商家公益；支持商人开发改进新商品，编译商情商报；鼓励商人出洋贸易及出洋考察；统一市平；等等。成为有效

---

① 李春龙等：《新纂云南通志》（七），云南人民出版社2007年点校本，第113页。
② 云南省地方志编纂委员会：《云南省志》卷九，云南人民出版社1998年版，第8页。
③ 云南省地方志编纂委员会：《云南省志》卷十四，云南人民出版社1993年版，第45页。
④ 同上书，第45页。
⑤ 云南省地方志编纂委员会：《云南省志》卷九，云南人民出版社1998年版，第28页。

联络各行各业的新型商人组织。

在1913年5月云南商务总会商事公断处正式成立之后,其协调行业内外各种关系,处理商务纠纷的职能得到进一步凸显。公断处依据法规立于仲裁地位,纯以和解息讼为主旨,依据法规调处工商界的争执。[①] 该机构自成立到30年代初的20余年间,共经历了8届组织及职员更迭。先后担任处长的有陆胜武、雷恩溥、周汝成、施正坤、董铭章、施汝棋、严钦、尹守善、董灿章、杨淮清、张福坤、马纯龙、王华新13人,担任评议员的有204人,调查员有28人。所有职务均系名誉职,调处案件采取合议制。[②] 兹将云南商事公断处下属的昆明公断处处理商事纠纷的数据统计如下。

表3-2　　云南省昆明商事公断处案件数目（1913—1932）

年份	解决案件数	和解案件数	未决件数	合计
1913	88	30	31	149
1914	108	35	38	181
1915	53	31	33	117
1916	20	33	32	85
1917	32	38	32	102
1918	30	32	35	97
1919	53	39	37	129
1920	34	37	36	107
1921	47	34	30	111
1922	78	35	32	145
1923	166	33	31	230
1924	97	33	32	162
1925	82	32	22	136
1926	116	31	34	181
1927	167	34	38	239
1928	97	31	37	165
1929	132	37	30	199

---

① 云南通志馆：《续云南通志长编》（下册），云南省志编纂委员会办公室编校,1985年,第49页。

② 同上书,第51页。

续表

年份	解决案件数	和解案件数	未决件数	合计
1930	198	39	34	271
1931	139	32	32	203
1932	216	34	33	283
总计	1953	680	659	3292

资料来源：云南通志馆：《续云南通志长编》（下册），云南省志编纂委员会办公室编校，1983年，第49—50页。

从表3-2中可以看出，昆明商事公断处在昆明地区社会经济生活中扮演了举足轻重的角色。在1913年到1932年的20年间，昆明公断处共议各类商事案件3292件，其中1953件得到了解决，680件通过和解的方式得以处理，议而未决的案件为659件，在全部公议的案件中只占19.8%的比例，说明大多数案件都在昆明商事公断处的参与下，依法得到了解决[①]。

除以上基本职能外，商会还发挥了更广泛的社会作用，诸如督促商民执行政府法令；参与地方政治和地方公益事业，保护商民利益；抵制洋货，促进国货销售；举办新式商业教育，培养商业人才等。1935年，昆明市商会就曾开办过中式簿记培训班，招收学生百余人，学时一年。1936年将培训班改为"昆明市商业职业学校"，委任马筱春为校长，先后开办过初中部2个班，高中部1个班，补习部18个班，培养学生达500余人。[②]

近代云南商会的建立，改变了省内各地商人互不联系的分散孤立状态，通过各地区的下属分会和分所层层联结渗透，将散在的商人凝结成一个相对统一的整体。这样的组织形式突破了行业的限制，极大地增强了商会本身的政治和社会影响力，使其在云南地区的经济发展和社会进步中发挥出了更大的作用。

---

① 依据表3-2数据计算所得。
② 云南通志馆：《续云南通志长编》（下册），云南省志编纂委员会办公室编校，1985年，第847页。

第四章

近代云南对外贸易法律制度（1889—1937）

国家相关政策的制定和法律体系的建立是统治阶级为管理国家和社会各项事务所采用的有力方式。对外贸易政策是国家经济政策在对外经济关系中的集中反映，也是国内经济政策在对外经济活动中的运用。对外贸易法是指国家对进出口贸易进行管理和控制的一系列法律、法规和其他具有法律效力的规范性文件的总称。[①]

综合以上观点，笔者认为对外贸易法律制度是在国家对外贸易政策指引下，由统治阶级制定和颁布的一系列有关对外贸易的法律法规所组成的有机联系的统一整体。近代云南对外贸易法律制度是在历届政府对外贸易政策的指引下，由国家和云南相关部门所制定的对外贸易法律法规构成的规范体系，是云南省管理对外经济活动的主要依据，也是贸易部门（经营主体）借以开展进出口贸易活动的重要保证。

第一节 近代云南对外贸易法律制度的构架

对外贸易法是调整跨越国境的贸易活动法律规范的总称，主要包括调整平等主体间的商业交易活动的私法规范和国家对贸易活动进行管理的公法规范。对外贸易法的渊源主要包括国际公约、国际惯例和国家或国家集团的立法、规章。[②] 本节对近代云南对外贸易法律制度的研究着眼于国家对云南地区对外贸易活动进行调节管理的规范体系，以国家调节对外经济贸易过程中发生的各种社会关系为研究对象，旨在梳理近代云南不同时期

[①] 郭寿康：《国际贸易法》（第三版），中国人民大学出版社2009年版，第308页。

[②] 同上书，第2页。

的对外贸易法律制度的建构，比较不同时期对外贸易法律制度的变化。

一 近代云南对外贸易法律规范基本概念的界定

法律制度由法律规范构成，近代云南对外贸易法律规范是调整和规制国家调节近代云南进出口贸易活动之法，其对外贸易法律规范除具有自身的特点外，还具有相应的调整对象。

（一）近代云南对外贸易法律规范的调整对象

近代云南对外贸易法律规范其调整对象为国家对外经济贸易调节管理关系，即在国家调节对外经济贸易过程中发生的各种社会关系，它包括在国家调节中发生的国家（国家机关及其工作人员）同民间社会主体之间的关系；国家同有关国家之间以及各有关国家机关之间的关系。[①] 它是一种调节与被调节、管理与被管理的关系。上文所指国家调节是与市场调节相对应而存在的经济社会不可或缺的基本调节体制，它是指国家对社会经济的一种调节机制和调节活动，是国家直接接入社会经济生活，进行干预、参与和促导，排除社会经济正常运行中的障碍，并积极促进和引导其朝着国家意愿方向和轨道运行，以维护和促进社会经济协调、稳定和发展。[②]

国家对外经济贸易调节管理关系按不同标准，可以划分为以下不同种类。

1. 按国家调节对外贸易活动的基本方式，可分为国家对市场的规制关系、国家投资经营关系和宏观调控关系。国家对市场的规制关系是国家运用强制干预性调节方式对市场进行调节管理的关系。国家为一方主体，另一方主体主要是进行对外贸易活动的经营者。国家对市场的规制关系主要由市场障碍排除法进行调整。国家投资经营关系，是政府参与经济活动，直接投资经营企业或从事其他商业或金融活动过程中发生的各种社会关系。它包括：国家投资决策和实行过程中各有关国家机关之间、国家机关同社会组织之间发生的关系；在企业设立、组织与经营管理活动中国家主管部门相互之间、主管部门同企业之间和企业内部等方面的关系。宏观调控关系，是国家运用以促导为主的经济调节方式所发生的社会关系。在

[①] 此处借鉴漆多俊教授经济法的相关概念，即经济法是调整国家在社会经济过程中发生的各种社会关系，规范和保障国家调节，促进社会经济协调、稳定和发展的法律规范的总称。

[②] 漆多俊：《经济法学》，高等教育出版社2003年版，第4页。

国家对社会经济引导、促进和调控中所发生的社会关系主要包括：国家计划的制订和实施过程中各国家机关、国家机关同各类企业和其他经济组织之间的关系；国家各项贸易政策制定和实施中有关各方之间的关系；国家在运用各种经济调节手段和政策工具（例如税率、利率、汇率等经济杠杆）过程中有关各方面之间的关系。

2. 按国家调节对外贸易的目标和任务侧重的主要方面，可分为对外贸易运行调节关系与对外贸易结构调节关系。调节对外贸易运行，主要是控制对外贸易发展过程中各种总量增长变化的规模和速度，保障市场供给与需求的平衡，防止和克服贸易停滞或贸易额的大起大落。在这个过程中发生在国家机关之间、国家机关同经营主体等社会单位之间的各种社会关系。调节对外贸易的结构主要是协调各产业、各行业、各地区等之间的发展比例关系。在这方面发生在国家机关之间和国家同社会各方的社会关系。

3. 按照国家各种调节措施对进出口贸易直接涉及的部门，可以分为宏观调控关系与微观管理关系。宏观调控，是指国家对进出口贸易总体发展及其总量变化进行全局性和综合性的规划、组织、引导、控制和监督。微观管理，是指国家对各个具体的市场和企业等基本对外贸易活动单位实行的管理。国家调节从本质上说是宏观性的。但是，涉及对外贸易的经营主体是对外贸易活动的基础。经营主体的生机与活力，最终决定了对外贸易发展的整体效益和成果，并且宏观性的调控必须落实到经营主体的经济活动上。国家的宏观调控是否有成效，不仅取决于政策的正确、得当，更取决于经营主体对宏观调控措施是否作出积极、恰当的反应。因此，宏观调控与微观管理，是国家调节不可或缺的两个方面。正确的方针政策是宏观管好与微观搞活相结合的有效佐证。

（二）近代云南对外贸易法律规范的特点

近代云南对外贸易法律规范是国家对云南进出口贸易进行管理的法律规则，具有强制性、层次性、半殖民化的特点。

1. 强制性。国家对云南进出口贸易的管理，是国家强制力的体现。管理者与被管理者之间的关系是管制与服从、约束与遵守的关系。调整法律关系的方法和手段，是通过管理机构执行约束性的规范来进行的，所以体现出强制性的特点。

2. 层次性。近代云南对外贸易法律规范在管理主体方面既有国家行政机构又有群众自治组织；在法律规范的体系构成方面既包括国家立法又包括双边条约，二者形成一个纵横交错的管理网络，体现出层次性。

3. 半殖民化。近代云南对外贸易法律制度构建的背景是西方殖民者入侵，中国主权惨遭践踏，双边条约也是在列强的武力胁迫下，被迫签订的，其核心内容均是为满足殖民者经济掠夺的需求。1928年后，虽然收回了关税主权，但是殖民的痕迹仍然存在。

二 近代云南对外贸易法律制度的构成

近代云南对外贸易法律规范体系由中央政府和西方国家签订的条约、国家颁布的基本法、中央政府及海关总税务司署颁布的法律规范及各项通令、云南省颁布的地方性法律规范和政府规章以及云南各海关会同当地行政官员、英法领事制定的涉及本海关具体工作内容和工作程序的规章制度。其内容涉及市场规制、国家投资经营和宏观调控三方面的法律规范，既包括微观经济管理的法律规范又包括宏观经济调节的法律规范，是对从经济结构到经济运行整个过程进行的较为全面的规制。涉及税收制度、货物进出口的监管制度、缉私制度、进出境货物的检验制度以及反倾销措施等内容。

（一）条约

晚清政府和民国政府均与英法国家签订过针对云南对外贸易以及相关内容的条约。这些条约除涉及开埠通商，建立海关外，还包括进出口货物的监管、关税税则确定，缉查走私等具体事宜，属于总括性的规范性文件，是对外贸易管理和机构运行的重要依据。

表 4-1　　　　　　　　　云南对外贸易相关条约概览

名称	签约国家	日期
烟台条约	中国—英国	1876年9月13日
中法会订越南条款	中国—法国	1885年6月9日
中法会议越南边界通商章程	中国—法国	1886年4月25日
中法续议商务专条	中国—法国	1887年6月26日
续议滇缅界、商务条款	中国—英国	1894年3月1日
中法续议商务专条附章	中国—法国	1895年6月20日
续议缅甸条约附款	中国—英国	1897年2月4日
滇越铁路章程	中国—法国	1903年10月29日

续表

名称	签约国家	日期
关税条约	中国—英国	1928年12月20日
关税条约	中国—法国	1928年12月22日
陈列货样相互免税暂行章程	中国—法国	1929年4月1日
规定越南及中国边省关系专约	中国—法国	1930年5月16日
云南铁路草约	中国—法国	1936年2月20日

资料来源：王铁崖：《中外旧约章汇编》第一、二、三册，生活·读书·新知三联书店1982—1957年版。

从关税主权角度出发，以1928年为界，将以上条约分为协定关税时期和关税自主时期两个阶段。笔者认为，国民政府与西方列强艰苦谈判收回关税主权之后，自主提高了进口关税税率，对尚属稚嫩的国内工商业的发展起到一定的保护作用，同时对国民经济整体运行发挥着调节作用。但是从与云南有关的条约内容来看，特别是1930年中法签订的《规定越南及中国边省关系专约》对云南的对外贸易活动影响极大。虽然国民政府从成立开始，一直致力于废除不平等条约，限制洋货倾销，促进国货出口，但是由于越南过境税无法废除，还是在一定程度上制约了云南对外贸易的发展。这项税收直至1946年，中法在重庆签订《中法新约》时才彻底免除。在近代，大多数国家都相继免除了过境税，而法属越南对中国货物持续保留征收过境税，也就意味着法国殖民者对中国掠夺的变相延续。

（二）国家颁布的规范性法律文件

除以上条约外，国家层面也颁布实施了大量与对外贸易有关的法律、法规，搭建了对外贸易法律体系，从法律层面保障和推动了云南对外贸易的发展。

表4-2　　民国时期对外贸易法律规范概览

名称	颁布施行及修正时间
暂行工艺品奖励章程	1912年12月5日，1923年3月31日修正
农商部奖励规则	1912年5月
缉私条例	1914年12月30日
海常关与厘金各口卡发给机制洋货运单办法简章	1915年11月15日，1916年3月10日修正
华商机制土面粉领用空白运单办法简章	1916年11月7日

第四章 近代云南对外贸易法律制度（1889—1937）

续表

名称	颁布施行及修正时间
机制各种洋式棉货征税办法	1917年4月23日
国定关税条例	1917年12月15日
全国国货展览会条例	1923年4月14日
奖励国货办法	1924年4月
机制洋式货物税现行办法	1924年7月23日
出厂税条例	1927年7月23日
裁撤国内通过税条例	1927年7月23日
奖励工业品暂行条例	1928年6月18日
特种工业奖励法	1929年7月31日
海商法	1929年12月30日
海商法施行法	1930年11月25日
凡与外人订立运售铁、钨、锰、锑等矿砂契约须先由部核准方有效令	1930年8月15日
取缔洋货冒充国货令	1931年4月
倾销货物税法	1931年2月9日
倾销税法施行细则	1932年12月7日
商品检验法	1932年12月14日
中国国货暂订标准	1932年4月9日，1934年6月4日修正
实业部发给国货证明书规则	1932年4月9日，1934年6月4日修正
海关进口税税则	1928年12月7日，1930年12月29日，1934年6月30日，1935年12月2日修正
海关出口税税则	1931年5月7日，1934年6月8日，1935年6月25日修正
海关缉私条例	1934年6月19日
惩治偷漏关税暂行条例	1936年7月4日
防止陆运走私办法	1936年5月13日
防止陆运走私办法实施细则	1936年5月13日
金器禁止出口范围	1934年10月15日
运输银币银类请领护照及私带处罚办法	1935年1月23日
缉获私运银类银币处罚给奖办法	1936年11月23日修正
取缔运输银角通行办法	1933年4月6日
严查白银偷运出口给奖办法	1934年12月8日
稽查进口货物运销暂行规章	1936年5月23日

续表

名称	颁布施行及修正时间
设匦告密办法	1936年6月3日
缉获私货从优给奖办法	1936年6月3日
常关征收考成条例	1927年12月26日
进口货物原产国标记条例	1932年12月16日
海关缉私充赏办法	1929年6月29日
海关处置缉获走私船只办法	1934年7月21日
财政部所属缉私机关互相缉获私运货物处理章程	1936年2月20日

资料来源：施泽臣：《新编实业法令》，中华书局1924年版；商务印书馆编译所：《法令大全》，商务印书馆1924年版；中国第二历史档案馆、沈家五：《张謇农商总长任期经济资料选编》，南京大学出版社1987年版。立法院编译处：《中华民国法规汇编》，中华书局1936年版；徐百齐：《中华民国（现行）法规大全》，共5册，民国二十五年辑印，商务印书馆1937年重版。

此外，海关总税务司署为加强制度建设所制定的一系列全国通行的法规，包括《大清海关章程》《各国商船进出口下货物完纳钞税条款》《运出入内地货物事宜》《通商各口通共章程》《给发存票事宜》《发给免重征执照事例》《运出入内地征税给照验货各新例》《子口税章程》《沿岸贸易法》等规范。

纵观清末民国时期的对外贸易法律制度的变迁，整体都朝着专业、全面、系统的方向发展。以北京政府和南京国民政府为例分析如下。

1. 北京政府时期的对外贸易法律制度的构建

1913年袁世凯下令："凡关于保护兴业各法令，业经前清规定者，但于民国国体毫无抵触，应即遵照前次布令概行适用，次第施行。……由农林、工商两部，迅将各种应行修订法律分别拟议草案，提交国会公决施行。"[①] 1912—1916年，特别是张謇任工商、农林和农商总长的时期，是北京政府比较系统地制定与颁布对外贸易法律规范的时期。后期基本上是沿用，或对原有法律条文进行修正，对有些法律规范也会颁布具体实施办法。如1917年农商部《关于振兴实业奖励办法》和《提倡国货之训令》，

---

① 中国第二历史档案馆：《中华民国史档案资料汇编》第3辑，江苏古籍出版社1991年版，第15—16页。

1919年财政部《维持土货之训令》，1924年农商部《新发明物品给予奖励金》①等。

从内容上看，北京政府时期颁布的与对外贸易有关的法律规范主要涉及对外贸易管理和对外贸易促进两个方面。对外贸易管理方面除了沿用前清颁布的与"民国国体无抵触"的法律规范以及总税务司署颁布的一系列规章、通令以外，还制定了诸如《缉私条例》《海常关与厘金各口卡发给机制洋货运单办法简章》《华商机制土面粉领用空白运单办法简章》《机制各种洋式棉货征税办法》《国定关税条例》《机制洋式货物税现行办法》等具体规制对外贸易活动的法律规范。该类规范虽然归属对外贸易的法律文件，但是其制定初衷是振兴国货，抵制洋货、鼓励出口以保障本国经济的健康正常发展。所以以上法规多涉及裁厘减税的内容，包括有裁撤厘金、减轻出口税、增加输入税、增收消费税等财税措施。贸易促进方面的立法也颇为丰富，如1915年颁布的《农商部奖章规则》规定，对经营实业成绩显著的个人和团体给予荣誉奖励，其中"经营直接输出贸易者，其每年货价总额在10万元以上，营业继续满3年以上"②属于其8类奖励范围中的一种。1917年公布实施的《农商部奖励实业办法》进一步将重点放在振兴国货、取代洋货，补救货源短缺并加强对外贸易管理方面。奖励办法共5条，其中一条规定"每年能将国货运往外国销至10万元以上，而营业时期继续已逾3年者，给予一等奖章"③。除上述奖励规则之外，还制定了《暂行工艺品奖励章程》《全国国货展览会条例》《奖励国货办法》等法律规范。奖励范围涉及产品、行业或事务等诸多方面；奖励形式不仅限于名誉奖励，扩大到既可给予奖励金，又可在经营范围上给予执照许其专卖。旨在激励与调动经营者积极性，促进国内各项事业的顺利开展，以此推动对外贸易的发展。

北京政府对清末法规的沿用证明了近代法制进程是一个前后相续、不可割断的过程。同时，北京政府时期颁布对外贸易法律规范在近代对外贸易法律制度的构建和完善过程中也占有一席之地，发挥着承前启后的作用。总体来看，北京政府前期立法比较集中，后期则步伐停滞，很多法律

---

① 《北洋政府公报》第105、106期。

② 施泽臣：《新编实业法令》上编，中华书局1924年版，第195页。

③ 同上书，第197页。

草案，终无定案或未经议决，均未公布实施。张謇在 1914 年致全国商会联合会函中就坦言："今法律已颁行者十之二三，未颁行者十之七八。"① 法规数量整体稀少，在体系建构上也缺少某些门类，如商品检验、货物倾销等内容尚属空白。

2. 南京国民政府时期的对外贸易法律制度的构建

1927 年南京政府建立后，上至行政院、立法院，下至具体主管部门如农矿部、工商部、财政部，均进行了颇为积极的立法工作，制定和颁布了大量与对外贸易相关的法律法规。笔者分析，从颁布时间看，南京政府时期的法规制定大多集中在 1929—1933 年这个时期内。但是和北京政府时期不同的是，南京国民政府时期的立法工作并没有停顿，陆续有法律法规颁布，其总体数量也是北京政府的倍数以上，法律规范涉及的范围和领域有了很大扩展，对后世的影响也和前朝不可同日而语。

从法律规范的内容上看，南京国民政府制定的对外贸易法律制度较为系统。在对外贸易活动的规制和管理方面，除颁布了《凡与外人订立运售铁、钨、锰、锑等矿砂契约须先由部核准方有效令》《金器禁止出口范围》《运输银币银类请领护照及私带处罚办法》《严查白银偷运出口给奖办法》等规范进出口货物种类的法律文件外，还颁布了诸如《稽查进口货物运销暂行规章》《进出口及转口粮食查验登记章程》《进口货物原产国标记条例》等对具体对外贸易行为进行监管的法律规范。此外，对走私行为的缉查也进行了非常详细的规定，除修订了《缉私条例》外，还制定了《防止陆运走私办法》《防止陆运走私办法实施细则》等惩治走私行为的一系列法律规范，同时为提高缉查走私的效率，专门设置了《设甄告密办法》《缉获私货从优给奖办法》《海关缉私充赏办法》等规范，大大提高了缉私的积极性和准确性。在进出口贸易税收征收方面，颁布了《出厂税条例》《裁撤国内通过税条例》《惩治偷漏关税暂行条例》等法律规范，特别是关税主权收回之后，修订了《海关进口税税则》和《海关出口税税则》，使关税真正成为保护国民经济的屏障和调节进出口贸易的有效手段。值得一提的是《倾销货物税法》和《倾销税法施行细则》的颁行，在抵制其他国家的倾销行为，维护国内经济健康发展，完善对外

---

① 中国第二历史档案馆、沈家五：《张謇农商总长任期经济资料选编》，南京大学出版社 1987 年版，第 24 页。

贸易法律构架方面有极其重要的意义。在对外贸易促进方面，1929年《特种工业奖励法》所定"特种工业"，指"基本化学工业、纺织工业、建筑材料工业、制造机器工业、电料工业及其他重要工业"。随后公布的《奖励特种工业审查暂行标准》，则界定了这些工业类别的制造内容，如"其他重要工业"就具体指使用机器制纸、钟表、科学仪器、改良陶瓷、珐琅、制革、金属板片条管及线缆、橡胶、香料、机器车辆、船舶、飞机等制造业；凡创办以上工业的国民，可以获得专制权、减免运费和税收的奖励。1934年，南京政府公布《工业奖励法》（同时废止《特种工业奖励法》），"取消特种二字，扩大受奖工业之范围，并增加奖励金一项"①，凡应用机器或改良手工制造产品，在国内能够替代洋货、在国外市场上形成国际竞争的，或应用发明专利权、采用外国最新方法，在本国首先开工制造的，均可受奖励。奖励方法为：减免出口税、原料税，减低国营交通事业的运输费、发给奖金及五年以下区域性专制权。《奖励实业规程》则是对"凡创办或指导、推广、补助各种实业确有成效者"，普遍予以奖金等奖励。综观南京政府的各项奖励法规，其奖励对象大致分为四类：其一，基本工业，期望以此带动其他工业；其二，外销工业，目的是增加外汇收入；其三，新型工业，鼓励技术创新和进步；其四，进口替代工业，保护国货并改变外贸入超的局面。奖励方式也有6种，包括：发给奖章、匾额等荣誉；授予专利权、专制权；国有土地或建筑物的无偿使用；发给奖金或由国库按年发给补助金；减免各种税捐；减低国营交通事业所收水陆运输费。

南京国民政府所构建的对外贸易法律制度中，还有一个重要内容就是商品检验制度。1932年，公布施行的《商品检验法》及其配套法规共25项，广泛涉及蚕、丝、棉花、麻、糖、茶、桐油、蛋类、牲畜正副产品、油类、豆类、果类、火酒、人造肥料、植物病虫害等方面，就是对进出口商品质量进行规范、管理，以促进内外贸易的政策法规。随着法规的公布，在重要通商口岸如上海、汉口、青岛、天津、广州设立商品检验局。在南京、宁波、济南、沙市、万县、梧州、汕头、厦门、福州等口岸设立了商品检验分处。②

---

① 中国第二历史档案馆：《中华民国史档案资料汇编》第五辑第一编"财政经济"，江苏古籍出版社1991年版，第183页。

② 《我国商品检验之创办与其现状》，《中国实业》1935年第4期。

从法规延续上看，在南京政府的官方出版物中，将前政府及部门称作"前北洋政府"及"前财政部""前农商部"等，存在着对其制定的法律规范的"暂准援用"，如《缉私条例》和《机制洋式货物税现行办法》都属于暂准援用的范畴。北京政府的一些重要法规，并未因国民党政权的更替被废除，而是继续沿用或成为现行法规修订的基础。1912—1937年，对外贸易法律规范及规章的延续性再次印证了在法制近代化进程中法律的发展不能脱离历史而孤立存在。

3. 近代对外贸易法律制度的演进

法的演进是指某一个国家或者社会之中的法律制度在整体上从落后状态向先进状态的不间断的、长期而缓慢的进步过程。它包含了法律制度的整体变迁路径与推进进程。[①] 近代对外贸易法律制度是在中国惨遭西方列强入侵，主权丧失，民众奋起抗争的大背景下，受对外贸易的大幅度增长所推动，为规范日益繁盛的对外贸易活动，在政府的主导下建立起来的。对外贸易法律制度的发展是一个逐渐从模糊到明确，从简易到完备，从杂乱到体系化的过程。

清朝末年，民族危机日益严重，人民革命运动不断高涨，晚清政府面临政治和财政的双重危机。为了维持统治，清朝统治者不得不对其法律制度作出较大变革。

笔者认为，由于法制变革的目的和晚清政府性质的局限性，虽然改变了封建法律体系诸法合体的体系结构，但是，法制改革粗枝大叶的行为还是略显仓促，很多方面并没有深入下去。许多法律部门虽然有所考虑，但仅是有了初步设想或作了前期的筹备工作，并没有进入具体的立法程序。北京政府相较于晚清政府而言，在政治体制上发生了根本性的变革，为法制建设铺平了道路。新政府成立之初，根据当权需要，专门设置了法律修订部门，开展了较为频繁的立法活动。但由于其存续的大部分时间政局动荡，法规增补和创新难以为继，很多重要的法律都只是拟订草案，而未最终公布实施。南京政府相对于北京政府而言，不仅对已有法律作了大量的修订增补，使之成为正式立法，在数量上也有成倍地增加，而且在种类上也广泛涉及社会的各行业和各方面，可谓是近代对外贸易法律制度的集大

---

① 张文显：《法理学》（第三版），高等教育出版社、北京大学出版社2007年版，第205页。

成者。相对于前期对外贸易法律制度多项规范的缺位，南京政府既出台了有关对外贸易规制管理、对外贸易促进、对外贸易商品检验等多部法律，还公布了大量实施办法和施行细则。

可以说，南京政府已经形成了对外贸易法律制度，构建了对外贸易规制较为完备的体系，特别是《倾销货物税法》和《倾销税法施行细则》的颁布，在与国际立法接轨方面体现出前所未有的立法水平。

此外，在立法程序上也体现出法制的近代化进程。民国初年，法律规范的出台方式中，由政府部门长官提出，直接由大总统批准颁布的，占了相当数量。以大总统令的方式出台的具有法律效力的规范性文件，也有相当的份额。如北京政府工商、农商部在制定和颁布规范性法律文件过程中，时任总长张謇"鉴于法制建设刻不容缓，而政府法制局编订程序的迟缓"，他一方面"因为急需应用起见，建议将部分清末遗留草案颁定为现行法规"[①]；另一方面，向袁世凯呈准由所部先期制定单行法令。而政府法制局作为正式的制法机关，国会作为法定的立法机关，都未能起到应有的作用。因此，北京政府规范性法律文件的名称以条例、规则居多，而经过法定程序立为"法"的，仅《商标法》《民业铁路法》《证券交易所法》《会计法》《权度法》《印花税法》和《商会法》等寥寥几部。

所以说，民国初年的立法程序具有浓厚的个人色彩，在厘金、商会等方面，又存在对习惯势力和既成事实的迁就，这些都表明法律制度的不完善。

南京政府时期规范性法律文件的颁布施行在1929年之前须向行政呈准，1929年"训政时期"开始后，须经立法院通过并交由中央政府公布。这一程序也是对外贸易法律规范制定和出台的正常途径。1929年5月政府公布《法规制定标准法》，对立法程序和立法权限有了明确的界定。第一条"凡法律案由立法院三读会之程序通过，经国民政府公布者定名为法"；第三条"凡条例、章程或规则等之制定应依据法律"；第四条"条例、章程或规则不得违反或抵触法律"；第五条"应以法律规定之事项不得以条例、章程、规则等规定之"[②]。相对于北京政府的人为因素和非常

---

① 中国第二历史档案馆、沈家五：《张謇农商总长任期经济资料选编》，南京大学出版社1987年版，第25页。

② 立法院编译处：《中华民国法规汇编》第一编，中华书局1935年版，第67页。

途径而言，该法律的公布施行是法制进程中重要的一步。

综合以上内容，南京国民政府时期是近代对外贸易法律制度健全和完善的重要时期，不论从法规数量、调控范围、效力等级和立法程序上看都体现出了对外贸易法律制度的历史进步。

（三）云南省颁布的规范性法律文件

云南省依据国家颁行的法律规范，结合本省的实际情况，也颁布了专门适用于本地区对外贸易活动开展的规范性法律文件。

表4-3　　　　　　　　云南省对外贸易法律规范概览

名称	颁布施行及修正时间
云南征收厘金暂行章程	1917年，1921年修正
土货出口章程	1919年
云南省征收内地厘金暂行章程	1925年7月1日
修正云南禁止生银银币出境条例	1929年5月23日
云南禁止现金出口广毫入口惩奖条例	1930年1月3日
云南省财政厅征收特种消费税章程	1931年1月1日，1935年2月修正
云南省财政厅征收特种消费税章程实施细则	1931年1月1日，1935年4月修正
云南省财政厅征收特种消费税章程管理细则	1931年1月1日，1935年4月修正
云南省财政厅稽征收条银出口税办事细则	1932年1月12日
拟定征收大条银复出口收税条例	1932年1月12日
云南富滇新银行大锡押汇章程	1933年7月17日，1934年7月19日修正
云南富滇新银行预买特货汇款章程	1933年7月17日，1934年8月6日修正
云南省建设厅公务人员服用国货委员会章程	1934年7月30日
云南省奖励工业暂行条例	1935年5月30日
云南省奖励工业审查暂行标准	1935年8月21日

资料来源：云南省政府编印：《云南省现行法规汇编》（上、下册），民国二十三年；《云南省现行法规汇编（续集）》第一集、第二集。

从内容上看，云南省除了贯彻执行国家的对外贸易法律规范以外，在对外贸易货物种类限制、税收征收以及对外贸易促进等方面制定了相应的规范性法律文件，以管理和推动云南对外贸易活动的有序开展。如云南省对白银出口的限制，先后颁布了《修正云南禁止生银银币出境条例》《云南禁止现金出口广毫入口惩奖条例》《云南省财政厅稽征收条银出口税办事细则》《拟定征收大条银复出口收税条例》等法律规范，其中不但规定

第四章　近代云南对外贸易法律制度（1889—1937）　　153

了违禁行为的界定、缉查机构、处罚办法，还规定了举报奖励等内容。《云南禁止现金出口广毫入口惩奖条例》就规定："本省边地与缅越及外省接界之平彝、罗平、河口、开化、广南、富州、腾越七属，均委派专员会同地方官切实禁止生银银币出境，此外各属则分别委派县长、行政委员、税务委员、县佐等一律认真查禁。"① 同时还规定："凡违禁绕越贩运或挟带生银银币出境，一经官吏查获，即将带运之生银币全数充公，其充公之款以十分之五充赏，以十分之五报解财政厅核收。"其中对于官员渎职和受贿也列出了极为严厉的惩治办法，如"奉行不力及藉故滋事者"从严惩处；"受贿私放及舞弊者"枪毙。

在对外贸易促进方面，颁布了《云南省建设厅公务人员服用国货委员会章程》《云南省奖励工业暂行条例》《云南省奖励工业审查暂行标准》等章程条例。如《奖励工业暂行条例》规定了8种奖励的类型，"制品能大宗行销外埠者"属于其中之一，奖励办法包括延长专利期限；制成品减少或免除本省各项税捐；原料来源酌量减少或免除本省各项税捐；发给奖金以及授予荣誉等举措。此外，云南省政府在货物税收方面也颁布了一些规章条例。诸如《云南征收厘金暂行章程》《土货出口章程》《云南省征收内地厘金暂行章程》和《云南省财政厅征收特种消费税章程》等。这些规章条例的制定一方面是为了解决云南省出现的财政问题，但另一方面，特别是龙云政府时期发布的征收特种消费税的有关规定，详细区分了本地产品和进口产品的种类，制定了不同的税则，税收上的优惠对本省货物的出口无疑是一种切实的鼓励，极大地调动了本省工商从业者的积极性，推动了本省对外贸易的发展。

(四) 云南省各海关制定的规范性法律文件

除以上国家颁布和云南省颁布的规范性法律文件外，云南省各海关还根据各关的实际情况，会同当地行政官员、英法领事，分别制定涉及本海关具体工作内容和工作程序的法律规范，包括《蒙自关通商章程专条》《蛮耗分关通商章程专条》《思茅关通商管理章程》《腾越关会订试办章程》《云南府分关章程》。除此以外，针对海关的某项职能或监管领域，各海关也颁布一些法律文件，如货物监管方面制定了《河口分关对航行于红河运载进出口货物木船的监管办法》《河口分关管辖铁路所载各洋货

――――――――――
① 云南省政府编印：《云南省现行法规汇编》上编，财政卷，民国二十三年，第3页。

进口土货出口章程》《蒙自关碧色寨车站分关章程》《关于空运出口包裹的规定》等法律规范。

国家法规与国际条约相互配合，基本法与地方性法规相互衔接，初步形成了近代云南对外贸易的法律制度体系。

第二节　近代云南对外贸易的监管法律制度

本节在法规整理的基础之上，具体就货物进出口的监管制度、缉私制度、进出境检验检疫制度和反倾销措施展开研究，旨在说明近代云南对外贸易法律制度在延续和变革的过程中朝不断完善的方向发展。

一　货物进出口的监管制度

货物进出口的监管制度是对外贸易法律制度的重要组成部分。凡是进出境的运输工具、货品、行李物品、邮递物品和其他物品，必须通过设立海关的地点进境或出境，接受海关监管和检查。海关通过接受申报、查验、征税、放行等工作流程，监督货物的合法进出。

云南地处西南边陲，国内与贵州、广西、四川、西藏相连，国外与老挝、越南、缅甸接壤，与上述三国边界线总长达 4060 公里。[①] 同时，云南还与泰国、柬埔寨毗邻。从地理位置上看，云南正处于中国大陆和南亚、东南亚地区的结合部，具有得天独厚的区位优势，成为西南地区对外交往的门户。由于云南地处高原，境内山岭盘结，沟壑纵横，形成了中原地区与云南的交通阻隔。云南海拔较高，河川山脉由云南延伸至东南亚，造就了云南"对外交通和出海通道北阻南敞、东西贯通"[②] 的特征。

独特的地容地貌，决定了云南货运方式多样，也使云南海关在监管进出境货物方面具有不同于外省口岸的工作特点。云南有驮畜货运、木船货运、铁路货运、公路货运及 20 世纪 30 年代兴起的航空货运，海关针对以上运输方式和运输路径分别制定了较为详尽的规范。

（一）驮畜货运的监管

蒙自、思茅、腾越三个关口离边境都有较远的距离。在清宣统二年

[①] 《当代中国》编辑部：《当代中国的云南》上册，当代中国出版社 1991 年版，第 3 页。
[②] 陆韧：《云南对外交通史》，云南民族出版社 1997 年版，第 5 页。

（1910年）滇越铁路通车以前的蒙自关到边境口岸要经过陆路或水路联运，腾越关、思茅关与边境口岸之间只有陆路相连，对进出口货物的监管都是以陆路货运监管为主。这些关从设关开始后的较长时间内，驮畜（主要是马帮）运输是进出境货物的主要运输方式，这种运输方式一直延续到20世纪50年代。

1910年以前，蒙自进出国境的主要通道是从蒙自由马帮陆运至蛮耗，从蛮耗用木船沿红河水运经河口到越南老街或河内，河内有轮船通海防。运往香港的货物在海防装船，从蒙自到海防共646公里，途中运输时间一般为22天。1890年蒙自关开关初期，在蒙自与蛮耗之间驮运进出口货物的马匹约有40822匹，其中驮运进口货物的约18054匹，驮运出口货物的约22768匹。每匹马驮运的平均重量约30公斤，每天行程约40公里。1892年驮运进出口货物的马匹增至73118匹，其中驮运进口货物的37152匹，驮运出口货物的35966匹。进出口驮运马匹最多的是1906年，大约为206142匹，其中进口驮运139070匹，出口驮运67072匹。① 此外，还有一条从文山经马关到越南或者经麻栗坡到越南的陆路通道，但贸易量较小。

蒙自关对驮畜运输的进出口货物，按照1886年签订的《中法越南边境通商章程》及1889年制定的《蒙自正关通商章程专条》（以下简称《专条》）进行监管。其中，对于货物报关的规定，如《中法越南边境通商章程》第六款列明："凡进口之货，由法国商民及法国保护之人运至边界通商处所，已纳进口税，即可照《善后章程》第七款及海关通行运洋货入内地税单之定章，准其入中国内地销卖。凡各项洋货进云南、广西某两处边关者，于到关时，即将货色、件数及运货人姓名报明，由关派人查验属实，按照中国通商海关税则减五分之一收纳正税。"② 第七款规定："凡法国商民及法国保护之人，赴中国内地各处购买土货运至边界通商处所出口入北圻者，均可照《善后章程》第七款运货出口之例办理。凡各项土货运出云南、广西某两处通商处所，于到关时，即将货色、件数及运货人姓名报明，由关派人查验属实。"第十款规定："进出口之货到中国

---

① 云南省地方志编纂委员会：《云南省志》卷三十二，云南人民出版社1996年版，第61—62页。

② 王铁崖：《中外旧约章汇编》第一册，生活·读书·新知三联书店1982年版，第478—479页。

边关，即请查验，不得逾十八个时辰，如逾期不报，每日罚银五十两。"①《蒙自正关通商章程专条》则在《中法越南边境通商章程》所定条约基础上进一步细化，如《专条》第三款规定："货到报关。凡有货物或由北圻，或由内地贩运北圻，到蒙自关卡界内，在十八个时辰以内务须报关。用汉文、英文两单，开明货物件数、包外字号，或斤数，或尺数，或估价，以便算其应纳之税。并填明由何处来，往何处去，及运货人名。如有货物十八个时辰以后该商未曾报关，每耽搁一天，罚银五十两。惟此罚银，至多不过二百两。如有货商假报其货之斤两、货色，希图漏税，该货应罚入官。"②此外货物查验手续，《专条》第五款规定："凡货物，必运至验货厂，查验以后，由关发给验单，注明该货应税之银数。"③ 除申报、查验程序以外，以上条约规范还对禁止进出口货物的种类作出明确规定，如《中法越南边境通商章程》第十四款列明："两国议明，洋药、土药均不准由北圻与云南、广东、广西之陆路边界贩运买卖。"第十五款规定："谷米等粮，不准贩运出中国边关。如系进关，准其免税。至火药、弹子、大小枪炮、硝磺、青白铅，一切军器、食盐及各项有坏人心风俗之物，均不准贩运进关，违者即查拿全罚入官。其军火各项，如由中国官自行采办，或由商人特奉准买明文，须由关查验明确，方准进关。日后可由中国大员先商法国领事官，准将兵器、军火过北圻运进边界，则法国关全行免税。至一切兵器、军火及各项有坏人心风俗之物，亦不准贩运进北圻。"④

1909 年，滇越铁路通车至碧色寨后，蒙自的大锡等出口货物不再运至蛮耗经水路出口，改从蒙自运至碧色寨，在碧色寨分关报关查验后，进口货物多数也从碧色寨运往蒙自。因此，从 1909 年开始，对大宗进出口货物改按碧色寨分关、河口分关对铁路货运的办法监管，当年，进出境马匹下降至 10474 匹。⑤ 民国元年（1912）以后，海关统计已无进出境马匹

---

① 王铁崖：《中外旧约章汇编》第一册，生活·读书·新知三联书店 1982 年版，第 479 页。
② 李春龙等：《新纂云南通志》（七），云南人民出版社 2007 年点校本，第 102 页。
③ 同上。
④ 王铁崖：《中外旧约章汇编》第一册，生活·读书·新知三联书店 1982 年版，第 481 页。
⑤ 云南省地方志编纂委员会：《云南省志》卷三十二，云南人民出版社 1996 年版，第 63 页。

的详细记载了。

思茅位于云南省南部，澜沧江下游，思茅关管辖的边界线长达700多公里，进出境的通道很多，都是山区小道。思茅与缅甸、越南、泰国、老挝都有贸易往来，由于交通不便，经济落后，可供出口的商品很少，从设关以来，进出口总值一直只占全省的2%—3%。主要通道有，从缅甸经勐阿、勐马、孟连到思茅，从缅甸康东、勐养经打洛到思茅，从泰国过南腊河经橄榄坝到思茅，从越南东京经老挝、勐腊到思茅。进出口货物全靠马帮驮运，从边境口岸到思茅，途中最短时间为9天，最长时间为15天。思茅关按照《思茅关通商管理章程》对进出口货物进行监管。其中，对于货物报关的规定，如第三款规定："凡有进口、出口货物到关，商人务须用汉文、法文报关。如有他国商人，即用汉文、自己本国之文报关，开明货物名色、件数，或斤两，或估价，并由何处运来，运往何处去。进口货物务必在十八个时辰内报关，如过时候，每日罚银五十两。惟此罚至多不过二百两。如有假报斤两、货色，该货罚充入官。"对于货物查验的规则，如《章程》第五款规定："凡货物，必运到关查验后，由关发给验单，注明该货应完税银数。"[1]

棉花、鹿茸是思茅的主要进口货物，但沿思茅一带的边境地区也出产这些产品，只是产量很少。在思茅设关初期，棉花、鹿茸类货物运经思茅一律视为进口货物，要征收进口税。20世纪30年代初，为区分从国外进口与边境本地区出产之产品，思茅关规定，进口货物经过打洛、孟连、勐龙等边境关卡时，每件货物都盖上关卡验讫章，报单副本两份，一份由商人护运随货物至思茅，另一份送思茅关核查。为防止商人不向思茅关申报纳税，商人必须在边境关卡办好担保手续。但实行这种办法以后，商人逃避关税的情况仍时有发生。

在思茅地区，驮运进出口货物的马帮从小道越境，走私偷税的情况更为严重。按照规定，驮畜作为货物出口，要征收关税，但以马帮名义出境可免征关税，马帮驮运货物到国外后，商人往往把驮畜出售，逃避关税。为了改变这种状况，思茅关与腾越关参照沿海海关对民船的管理规定，曾经探讨过一些管理办法。如驮运进出口货物的"马锅头"[2]要向海关登

---

[1] 李春龙等：《新纂云南通志》（七），云南人民出版社2007年点校本，第104页。

[2] 马锅头即马帮负责人。

记，由海关发给他们每人一本登记卡，登记"马锅头"的姓名、马匹数量、来往路线、携带武器等情况，进出国境时交海关查验；对每匹马打上印记，防止调换；马帮应按指定路线进出国境等。但这些办法实际上难以操作。因为"马锅头"的马匹都是根据驮运货物的数量临时组织的，这些马匹分属于几个主人所有，货物驮运完毕，马匹就归还主人。马匹在途中还经常死亡，马匹的数量常有变化，而且海关没有足够的巡回查缉力量，促使马帮按指定的路线进出国境。因此，长期以来海关无法对进出境的马帮进行监管。

腾越位于云南省西部边陲，是滇缅贸易的重要通道。在滇缅公路通车前，从腾越经蛮允或蛮线到缅甸八莫，从腾越经盏西、牛槛河到缅甸密支那是最重要的交易通道。此外，从保山经芒市到缅甸南坎，从临沧经耿马或镇康到缅甸腊戌也是滇缅贸易的通道。据腾越关统计，1912—1918年间，从腾越进出境的马帮每年平均82000匹；1919—1921年，每年增至102000匹。①

腾越关对驮畜运输的进出口货物按照1894年中英签订《续议滇缅界、商务条款》及1901年制定的《腾越关会订试办章程》进行监管。其中，对于货物报关的规定，如《腾越关会订试办章程》第二款载明："洋商如有进出货物报关须写汉英文报单各一张，内开货物名称、件数、价值等情况，并注明该货从何处来在何处去，以便查核。"第三款规定："由缅甸运来各货物须经过蛮允先报本关分卡请领放行单再装腾越由本关查验核税。"第六款规定："土货出内地往缅甸，本关所发之放行单须带回货物至蛮允分卡查销。"同时第十一款还进一步明确了运货入内地时报关单据的填写内容，包括："洋、华各商请领执照运洋货入内地须在报单内写明系何货色、何月何日运到腾越，该货系往内地何处各等情况，由本关查验相符后该商前往官银号补纳半税，发给执照准其前往。"② 此外，《续议滇缅界、商务条款》也对禁止进出口货物的种类作了相应规定，如条约第十条载明："凡以下所开军器，非经国家准购，不得由缅甸运入中国，亦不得由中国运往缅甸。此等货物，仅准销售与奉国家明谕购办之人，不得售与他人，如各种枪、炮及实弹、开花弹、大小弹子，各种军械、军火、

---

① 云南省地方志编纂委员会：《云南省志》卷三十二，云南人民出版社1996年版，第64页。

② 同上书，第65页。

硝磺火药、炸药、棉花火药及别种轰发之药。"第十一条规定："食盐，不准由缅甸运入中国；中国铜钱、米豆、五谷不准运往缅甸；鸦片及酒不准两国边界贩运出入。惟行路之人准其酌带若干以备自用，每人准带之数，照关章定夺。若犯此条及前一条，即将所有之货充公。"[①] 在该条款中对于私贩违禁物品的处理方式也有所提及。

(二) 木船货运的监管

蒙自的进出口货物采取水陆联运。蛮耗与河口之间是水上运输，距离为91公里。在红河运输货物的木船有3种，大船载重5吨，中船载重2吨，小船载重1吨，小船又称匙羹船。[②] 水运以中、小船为主。在正常情况下，从越南海防到蒙自的日程是海防到河内轮船行驶1天，河内到老街木船行驶12天，老街至蛮耗木船行驶7天。[③] 开关初期的1890年，经红河运输进出口货物的船只1267艘，运输货物3864吨，1897年已增至5553艘，运输货物13000吨，木船进出口的最高年份是1907年，运货船只达18431艘，运输货物57369吨。[④] 红河水道多险滩急流，航运困难。雨季河水暴涨，急流汹涌，每年都有三四十艘货船翻船遇难。逆水上行时，须三船同行，过滩方能互相帮助。在阴历4—8月间行驶的船只很少，基本上处于停航状态。水运的另一个问题是，船只经常遭到抢劫。蒙自关开关第二年，船队在越南境内遭抢劫损失的白银达3万两。1902年，蛮耗到河口间有37艘货船被劫，越南境内有29艘货船被劫，受害商号23家，损失白银4万两，红河航运一度停止。[⑤] 1903年，由蒙自商号筹款，在红河上设立水师一营护送商船，从此红河水道才得以安宁。

蛮耗位于红河北岸，属蒙自县的一个村落，是蒙自进出口货物水陆联运的必经之地。蛮耗辟为通商口岸后，开设了20多个仓栈储存进出口货物。蒙自关设立之初，蒙自的进出口货物都在蒙自纳税，河口分关设立

---

① 王铁崖：《中外旧约章汇编》第一册，生活·读书·新知三联书店1982年版，第579页。

② 李春龙等：《新纂云南通志》(四)，云南人民出版社2007年点校本，第31页。

③ 李春龙等：《新纂云南通志》(七)，云南人民出版社2007年点校本，第108页。

④ 云南省地方志编纂委员会：《云南省志》卷三十三，云南人民出版社2001年版，第629页。

⑤ 海关总署总务厅、中国第二历史档案馆编：《中国旧海关史料》第36册，京华出版社2001年版，第317页。

后，进口货物在河口分关纳税，蒙自的出口货物仍在蒙自关纳税，蛮耗分关只对元江、三猛等处及蛮耗与红河对岸越南的一些村落之间的进出口货物办理纳税手续，但进出口数量很少。因此，蛮耗分关（后改称蛮耗分卡）的主要任务是按照1889年制定的《蛮耗分关通商专条》（以下简称《专条》）对进出口货物及木船进行监管。《专条》规定：商船进口必须在蛮耗分关界内停泊；商船要载货出口，货商必须将下货单据报关，经分关查验盖章后，方可装载货物。对于货物报关程序，《专条》亦有明确规定，针对货物进口，第四款就载明："凡商船进口之舱口单，须由该船主认保无讹。该单内应将舱内所有一切货物件数、包外字号详细载明。倘查有呈递假单者，该船主应照章重罚。如系但有错误，在递单后十二个时辰内请改正者，免其议罚。"货物出口时，按照第九款和第十款的规定，由货商先将下货单报关，经分关查验盖章后，货物方可装船。下货单的填报必须注明货物名称、件数、斤数、尺数、包外字号，与出口税单同时呈报。为了防止货商隐而不报，《专条》还制定了严密的查验制度，如第十五款规定："凡商船下齐货物，须呈出口舱口单，将舱内出口一切货物件数、包外字号详细开载呈关。如递假单，船主照罚。"第十六款："凡商船欲开行时，必先报知，由该分关派人到船，将下货各单通行查封，并核知各项税钞均已完清，即准给发船钞执照出口。"[①] 纵观整个流程设置细致而周密。

河口设分卡时期，商人从河口对岸的保胜（越南老街）运货至河口时，须将货物的名称、件数、装船若干艘，开单向河口分卡呈报，河口分卡查验后，货物改装驮马运输，由河口分卡填单报告蛮耗分关，再由蛮耗分关转报蒙自关，以凭查验征税。出口货物凭蒙自关的税单及蛮耗分关的查验单证放行。河口分关设立后，进口货物在河口分关完税，发给"洋货进口税单"，运往蛮耗、蒙自，出口货物由蛮耗分卡查验蒙自关发给的"土货出口税单"运往河口，经河口分关查验后，放行出关。河口分关每月将收缴的出口货物完税证退交蒙自关，由蒙自关与蛮耗分卡的单证存根互相核对，以便查明货物是否按时出口。河口分关对航行于红河运载进出口货物木船的监管办法如下：

（1）凡在河口分关登记过的船只才准其经营贸易，每一艘登记过的

[①] 李春龙等：《新纂云南通志》（七），云南人民出版社2007年点校本，第102—103页。

船只需在船头桅杆或龙骨上标印出登记号码。

（2）载有进口货物的船只到河口时，须靠近河卡停泊。由船主携带他的吨税证明向值勤人员报关。值勤人员将船只有关事项记于《民船工作日记》上，将船只抵达日期记于吨税证明背面。船主到河口分关报明载货情形，由分关发给货物。上岸准单。河卡值勤人员审查无误后，便准货物登岸。

（3）出口船只装货前，须向河口分关呈递报单，由分关发给装货准单，交由河卡值勤人员监督装货。货装完毕后，准备结关时，由船主向分关报告，将吨税证明交给桥卡值勤人员（吨税证明有效期4个月，如过期，由分关另发一张新证）。河卡值勤人员收到装货准单和吨税证明后，将船只有关事项记入《民船工作日记》上，将船只离去日期记于吨税证明背面，然后下船检查，给船只结关。①

滇越铁路通车后，在红河上载运进出口货物的木船很少。河口分关只派两名巡丁在稽查员的带领下在河卡值勤，每日须造具河面工作报告送分关审阅。商人自河口报运应税进口货物至红河沿岸各地，要向海关申报纳税，领取准运证。由红河沿岸其他地方运来大米、稻谷、木炭等也须向海关申请，发给上岸准单，海关派员查验后，货物才准上岸。

（三）铁路货运的监管

在清朝末年至中华民国时期，云南省已经有滇越铁路通往国外。滇越铁路从昆明至河口要经过三个海关机构，即蒙自关所属的河口分关、碧色寨分关及云南府分关（后称昆明关）。蒙自关规定，运入河口、碧色寨间各地的进口货物，由河口分关监管，运入碧色寨、云南府间各地的进口货物，由碧色寨分关监管，运入云南府的进口货物由云南府分关监管；出口货物亦照此分工。河口分关和碧色寨分关对进出口货物进行监管的主要依据是蒙自关税务司与滇越铁路总办于1908年共同制定的《河口分关管辖铁路所载各洋货进口土货出口章程》和1909年制定的《蒙自关碧色寨车站分关章程》。以上两部章程均对进出口货物的报关和查验程序作出了详细规定。如《河口分关章程》规定：河口运进货物。火车到站，该站必须在36小时之内将所运货物的号头、重量、数目，逐开清单并画押向海

---

① 云南省地方志编纂委员会：《云南省志》卷三十二，云南人民出版社1996年版，第71页。

关呈报。海关在 24 小时内发给海关放行单。货物没有放行单,不能将货运出站界。货物出口外运时,未领海关下货准单的,不得上货。货物装完,必须将出口清单和下货准单一并交到海关换取红单方可出站。空车出关,不须红单,但应计车数、吨数,造册送关。①《碧色寨车站分关章程》也分别对进口货物和出口货物的报关、检验步骤进行了规定。如:"凡有洋货由河口运进蒙自或蒙自以北车站,若在河口未曾报关者。均须装载由海关封固之车内到站,该车一到海关验货厂,由站主报知海关,海关人员与站主或其所派人员、会同查验各车之号数封条,如有不符暨拆动情事,即行核办。凡有自国外来,经由河口之火车到站,其各封车清单立即报交海关。火车封条,惟海关人员方可照拆。"对于出口货物则按照"凡货物装联运火车运往越南各站,或在蒙自碧色寨车站装车,或在别处车站装车,通过该车站时,该站在查明领有海关准单者,方可准其装车或通过。凡货物装联运火车,运往越南各省者,装毕时,即将出口清单并下货准单呈送海关,通关于 24 小时以内,每一列车应发红单一纸,方可出站,未领红单者,概不得出站,所有经过国境,开往外洋之货车,该站主可请由蒙自关加封"②。

随着近代交通方式的推广,云南新式对外交通运输体系逐步建立,云南也进入到以近代新式交通为主的对外交通新时代。20 世纪 30 年代以后,连接云南与国外的两条国际大通道滇缅公路和中印公路相继建成,对外交流更加便捷、频繁,给云南对外贸易的发展提供了新契机。此外,云南民用航空事业也开始起步,多条国内外航线的开通,为云南对外贸易的发展奠定了良好的运输条件。针对这两种新兴货物运输方式,云南海关也颁布了监管公路货运以及航空货运的规章制度,对公路、航空运输进行全方位的监控和管理。

二 缉私制度

走私是指违反一国的法律规定,非法运输、携带、邮递货物、物品进出关境,逃避海关监管,以达到偷税牟取暴利或其他目的的违法行为。③

---

① 云南省地方志编纂委员会:《云南省志》卷三十二,云南人民出版社 1996 年版,第 73 页。

② 同上书,第 74 页。

③ 《中华人民共和国海关法》第八十一条。

云南与越南、缅甸、老挝三国接壤，陆地边界线长，通道多，走私现象较为突出，缉私一直被列为主要工作之一。

(一) 云南地区走私概况简述

云南设关后，由于实行中法、中英陆路进出口税减税办法，税率较低，因此除鸦片、食盐外，其他走私货物很少，加之外商从口内运输货物出口，只要纳完子口税后，便可免纳内地较高的厘金税，因此正当商人一般不愿走私。据海关贸易报告记载，蒙自关区走私进境的私货主要是海盐，走私出境的货物主要是鸦片。大部分走私鸦片和盐是从火车上掷于南溪河中再由船只装载偷运至越南或中国。该种情形一直延续到中国收回关税自主权后。

1929年，南京国民政府通过与西方国家的多次交涉，基本收回了关税自主权。为增加财政收入，稳固其统治，国民政府加强了对海关的控制。随着税则的修改和税率的大幅度提高，走私现象也不断增加，"缉私事务，遂成为海关第一要政"①。云南自中法、中英陆路进出口税减税办法停止执行后，进出口货物税率较过去有很大提高，滇越、滇缅边界走私现象开始逐渐增多。走私的货物种类也大幅增加。其中，走私入境的货物主要是煤油、海产品、染料、肥皂、毛货、纸烟和酒等，走私出境的货物主要是鸦片、桐油、金银和麝香等。

1933年，思茅关区食盐走私较突出。磨黑井、石膏井生产的食盐来报关纳税的只是一小部分而已。在思茅关区棉纱、棉布、鹿角等是走私入境的主要货物。走私者经常利用三面坡、橄榄坝、孟连等商路进行走私活动。1933年，思茅关区进口的棉纱在2000担左右，但报关的仅800担。②

(二) 缉私法律体系的建构

有关缉查走私的法律规范是海关行使监管、缉私职权的依据和行为规范准则。云南构建缉私制度首先从厘定缉私章程条例入手，逐步完善缉私法律体系。

近代海关建立之初，缉私就被列为管理工作的重中之重。从1843年中英签订《五口通商章程：海关税则》起，就对货主交易货物隐匿不报、

---

① 黄胜强等编译：《旧中国海关总税务司署通令选编》第3卷，中国海关出版社2003年版，第259页。

② 海关总署总务厅、中国第二历史档案馆编：《中国旧海关史料》第114册，京华出版社2001年版，第60页。

假报等行为予以罚银两百或五百的处罚。在1862年订立的《长江收税章程》中，对走私货物直接予以"没收入官"的处罚。如《章程》第二条："……任何船舶，已经发现其进行武器或其他军火贸易，即将予以没收入官。"第七条："若使用之民船所载货物与准单不符时，则按保结，即予没收，款项上缴中国政府。"① 众多条约文件中，对货物走私大都有所提及。此外，海关总税务司还发布了很多有关缉私的通令，如"海关办理商人运货私越过卡或拒付子口半税章程""总理衙门敦促各关税务司加紧缉私""为下达有关查缉及没收私货应遵循之总方针事""为总税务司对有关盐走私等事之指令""为总税务司有关走私问题向政府之建议事""为伪报之武器弹药邮包处理办法事""为总税务司对航运公司走私责任之又一批示事"等。

  蒙自、思茅、腾越开关后，查缉走私偷漏税行为除依据中央政府颁发的相关法律文件和海关总税务司署发布的通令外，还要依据清政府与西方国家签订的条约内容办理。这些条约包括《中法会订越南条约》《中法会议越南边界通商章程》《中法续议商务专条》以及《续议滇缅界、商务条款》。除以上条款内容外，云南海关缉查走私的法律依据还有各个海关开关时制定的章程，如《开办蒙自正关通商章程专条》《蛮耗分关通行章程专条》《开办思茅正关通商章程专条》《云南省城南关外商埠总章》《腾越关会订试办章程》《河口分关管辖铁路所载各洋货进口土货出口章程》《蒙自关碧色寨车站分关章程》和《云南府分关章程》等章程。

  在中国收回关税主权后，为了进一步规范海关缉私行为，国民政府于1934年6月19日颁布《海关缉私条例》。《条例》明确规定了海关员警执行缉私时的搜索对象、空间和时间范围及扣留货物的程序，并对走私行为的构成及对违章货物、货主、报关行、舟车运输工具等的处分都作了详细的规定。全文共35条，主要内容为：海关缉私人员有权赴有关场所勘验搜索或询问，并得扣押货物；国际贸易船舶驶进非通商口岸应予没收，并处以罚款；船舶违抗海关巡船停驶受检命令，得射击之，并处以罚款直至没收船舶；私自起卸或转载货物者，处以货价一至二倍罚款，并得没收船货；伪报、匿报进出口货物者，处以匿报税款二至十倍罚款，并得没收货

---

① 王铁崖：《中外旧约章汇编》第一册，生活·读书·新知三联书店1982年版，第196页。

物；关务署应设立海关罚则评议会，受理不服海关处分之抗议案件；不服评议会决定者，得于规定日期内提起行政诉讼。① 这是中国海关创设以来颁布的第一个较完整的缉私法规，意义重大。根据《海关缉私条例》第三十一条规定，1934年11月成立了海关罚则评议会，受理中外商民不服海关处分的抗议案件。此项制度的建立，将走私违章案件的最终裁决权收归中国政府，是国家主权的充分体现。

此外，国民政府还颁布了一系列法规，与《海关缉私条例》相配套。如《船只进出口呈验单照规则》，以完善对船只进出口的查验和单证审核手续。《管理报关行暂行章程》，重新拟订各类关栈章程，设立海关税则分类估价评议会，实行货物原产地证书和领事签证货单制度，与邮务当局协定《管理边境邮局寄递包裹办法》和《海关管理航空邮运规则》等条例。

以上一系列条约、章程的订立为云南海关缉私法律体系的建构奠定了基础，国家海关的监管法律制度的健全使云南海关缉私法律体系逐步趋于完善，使海关缉私有据可循，有法可依。

(三) 走私查缉

云南设关伊始，走私物品多为鸦片和食盐，海关通过监管现场检查、口岸检查和巡回查缉的方式进行查处。随着进出口货物税率提高及政府限制部分货物进出口政策的出台，走私现象日益猖獗，涉及货物种类繁多。海关除加大定点查缉力度外，增加了列车巡查，同时对铁路沿线、公路、水路等多条进出口通道进行武装巡逻。

1929年，中法、中英陆路进出口税减税办法停止执行后，走私现象日益增多，蒙自成为较大的走私货物集散地。走私者通常选择两条路线：铁路运输和红河水路，铁路运输是走私的主要路线。对此，蒙自关把缉私重点放在铁路沿线和红河河岸上。除在河口、碧色寨等各火车站进行严密查缉外，还专门设置关警、稽查员各1人，在火车上巡查，着重巡查河口至腊哈迭一段。其次，对河口镇内外道路、红河岸还不时进行武装巡逻。腾冲关对进出口贸易路线作出详细规定，明确腾冲至八莫、腾冲至密支那、腾冲至畹町3条道路为法定进出口贸易路线，其他路线统被视为非法路线。为了获取走私货物的情报，云南海关根据国民政府财政部颁布的

---

① 《财政部关务署法令汇编》，民国二十三年版，第232—239页。

《缉获私货从优给奖办法》《设甄告密办法》等法律文件，制定了对检举人予以重奖的规定。如腾冲关规定："海关根据密告缉获的私货，每价值1万元，告密人可得5000元，以资鼓励。"① 以上措施进一步加强了云南海关的缉私职能。

1931年1月，总税务司向财政部呈准设立缉私专科。此后，各海关相继设立了缉私课，各关缉私课在行政上接受该关税务司的领导，总理关区内的缉私工作，又与外班察验部门分工合作。为明确缉私界限，总税务司发布通令，缉私课着重从事海上巡缉事务，岸上查缉主要仍归察验部门负责。② 尚未设立缉私课的口岸，则由该关统筹安排，酌情处理。

1932年3月2日，总税务司梅乐和就走私食盐问题训令思茅关：政府三令五申指出，海关应紧密与当地盐务署同心协力严防私盐运入我国，当发现有私盐进境你关当尽一切力量去缉拿，但不要影响海关声誉和采取过激行动，以免危及关员的安全。同年，思茅关罚没收入为滇币1.8万余元③，创开关以来最高纪录。

为了加强缉私力量，1929年，行政院核准于沿边各关添招武装巡缉。④ 1937年9月，经海关总税务司署批准，蒙自关正式成立武装巡缉队，归本海关税务司领导。巡缉队成立后订立了相关章程，任务为查私，护送税款，保护关产和关员安全等，蒙自关还针对走私者常利用铁路进行走私的特点，由巡缉队对列车进行重点查缉，有力地打击了当地走私行为，成为缉私的重要骨干力量。

（四）走私违章处分

蒙自、思茅、腾越三海关对走私的违章处分大致可分为关税自主前及关税自主后两个阶段。

中国取得关税自主权以前，云南海关对走私违章处分主要依据清政府与西方国家签订的条约内容、各海关设立制定的章程以及海关总税务司署

---

① 云南省地方志编纂委员会：《云南省志》卷三十二，云南人民出版社1996年版，第193页。

② 黄胜强等编译：《旧中国海关总税务司署通令选编》第2卷，中国海关出版社2003年版，第518页。

③ 海关总署总务厅、中国第二历史档案馆编：《中国旧海关史料》第112册，京华出版社2001年版，第58页。

④ 《财政部关务署法令汇编》，民国十八年版，第28页。

发布的通令办理。如《中法会议越南边界通商章程》第十款规定："凡过关报货以多报少查有确据，即将货物全罚入官，私自过关起卸、绕路、拆卖及一切有心偷漏税亦将货物全罚入官，捏报货物名色、件数并所出所往之地不符者亦将货物全罚入官。"① 《中英续议滇缅界务商条条款》第九条规定："运货经过中国地段如在此约所准之路之外及有偷漏等弊，可将该货充公。"② 《开办蒙自正关通商章程专条》第三款："凡有货物或由北圻，或由内地贩运北圻，到蒙自关卡界内，在十八个时辰以内务须报关。如有货商假报其货之斤两、货色，希图漏税，该货应罚入官。"③ 《腾越关会订试办章程》第九款："凡进出各货物报单内如有假报捏报等弊者，被本关查出将货物一并罚充入官。"④ 《开办思茅正关通商章程专条》第三款："货到报关。凡有进口、出口货物到关，商人务须用汉文、法文报关。如有假报斤两、货色，该货罚充入官。"⑤ 根据以上条款、章程，海关处理走私偷漏税行为主要是以没收货物为主。此种对走私的处理方法一直延续到20世纪30年代初。

关税自主权收回以后，国民党政府于1934年公布实施《海关缉私条例》，内容涵盖查缉、扣押、罚则、处分程序、执行等具体缉私环节。对走私者可根据情节轻重处于不同额度的罚款，如"伪报、匿报进出口货物者，处以匿报税款二至十倍罚款，并得没收货物"⑥。为体现公平公正，该条例同时规定，对海关处理不服者，可提出申诉，并对申诉程序作出相应规定。

其后，国民党政府又于1936年公布了《惩治偷漏关税暂行条例》。第一条规定："凡偷漏关税者，处3年以上7年以下有期徒刑；漏税在1000元以上者处7年以上10年以下有期徒刑；在5000元以上处10年以上有期徒刑；在1万元以上处无期徒刑或死刑。"⑦ 该条例还对海关关员

---

① 王铁崖：《中外旧约章汇编》第一册，生活·读书·新知三联书店1982年版，第480页。

② 同上书，第579页。

③ 李春龙等：《新纂云南通志》（七），云南人民出版社2007年点校本，第102页。

④ 云南省地方志编纂委员会：《云南省志》卷三十二，云南人民出版社1996年版，第65页。

⑤ 李春龙等：《新纂云南通志》（七），云南人民出版社2007年点校本，第104页。

⑥ 《财政部关务署法令汇编》，民国二十三年，第237页。

⑦ 黄胜强等编译：《旧中国海关总税务司署通令选编》第3卷，中国海关出版社2003年版，第398页。

故意放行偷漏税货物等徇私舞弊行为作出相应处罚。条例进一步明确，海关在缉偷漏关税达以上额度的案件后，均交由司法部门处理。海关处罚手段从没收货物、罚款到处以刑罚，体现出海关打击走私力度的不断加大，为建立并维持正常的贸易秩序提供了可靠的保证。

三 进出境货物的检验制度

商品检验于1915年开始。是年北京政府税务处饬称："现美国农部新定律例，规定各项肉质输往美国者须经检验。""税务处转知各海关，候各警察厅查验执照实行后，商人报关时必须执此项执照，始予放行。"[1]虽然检疫工作已开始引起注意，但无专设机构加以管理，只是由警察厅兼管而已。

1928年12月31日，国民政府工商部公布《商品出口检验暂行规则》，据此规定，工商部在各通商大口设立商品检验局，对规定的几种商品在出口时实施检验。凡经检验合格商品由局发给证书，没有证书不得报关纳税、贩运出口。[2] 这个规定由工商部咨请财政部令海关协助执行。此外，工商部还颁布了《商品出口检验暂行条例》[3]，并于1929年起，先后在上海、广州、汉口、青岛等处设立商品检验局，在福州、厦门、汕头等处设立检验分处，对于各项应施检验的商品，制定检验细则，逐一实行。最先实行检验的是牲畜的正副产品如油、肉、肠衣、蛋类及皮毛等，其后扩展到生丝、桐油、豆类、植物油类、棉花、茶、芝麻、果品、蔬菜、植物种子、柏油等。[4] 最初以输出国外的商品为限，其后规定在国内转口的商品如棉花、桐油等也要检验。以后更扩展到进口商品如蚕种、蜜蜂、糖品、火酒、果品、牲畜、麦粉、棉种等，非经检验取得合格证书的商品不得报关进口。

为了防止不宜食用的物品输入我国，输入品质不良的种子（如蚕种、

---

[1] 民国四年三月三日税务处饬乐字第439号，转引自陈诗启《中国近代海关史》（民国部分），人民出版社1999年版，第66页。

[2] 《商品出口检验暂行规则》，沈国谨编《我国商品检验的史实》，实业部研究室，1934年8月，第2—4页。

[3] 同上书，第23—25页。

[4] 《上海商检志》编纂委员会编：《上海商检志》，上海社会科学院出版社1999年版，第557页。

棉种等），1932年国民政府颁布《商品检验法》，规定："凡自外国进口货物，须领有商品检验局之合格证书，方准进口者，应按下列规定办理：

"凡报运进口之货物，非领有合格证书，海关不准放行。

"报运进口之货物，在未领有合格证明以前，必须呈请完税者，概准缴纳进母税押金。如遇商品检验局不准进口时，即将所缴押金予以退还。

"凡商品检验局不准进口之货物，亦不准转运国内其他各埠。得由原进口商人运回外洋；否则，予以充公，在海关监督下将其销毁。

"至于由外国进口之牲畜，如牛、羊、绵羊、山羊等，须经上海商品检验局之检验。商人呈报进口时，应将该局所发报关凭单，连同进口报单一并呈关，并缴足税捐等数目之押款。此项牲畜，俟海关手续办理完竣，并由进口商人呈缴检验合格证书后，始准放行。如进口牲畜经验明不合格者，海关将派人将该牲畜押送运赴上海商品检验局隔离所，检验局对于所内牲畜定有处置办法，如放行或屠宰，焚烧或掩埋，应通知海关。

"凡自外国输入之棉种，准在上海报运进口，但须经上海商品检验局检验合格，方准放行；其在广州、天津及青岛报运者，如领有当地商品检验局所发之临时许可证，亦准进口。凡在其他各口报运进口之棉种，应准复运外洋或转运以上四口进口。至于免验货物或特准免验货物，均订有报运放行办法。"①

云南进出口商品检验机构成立于20世纪30年代。1938年10月滇缅公路通车后，国民政府经济部委派上海商检局派人抵昆，在征得云南地方政府同意后，于1939年2月成立昆明商检局。因技术有限仅对猪鬃、牛、羊皮、桐油实行法定检验。后委托东陆大学和中法大学承担部分检验业务。当时昆明为内陆口岸，所签发的商检证书，只能适用于国内通关，不能作为货物交接、结汇、索赔的凭证。②

四 反倾销措施

倾销是国际贸易中一个不可忽视的问题。国际贸易中的倾销，指以低于同类产品国内消费的正常价值的价格，在国外市场销售。③ 倾销可能造

---

① 立法院编译处：《中华民国法规汇编》，中华书局1935年版，第3548页。
② 昆明市对外贸易经济合作局编：《昆明市对外经济贸易志》，云南民族出版社2003年版，第201页。
③ 郭寿康：《国际贸易法》（第三版），中国人民大学出版社2009年版，第241页。

成对进口国生产同类产品的国内产业的损害,最终对进口国国内产业发展与经济安全产生不利影响。因此,主权国家会对满足一定条件的倾销行为采取反倾销措施,措施采取的依据就是反倾销法律规范。

反倾销法是从法律层面对外国商品的倾销行为进行规制,它是救济国内产业、维护国内正常的市场秩序的重要手段,是抵制外货倾销的最重要的武器。20世纪30年代外货在华倾销趋势日趋严峻,是否运用反倾销以及如何反倾销成为当时实业界的头等大事。鉴于此,在民族资产阶级的极力争取下,南京国民政府颁布了反倾销法规,以遏制外国商品向我国倾销的势头。

(一) 反倾销法律规范的颁布和实施

世界经济危机发生后主要资本主义国家为了稳定经济、充分就业和"民族生存",不惜采取一切手段争夺世界市场。身处半殖民地的中国由于与西方列强签订了协定关税,导致国内产品缺少关税保护,使中国沦为西方工业制成品的倾销地,"中国的所谓国际贸易所起的作用就是尽了容纳资本主义国家的过剩商品与贡献原料的义务"①。在这种恶劣的经济环境背景下,为了振兴民族经济的正常发展,中国政府及工商界无不致力于寻求应对外商在华倾销商品的有效措施。

南京国民政府建立后,开展了恢复国内经济建设的运动。1930年11月,全国工商会议在南京召开,就国内的经济建设问题向工商各界广泛征求意见和建议。在这次会议上外货的倾销问题引起了与会代表的热议,相关部门也表示了高度关注。会后,工商部工商访问局向国民政府提出《请设置屯并货审查会审查屯并物课以屯并特税以期保护我国产业抵制外商压迫案》②[屯并(Dumping),即倾销],要求政府设置反倾销税。该议案得到绝大多数人的赞同。1930年12月,财政部着手制定倾销税法,将该议案变为现实。经过一系列的立法程序,立法院最终在第129次会议上通过了《倾销货物税法》,于1931年2月9日,由国民政府颁布实行。

《倾销货物税法》共9条,主要内容有:一、外国货物以倾销方法在中国市场与中国相同货物竞争时,除进口关税外,得征倾销货物税。二、凡外国货物在中国市场之觅售价格有左列情事之一者视为倾销,

---

① 《论中国国内贸易》,《国际贸易导报》第5卷第8号,1933年8月31日。
② 中国第二历史档案馆编:《中华民国史档案资料汇编》第五辑第一编,"财政经济",江苏古籍出版社1991年版,第418页。

（1）较其相同货物在出口国主要之市场趸售价格为低者；（2）较其相同货物运销中国以外任何国家之趸售价格为低者；（3）较该项货物之制造成本为低者。凡外国货物向中国输出时之出口价格，有前项第一款或第三款之情事时，亦视为倾销。第二项出口价格及趸售价格之计算，均应除去运输保险税捐及其他必需费用。三、成立倾销货物审查委员会，委员会以财政部关务署署长、实业部农业司、工业司、商业司司长及国定税则委员会委员三人组织之。①

南京政府正式颁布《倾销货物税法》后，由于没有制定相关的施行细则，法律仅局限于条文而难以得到真正的贯彻执行。在国内工商各界的强烈呼吁下，实业部开始拟订具体实施细则的草案。经过多次修改，并征求财政部及实业部下属各司的意见后，于1932年12月7日正式颁布《倾销税法施行细则》。具体实施办法的出台，使有关规则更加细化并具有可操作性。虽然反倾销法律制度得以建立，但法条的实施还存在一定程度的困难。

经过分析，笔者归纳主要有以下两方面的原因：

首先，征收倾销税有可能引起其他国家对中国政府在政治军事上施加压力，这是阻碍倾销税法实施的关键性因素。"查倾销税系进口关税外之一种，带有处罚性质之特加税，施行时，难免引起货物国别问题，因而发生进口货物税率差别待遇之争执。"② 倾销税是进口国当局在正常海关税费之外对倾销产品征收的一种附加税，它是一种惩罚性关税。由于当时中国国力羸弱，国际地位低下，所以即使倾销货物审查委员会能够确定某种商品的销售属于倾销行为，但是对外货征收倾销税，极可能引起外交方面的交涉，甚至有引起军事冲突的可能。倾销货物审查委员会对此尴尬局面曾一针见血地指出说："我国与各国所订商约，均有最惠国条款待遇之规定，征收外货倾销税，外交上能否不致引起纠纷，似应审慎考虑，据本会观察，倾销税法难以实行之处，其症结之所在，关于立法方面者尚少，而关于外交方面者甚多。"③ 由此可见，一个国家的政治、经济实力对于倾销税法的实施有着极重大的影响。

其次，倾销税法的操作性较差，实施难度大。不论是从理论上还是从实践上来看，对倾销行为的界定都是一个比较复杂的现实问题，这使得倾

---

① 立法院编译处：《中华民国法规汇编》，商务印书馆1936年版，第3134—3135页。
② 中国第二历史档案馆：《实业、财政部会稿》，案卷宗号422-4-1182号。
③ 同上。

销货物审查委员会难以有效运用反倾销这一贸易救济措施来保护本国民族工业。界定倾销行为的首要条件是必须确定其低于本国同类商品成本价销售，但是依照国民政府公布的《倾销货物税法》，要确定外国倾销商品的生产成本是件很困难的事情。同时，确定倾销行为的另一个重要要件是对进口国的产业构成了实质性的损害，而此项要件的确定也绝非易事。因此，实践中两个关键构成都无法明确，给倾销税法的实施造成了极大的困难。

（二）云南省政府推行的反倾销措施

1. 提高关税是维护国内市场和促进国内产业发展的最直接手段。在近代，特别是在中国收回关税自主权后，关税就成为国家抵制外国商品倾销，保障本国工商业的重要武器。

1929年，国民政府通过艰苦卓绝的谈判，终于与美国、英国、法国、意大利、德国等11个缔约国签订了恢复中国关税自主的协议，并就税制进行了一系列的改革。

进口税率由原来统一的按值百抽五改为七级等差税率，最低税率为7.5%，最高税率为27.5%[①]。1930年2月又实行将关平银两税则改为金单位税制，对进口货物按金单位征税。同年12月，对进口税则作第三次修正，次年1月1日起施行。规定最高税率为50%。同年政府又废除了厘金及其他地方当局强行抽收的内地税捐，代之以对日用工业品开征统税，其征收对象有棉纱、卷烟、面粉、水泥和火柴等大宗制造品，这些商品在缴纳统税后，即可运销全国，免征其他任何捐税。1933年5月，对进口税率进一步调整，最高者按80%征收。1934年7月又规定增加棉花、木材、五金、化学产品税率；酌减印花布、染纱、织布匹、纸及海产品的税率。在1933年间，还规定对一贯免税的洋米、洋麦开征进口税。在出口税方面，1858年始征5%的出口税，1926年又在5%基础上加征2.5%附税，1931年国民政府整理税制时，仍沿用这一税制，即按7.5%税率抽收，对于按从量征税者则按5%厘定，对某些货品依贸易情况按3%规定其税率。对于茶、绸缎、金、银条块、书籍、图画、伞、漆器、容器、绣货、发网、花边等物照旧免税。1932年5月起免征生丝出口税，1934年6月修改出口税则时，对于在国际市场推销困难的原料品及食品，如蛋

---

① 税率按货物的不同性质划分成七等，即7.5%、10%、12.5%、15%、17.5%、22.5%、27.5%。

品、豆类、花生、油类、毛类、烟叶、烟丝等分别减税；糖、酒、鲜冻鱼、杂粮粉等分别免税；应予奖励输出的国内工艺品，如纸、夏布、毛地毯、席、瓷器、爆竹、橡皮制品、竹藤及木制品、景泰蓝等均享受出口免税。① 总之，在有利于促进对外贸易发展的前提下，国民政府对以往进出口贸易税率悉数作了相应调整。进口税率的调高有效限制了外国货品的倾销，对民族工商业起到了较好的保护作用。

2. 辛亥革命后，云南地方政府因地制宜地采取了一些保护工商业和振兴云南矿业的政策措施。民国二年（1913年）成立官商合办的东川矿业公司、锡务公司；商办锡务公司，如云南矿业公司，云南钨锑公司。此外，由省政府扶持扩办的重要官营企事业还有，一平浪矿务局，宣嵩矿务局，云南全省火柴专卖处等。由于省政府的大力支持，1910年以后，云南对外形成了大锡主导型的对外贸易格局。此外，1934年，省政府"鉴于本省农田水利及各种工艺所需之机器与社会日常所需之五金器具皆仰给于外来"，价格"既昂，漏卮日增"②，将模范工艺厂拨隶云南省经济委员会改名为"五金器具制造厂"，次年拨资国币4万元购进新式机器设备，扩大生产规模。设备多为德、美制造，职工7人，资本为国币8万余元，生产制面机、碾米机、织布机、各种五金用品及搪瓷用品、木器等。③ 1936年创办的云南电气制铜厂系官商合办的股份有限公司，流动资金为国币8万元，固定资产约值国币100万元，均为先进的动力设备，产品有99.9%的电解精铜、97%的熟铜、铜片及铝铜器具等。④ 政府大力提倡国货，积极开办国民事业的政策促进了民族工商业的发展。企业积极引进先进生产设备和技术，扩大生产规模，提升国货产品质量，最终在消费者市场有效抵制了洋货的倾销。

（三）反倾销措施的价值效应

笔者认为，反倾销措施的价值效应首先在于制定有利于民族经济发展的工商业政策法规，是国民政府完善其法制建设的一项重要国策。国民政府为寻求民族资产阶级的支持，也把保护国内产业发展作为一项重要职

---

① 叶松年：《中国近代海关税则史》，上海三联书店1991年版，第303—338页。
② 云南通志馆：《续云南通志长编》（下册），云南省志编纂委员会办公室编校，1985年，第371页。
③ 同上。
④ 同上书，第372页。

责。1930年12月24日行政院在向立法院所发的公函《行政院咨请审议取缔倾销税条例草案由》中就说："查各国对于外国输入货物，具有不当廉卖之情形者，多已施行屯并税法，原为防止商业侵略，藉维国内实业而设，我国工业幼稚，出品本难与进口外货相竞争，而预防进口货物之不当廉卖，实以仿行屯并税办法为要图。"[①]

可见，保护国内产业是国民政府的立法宗旨，倾销税法的颁布主要是为了防止外国商业侵略并保护国内还不发达的民族工业。当时的报纸也评论说："财政部以我国工业幼稚，出品难与进口外货竞争，现为防止进口货物之不当廉卖起见，特制定屯并税条例，呈请行政院鉴核。"[②] 国民政府制定反倾销法时的保护色彩是非常浓厚的。

南京国民政府正式成立后，国内政治局势比较稳定，民族产业的稳步发展也急需与之相适应的经济政策。作为经济活动主体的民族资产阶级的政治地位也日益得到提高，他们的言论和建言也能受到政府当局的重视。在面对外货倾销的攻势下，他们利用自己的经济政治地位对国民政府的政策施加影响，可以说资产阶级的积极参政为反倾销法的出台提供了动力和条件。南京国民政府时期，随着近代工商业集团的发展、壮大，民族工商业者的地位不断得到提高，其权利本位意识也逐步觉醒，他们开始拥有部分权利，参与甚或以自己的方式影响政府的经济决策，而政府方面也有志于通过经济立法的形式来促进我国民族工商业的发展，政府和工商业界在促进民族产业的发展上有着共同一致的目标，这些因素是近代中国反倾销法规得以顺利颁行的先决条件。

对外贸易法律制度建立以后，规范了对外贸易行为，做到了有法可依，执法有据，违法必究，维护了对外贸易秩序的正常进行。

第三节　近代云南对外贸易的税收制度

税收制度是近代云南对外贸易法律体系的重要组成部分，是国家调节云南进出口贸易的重要手段。云南对外贸易过程中涉及的税收制度主要包

[①] 立法院秘书处编印：《立法院公报》第8册，南京出版社1930年版，第268—269页。

[②] 《取缔倾销税条例内容三部长审定条例》，《工商半月刊》第7卷第24号，1935年12月15日。

括海关关税制度和厘金制度两项。关税（Customs Duties）是一国海关根据其法律规定代表国家对进出关境的货物征收的一种税。关税根据货物进出关境的流向可分为进口税、出口税和过境税。[①] 厘金是由清政府时期开始征收，由于全国没有制定统一的标准，致使厘金的种类及名称繁多，且各省因省情不同，征收厘种也各不相同。

一 近代云南对外贸易的海关关税制度

关税是一个国家主权的一项重要内容，关税的征收不仅直接作用于对外贸易，而且对一个国家或地区的社会经济影响巨大。海关依据海关税则征收进出口关税。海关税则是国家制定公布的对进出关境货物的计征关税条例、分类和税率表。一个关税自主的国家有权根据本国财政经济和政治文化的需要，自行制定和修改海关税则。

笔者认为，鸦片战争以前，清政府独立行使关税主权，不受他国意志的掣肘，自主制定的海关税则在发挥财政功能的同时，也起到了抵制外国商品冲击、保护和扶植本国经济的重要作用。但是鸦片战争以后，中国海关关税自主权丧失，海关税则沦为片面的协定税则，它的制定和修改都受到一系列不平等条约和有关海关税则修订的国际会议的束缚。由于西方资本主义列强的胁迫，中国的关税税率一直被限制在极其低下的"值百抽五"的水平之下，云南更是实行在此极低进出口税率基础上再次减收正税的办法。这也使得中国西南边疆的经济大门洞开，使云南沦为资本主义列强的商品倾销市场和廉价原材料的搜刮基地，从而加速了云南地区的半殖民地化进程。1928年国民政府统一全国，外交部发表宣言，宣布废除一切不平等条约并致力于收回关税主权。通过不断交涉和努力，国民政府于1930年与所有同中国存在不平等条约的国家达成协议，才获得完全的关税自主权。

（一）海关税则

海关税则中各项商品税率是根据国家关税政策而制定的，海关税则的内容是以税率表为主体，包括货物分类目录和税率栏两大部分。货物分类目录，是把种类繁多的商品加以综合，按照其不同特点分门别类，简化成数量有限的商品类目，按序排列分别编号，称为"税则号列"，并逐号列

[①] 郭寿康、韩立余编：《国际贸易法》，中国人民大学出版社2006年版，第312页。

出商品名称和规格。税率栏，是按商品分类目录逐项订出的税率栏目。税率栏最初只设一栏，即每一税目只列一个税率，这种只有一栏税率的税则称为单式税则制。后来因为有了协定税率和优惠税率，一个税目需要同时列出几种不同税率，这种多栏税率的税则称为复式税则制。①

从丧失关税主权开始至关税自主时止，中国的海关税则经历了包括1843年税则、1858年税则、1902年税则、1917年税则、1922年税则、1929年税则、1931年税则、1933年税则和1934年税则在内的9个不同时期的演变。每个时期税则的修订都有其特定的历史背景，并体现于具体内容的变化上，表4-4分别列举了每次税则修订的主要内容。

表4-4　　　　近代中国的海关税则（1843—1937年）

时期	内容
1843	出口税则分12类，从量税67目，金银、砖瓦两目免税。未列明的值百抽五
1858	（1）重订海关税则，进口税则分14类，税目177个，出口税则分12类，税目174个。（2）正式规定了进出口税值百抽五之制。（3）洋商、洋货预纳子口税，以抵内地的一切常关厘金等税，税率为进口正税之半（即百分之二点五）。华商土货照旧遇卡纳税。（4）扩大免税物品范围，洋人所用的日用消费品免征正税
1902	进口税则分17类，从价、从量共640个税目
1917	税则分15类，从价税158目，从量税440目，以前的税则按英文字母排列，此次改为按号排列。修改后的税率实际只达到实施时的3.5%
1922	这次修订的税则，计分15类，582列，从量税和从价税的税目数约为三比一
1929	在5%正税之处另设7级附加税。税率分为7.5%、10%、12.5%、15%、17.5%、22.5%、27.5%。税则目录分为15类，共718目
1931	提高了税率，但仍受"中日秘密协定"的约束，对于棉布、海产品、杂货等62项，3年内不得加税，税率定12级，自5%—50%，税则分16类，647目
1933	税率自5%—80%，定有14级，税则分15类，672目
1934	将日本输华货物如棉花、海产品、鱼介、纸类等税率降低

资料来源：叶松年：《中国近代海关税则史》，上海三联书店1991年版。

关税税率及指征对象的变动，直接体现在进出口商品的种类和数量上，作用于国家的财政收入，并最终对国内民族工商业和国家社会经济的发展产生影响。从1929年以前的协定关税时期到1930年以后获得完全的关税自主权时期。

---

① 云南省地方志编纂委员会：《云南省志》卷三十二，云南人民出版社1996年版，第158页。

可以看出，基于不同目的而多次修订的海关税则在云南对外贸易活动中发挥了不同作用，对云南省社会经济结构和民族经济产生了不尽相同的价值效应。

(二) 关税税种

1889—1937年，云南海关开征的税种包括进出口正税、子口税、复进口税、转口税和船舶吨税五大类。从关税征收总量统计表中可以看出，各海关所征税款数额呈现稳中有升的态势，特别是1929年以后，随着中国关税主权的收回，各项税额有了进一步的增加。

表4-5　　　1889—1937年蒙自（昆明）关征收各项税款统计　　单位：海关两

年份	进口税	出口税	子口税	复进口税	船舶吨税	转口税	合计
1889	2277.100	3969.300	1717.100				7963.500
1890	13823.200	19590.900	7900.500				41314.600
1891	22540.700	25163.500	10551.000				58255.200
1892	24800.000	30461.000	13788.000		111.300		69160.300
1893	34237.000	28130.000	18618.000		105.800		81090.800
1894	27368.000	32029.000	16548.000		134.500		76079.500
1895	36061.000	35003.000	20830.000		142.100		92036.100
1896	35368.000	28292.000	23232.000		166.000		87058.000
1897	44778.000	34765.000	26798.000		209.700		106550.700
1898	50427.000	38497.000	31656.000		244.000		120824.000
1899	77894.000	37774.000	44516.000		296.000		160480.000
1900	69857.000	39672.000	40669.000		200.000		150398.000
1901	99152.000	42086.000	47615.000		290.000		189143.000
1902	74685.000	53327.000	41973.000		263.000		170248.000
1903	63952.000	38350.000	32110.000		253.000		134665.000
1904	96963.000	44229.000	47698.000		299.100		189189.100
1905	83037.000	61499.000	42167.000		351.100		187054.100
1906	93491.000	55595.000	46174.000		398.900		195658.900
1907	100317.000	47167.000	44972.000		328.200		192784.200
1908	72816.000	61374.000	36791.000		190.600		171171.600
1909	79740.000	57659.000	34122.000		33.400		171554.400

续表

年份	进口税	出口税	子口税	复进口税	船舶吨税	转口税	合计
1910	101716.049	81617.653	44537.740		33.800		227905.242
1911	112394.984	89269.243	39943.343		37.200		241644.770
1912	165704.615	122888.300	72509.772		27.900		361130.587
1913	176389.683	115148.051	74204.061		26.800		365768.595
1914	154516.026	106051.510	67794.722		33.500		328395.758
1915	133396.573	132486.710	69170.458		29.300		335083.041
1916	141226.930	135478.054	68804.248	199.383	26.200		345734.815
1917	135518.799	182418.477	62941.064	203.652	26.700		381108.692
1918	187964.264	141866.474	71321.140	90.295	25.500		401267.673
1919	162414.395	169848.780	81288.764	639.278	29.700		414220.917
1920	194704.514	186568.004	102177.295	2590.329	28.600		486068.742
1921	245201.996	127650.976	130358.831	3669.796	32.000		506913.599
1922	293157.056	154050.681	154723.800	4620.441	31.300		606583.278
1923	400655.289	145645.213	207955.103	5384.266	21.300		759661.171
1924	434182.985	130564.591	221885.757	4127.708	18.400		790779.441
1925	399951.162	179182.802	90616.873	4120.025	25.000		673895.862
1926	611067.178	160599.238	42888.483	8170.449	29.800		822755.148
1927	583746.920	151755.728	31060.976	5441.396	24.300		772029.320
1928	568220.959	190510.820	32050.554	10409.001	23.400		801214.734
1929	780790.360	255804.750	15562.697	13300.348	28.600		1065486.755
1930	1279477.470	337162.237	15217.312	32068.748	32.000		1663957.767
1931	1268969.083	229035.715			27.300	95809.900	1593841.998
1932	637411.150	160529.420			24.600	179213.560	977178.730
1933	1110015.740	540920.520			31.950	235509.090	1886477.300
1934	1135875.070	441779.360			11.850	199816.170	1777482.450
1935	1384310.240	482842.420				105409.050	1972561.710
1936	1678038.620	648094.930				95360.360	2421493.910
1937	1686875.770	899506.880				159097.710	2745480.360

资料来源：李春龙等：《新纂云南通志》（七），云南人民出版社2007年点校本，第102页；云南通志馆：《续云南通志长编》（下册），云南省志编纂委员会办公室编校，1985年；云南省地方志编纂委员会：《云南省志》卷三十二，云南人民出版社1996年版。

表 4-6　　　　　　1897—1937 年思茅关各项税款征收统计　　　　　单位：海关两

年份	进口税	出口税	子口税	复进口税	船舶吨税	转口税	合计
1897	3615.636	939.286	2189.286				6744.208
1898	4640.871	1392.398	2704.678				8737.947
1899	3925.889	1535.020	2445.053				7905.962
1900	3381.202	1029.996	2075.496				6486.694
1901	4432.051	1519.509	2764.967				8716.527
1902	3334.145	1402.006	1997.740				6733.891
1903	3317.541	1358.924	2023.724				6700.189
1904	3827.087	1071.060	2337.690				7235.837
1905	3571.887	1063.746	2185.594				6821.227
1906	3176.464	851.002	1836.925				5864.391
1907	3910.688	1249.401	2204.921				7365.010
1908	2808.222	1203.855	1733.466				5745.543
1909	3086.844	1424.388	1857.532				6368.764
1910	2628.897	1604.504	1587.617				5821.018
1911	2716.083	1261.456	1660.395				5637.934
1912	2975.202	2127.959	1749.649				6852.810
1913	2692.315	2163.057	1599.625				6454.997
1914	3155.279	1817.458	1849.202				6821.939
1915	2496.622	1055.485	1526.261				5078.368
1916	2148.834	873.598	1281.713				4304.145
1917	3077.937	1157.929	1785.623				6021.489
1918	2157.170	1400.068	1296.669				4853.907
1919	1659.904	2066.047	916.350				4642.301
1920	6166.984	1194.472	3939.906				11301.362
1921	5706.971	812.316	3240.067				9759.354
1922	4817.748	857.299	2713.740				8388.787
1923	3983.050	743.450	2240.345				6966.845
1924	3856.164	1162.399	2016.615				7035.178
1925	4769.573	922.299	2428.132				8120.004
1926	4214.496	2123.317	492.520				6830.333
1927	6072.399	2524.755	612.755				9209.909
1928	3984.949	586.573	266.747				4838.269

续表

年份	进口税	出口税	子口税	复进口税	船舶吨税	转口税	合计
1929	6622.106	1069.294	300.784				7992.184
1930	6194.495	1198.666	123.909				7517.070
1931	18965.789	3002.808					21968.597
1932	23290.590	2143.690					25434.280
1933	58320.150	2558.970					60879.120
1934	88657.490	4284.010					92941.500
1935	136959.700	4719.380					141679.080
1936	142283.760	7819.330					150103.090
1937	89756.340	10962.510				7983.820	108702.670

资料来源：李春龙等：《新纂云南通志》（七），云南人民出版社2007年点校本，第102页；云南通志馆：《续云南通志长编》（下册），云南省志编纂委员会办公室编校，1985年；云南省地方志编纂委员会：《云南省志》卷三十二，云南人民出版社1996年版。

表4-7　　　1902—1937年腾越（腾冲）关各项税款征收统计　　单位：海关两

年份	进口税	出口税	子口税	复进口税	船舶吨税	转口税	合计
1902	10092.890	3013.084	5087.363				18193.337
1903	25154.955	5440.417	16499.391				47094.763
1904	31271.546	6140.464	16499.391				53911.401
1905	25591.969	4368.543	12477.994				42438.506
1906	24511.118	5404.448	14320.642				44236.208
1907	27486.487	7287.562	14337.940				49111.989
1908	25924.707	6265.178	13616.126				45806.011
1909	22445.012	8074.475	11213.471				41732.958
1910	27150.036	9909.133	13790.367				50849.536
1911	21872.189	8151.673	10836.819				40860.681
1912	26040.707	9998.793	14786.360				50825.860
1913	35773.700	11701.227	17007.739				64482.666
1914	30752.688	9270.920	16609.747				56633.355
1915	33389.443	10329.443	18603.818				62322.704
1916	25015.973	10579.973	14675.842				50271.788
1917	29971.291	11279.019	19349.981				60600.291
1918	26816.401	16974.063	19705.890				63496.354

续表

年份	进口税	出口税	子口税	复进口税	船舶吨税	转口税	合计
1919	39220.678	22005.371	24244.599				85470.648
1920	59078.393	17486.815	23120.283				99685.491
1921	53892.262	18064.256	33249.023				105205.541
1922	51534.256	17642.869	31993.148				101170.273
1923	59959.160	17646.002	19945.209				97550.371
1924	57487.333	20336.606	27470.256				105294.195
1925	74311.605	15292.036	14816.198				104419.839
1926	54951.115	13983.623	5959.706				74894.444
1927	83077.282	20077.870	10068.161				113223.313
1928	74323.348	10061.928	3932.417				88317.693
1929	143790.127	21643.213	3524.542				168957.882
1930	171297.581	30130.415	11318.949				212746.945
1931	211914.504	34909.057					246823.561
1932	201825.400	23220.190				141.650	225187.240
1933	291249.260	11298.260				578.990	303126.510
1934	310857.620	18683.890				522.660	330064.170
1935	258734.660	20061.560				43.360	278839.580
1936	263286.440	17677.810				10.100	280974.350
1937	249917.090	21170.560				6497.300	277584.950

资料来源：李春龙等：《新纂云南通志》（七），云南人民出版社2007年点校本，第102页；云南通志馆：《续云南通志长编》（下册），云南省志编纂委员会办公室编校，1985年；云南省地方志编纂委员会：《云南省志》卷三十二，云南人民出版社1996年版。

结合以上数据，笔者对云南海关所征税种作如下具体分析。

1. 进出口正税

云南设立蒙自、思茅、腾越三个海关后，实施的是1858年修订的关税税则。和国内通商沿海、沿江口岸不同，在英法等殖民国家的胁迫下，云南三海关对进出口税的征收实行特殊的西南边疆陆路进出口税减税办法。此办法是由清政府和西方资本主义列强通过签订条约的形式确立的。

蒙自关和思茅关的减税办法主要依据清政府和法国殖民者于1887年6月26日签订的《中法续议商务专条》第三条："凡由北圻入中国滇粤通商处所之洋货即按中国通商海关税则减十分之三收纳正税。其出口至北圻之中国土货即按照中国通商海关税则减十分之四收纳正税。"① 对税则未列的货物，则依据 1885 年签订的《中法越南边界通商章程》相应规定，即按估价值百抽五征收正税。根据以上条款，蒙自关进出口征税的税率为洋货输入在值百抽五的基础上减 3/10；土货输出则在值百抽五的基础上减 4/10。

腾越关的减税办法主要依据清政府和英国殖民者于 1894 年 3 月 1 日签订的《中英续议滇缅界、商务条款》第九条："中国欲令中缅商务兴旺，答允自批准条约，以六年为期，凡货经以上所开之路（指蛮允、盏西两路）运入中国者，完税照海关税则减十分之三，若货由中国过此路运往缅甸者，完税照海关税则减十分之四。"② 对税则未列货物，规定照值百抽五纳税。虽然条约中规定的减税优惠期为 6 年，但这一减税优惠特权实际上到 1929 年（实际减税优惠期为 35 年）才被废止。

1902 年 12 月 6 日，总税务司通令第 1054 号指示：1902 年修订进口税则适用于沿海口岸，陆路边境的海关不适用。故蒙自、思茅、腾越三个海关仍沿用 1858 年的税则至 1919 年。③ 1903 年 10 月 29 日，中法双方签订《滇越铁路章程》，重申了中法在 1896 年 6 月 5 日签订的《龙州至镇南关铁路合同》相关规定："凡筑造经理铁路之材料、什物、机器、车辆、器具、家伙等物，无论何项关税、差费、一概免税。"④

极低的进出口税率和大量的免税物品的设定为资本主义列强大开方便之门，使其向云南地区倾销商品和掠夺原材料的行为越发肆无忌惮。1889—1891 年，蒙自关进出口货值为 2817019 海关两。征收进出口税 64824 海关两（不含鸦片出口税）。进出口税率年平均只为 2.3%。⑤ 1910 年 4 月 1 日，滇越铁路河口至云南府（昆明）全线通车，自河口进出口

---

① 文中所称 "中国通商海关税则"，即指 1858 年税则，规定进出口正税征收比例为值百抽五。

② 王铁崖：《中外旧约章汇编》第一册，生活·读书·新知三联书店 1982 年版，第 578—579 页。

③ 黄胜强等编译：《旧中国海关总税务司署通令选编》第 1 卷，中国海关出版社 2003 年版，第 487 页。

④ 王铁崖：《中外旧约章汇编》第二册，生活·读书·新知三联书店 1982 年版，第 202 页。

⑤ 云南省地方志编纂委员会：《云南省志》卷三十二，云南人民出版社 1996 年版，第 163 页。

货物大增。蒙自关税收也大幅度增长。根据1889—1937年蒙自（昆明）关征收各项税款统计表数据显示，1907—1909年，蒙自关进口税平均每年征收84291海关两，1911—1913年则平均每年征收151496.42海关两，增长率为180%。出口税前三年平均为55400海关两，后三年则为109101.86海关两，增长率为197%。①

1919年8月1日，蒙自、思茅、腾越关实施1918年修订的进口税则，出口税则仍沿用1858年税则。新税则的实行对蒙自关进出口货物的税收并无重大影响。因在蒙自口岸税率增加的货物固然多，但减者也不少。增者为毛巾、法兰绒、蜡烛、水泥、火柴、针、煤油、肥皂、伞等。减者为棉纱、棉布品、海参、细瓷器、肉桂、参、胡椒、糖等。同年总税务司安格联特别指示蒙自关，中越边界进出口货物仍享受减税待遇。新税则的实行对思茅口岸的影响极大。以前思茅海关的税收一直很少，究其原因是：进出口贸易规模小，边界线长海关难以控制，税率极低，还受到了减税等政治因素的影响。新税则的实施使思茅关的税收总额自开关以来第一次突破1万海关两。腾越关的税收数额也有较大幅度的增长，新税则的实行使进口税由1919年的39220.678海关两上升为1920年的59078.393海关两。②

1922年，海关进口税则再次修订，蒙自、思茅、腾越关自1923年起正式实行新进口税则。1927年11月1日，云南省政府仿照广东国民政府，令蒙自、思茅、腾越关开征2.5%的进出口附加税。虽然新的进口税则使进出口税征收数额有一定比例的增长。但相较关税自主国家而言，税率仍然很低。1910—1928年，蒙自关进出口货值为393596083海关两，征收进出口税为7905731.682海关两。年平均进出口税率仅为2.01%。③

国民政府统一全国后，不断和西方国家交涉斡旋，致力于收回关税自主权。1929年，英、法、美、意、德等11个国家与国民政府签订了恢复中国关税自主的协议。此后，中央政府积极推行税制改革，对关税税制进行了全面调整。1929年1月26日，民国政府财政部关务署指令总税务司梅乐和：依据1928年12月22日签订的中法关税条约附件，《中法续议商

---

① 参见表4-5—表4-7数据计算得出。
② 参见表4-7数据。
③ 云南通志馆：《续云南通志长编》（下册），云南省志编纂委员会编校，1985年，第566—567页。

务专条》中所规定的中法陆路进出口税减税办法应于 1929 年 3 月 31 日废止。该日以后凡在中越边界进出口货物应按进口新税则（1929 年修订进口税则）及出口税则（1858 年出口税则）一律十足征收，以符合海陆边关划一征税的原则。中英陆路进出口税减税办法也于同年自动取消。

中法、中英陆路进出口税减税办法取消后，蒙自、思茅、腾越关对出口商品依据 1858 年出口税则规定的 5% 税率计征，其进口税率遵照 1929 年修订进口税则在 5% 的基础上，另设 7 级附加税。但嗣后不久，为体恤商人，根据海关总税务司指令，云南关税按每一百海关两折合滇币的半数计征（1929 年 11 月 1 日规定，100 海关两等于 234.50 元滇币）。1930 年 2 月，国民党政府采用金单位取代海关两作为计算所有进出口税的标准单位。蒙自、思茅、腾越海关对进出口税的征收按金单位折合海关两或滇币缴纳。① 同年 5 月 16 日，中法两国政府在南京签订了《中法规定越南及中国边省专约》十一条。② 中法专约对中国货物出口到越南及越南（含法国）货物进口到中国在征税方面有如下优惠规定：凡来自云南、广西、广东三省的中国丝织品、茶叶、香料以及专约甲种附表内所载各项物品，出口到法属越南，按最低税率征税。而产自越南（含法国）直接输入云南、广西、广东三省的煤、米，其进口税率中国酌予减低，并对越米的输入，不加任何限制。自越南（含法国）输入上述三省的豆蔻、砂仁、肉桂、未硝皮货、木制家具、玻璃瓶六项货物，应适用现行的国定税则，越南大米进口中国的进口税为每百公斤 1.50 金单位。思茅关规定进口鹿茸进口税以市场价格的 50% 计征。1931 年 12 月，蒙自、思茅、腾越关遵照海关总税务司署 1931 年 4360 号通令开征救灾附加税，此项税收为国民党政府以长江水灾，需筹集捐款的名义而开征的一种税。征收对象为所有进出口货物，税率为 10%。③ 1932 年 8 月，蒙自、思茅、腾越关遵照 1932 年海关总税务司署 4461 号通令开征关税附加税。征收对象为所有进出口货物，税率为 5%。同时国民党政府将救灾附加税改为偿还 1931 年美国面

---

① 海关总署总务厅、中国第二历史档案馆编：《中国旧海关史料》第 108 册，京华出版社 2001 年版，第 62—64 页。

② 王铁崖：《中外旧约章汇编》第三册，生活·读书·新知三联书店 1982 年版，第 806—816 页。

③ 黄胜强等编译：《旧中国海关总税务司署通令选编》第 3 卷，中国海关出版社 2003 年版，第 173 页。

粉借款本息之用,其税率减为5%。1936年,总税务司训令思茅关,将新设沿边八县所产土棉及山货等作为洋货照征进口税。对此,思茅关代理税务司郭润堂上报海关总税务司署称:思茅真正洋产棉花占本关征税者91%,土产棉花、山货征税者仅占9%。建议免征土货关税,海关总税务司署批准此办法。此后,思茅关对产于思茅正关和各分卡之间的边区棉花及山货,规定可凭县政府或商会核发的证明书作为土货免税放行,不照洋货征税。但要通过县政府向海关登记。1937年7月31日,总税务司主任秘书致函腾冲关并抄送蒙自关,函称:商人从腾冲口岸公路进口货物在昆明缴纳税款押金由腾冲关(免税)放行的办法已经海关总税务司署批准。为保证有足够的税款缴纳,上项押金应相当于各项税款估计数的2倍或2倍半准备。

2. 子口税

子口税,英文名为 Transit Duty 是由海关征收的一种国内税,其性质属于内地过境税。所谓子口是指内地常关、厘卡所在地,也就是通商口岸母口的对称。凡货物征收子口税之后,便不再征收常关税和厘金等内地过境税。因为子口税是取代内地过境税,所以又称抵代税(Commutation Charge)。①

第二次鸦片战争后,清政府被迫与英国签订了《天津条约》和《通商章程善后条约:海关税则》,其中的条款对子口税的税率和缴纳办法作出具体设置,由此形成了子口税制度。中英《天津条约》第二十八款规定:"惟有英商已在内地买货,欲赴口下载,或在口有洋货欲进售内地,倘愿一次纳税,免各子口征收纷繁,则准照一次之课。其内地货则在路上首经之子口输交;洋货则在澎口完纳给票,为他子口毫不另征之据。所征若干,综合货价为率,每百两征银二两五钱,俟在上海批次派员商酌重修税则时,亦可将各货分别种式应纳之数议定。此仅免各子口零星抽课之法,海口关税仍照例完纳,两例并无交碍。"②《通商章程善后条约:海关税则》第七款规定:"天津条约第二十八条所载内地税饷之议,现定出入税则总以照例一半为断,惟第二款所载免税各货,除金银、外国银钱、行李三项毋庸议外,其余海口免税各物,若进内地,让仍照每值百两完税银

---

① 陈诗启:《中国近代海关史》(晚清部分),人民出版社1993年版,第214页。
② 王铁崖:《中外旧约章汇编》第一册,生活·读书·新知三联书店1982年版,第100页。

二两五钱。"① 从中我们可以看出，子口税的核心内容简单来讲，即凡是进口洋货运销中国内地，或出口土货从内地运销国外，除在口岸海关完纳进口或出口正税外，只需另缴2.5%的子口税，便可"通运天下"，免除口岸与内地之间途经各常关、厘卡应征的一切内地税捐。为加快深入中国内地倾销洋货和搜刮廉价原材料的步伐，英国最先攫取该项特权，但由于片面最惠国待遇条款，子口税很快扩大为所有列强共同享有的在华特权。子口税制度的建立严重破坏了中国国内税收主权，流弊极广，使大量白银外流，中国财政经济深受其害。

子口税在西南边疆海关不存在减税办法，蒙自、思茅、腾越关分别于1889年8月、1897年1月、1902年5月开征子口税。结合表4-5数据显示，蒙自关开征当年征得子口税税款1717.1海关两，其后该项税款数额迅速增长，至1911年时，已达到39943.343海关两之多。特别是1920年后急剧增加，至1924年达到顶峰，所征税款为221885.757海关两。思茅关征收子口税税款数额较蒙自关差距甚远，开关当年征得该项税款2189.286海关两，此后一直起伏不大。腾越关1902年开关当年，征得子口税5087.363海关两，往后税款数额稳中有升，1921年达到33249.023海关两。

根据《天津条约》的规定，子口税有两种：一种是洋商运洋货入内地的子口税，执行从价课征2.5%的税率。另一种是洋商运土货往海口的子口税，必须是运出国外的土货，才享有此种子口税特权。

笔者纵观云南海关所征税款数据，反映出这样一个问题，即进口洋货占子口税纳税比例的大部分，出口商品请领子口但外销国外的情况不多。钟崇敏先生在《云南之贸易》中曾指出："本省进出口货利用子口半税之特权，理应不分轻重，但事实上，除洋货进口得充分利用子口半税外，土货出口极少实行。"② 洋货从蒙自、思茅、腾冲口岸进口，大部分并不在当地销售，通常70%—80%的货物要续运内地。入内地的洋货向海关缴纳子口税后，由海关发给子口税凭单为护运。但在出口方面，史料记载清宣统三年（1911）以前，还从未有洋商从内地运货到蒙自关办理出内地子

---

① 王铁崖：《中外旧约章汇编》第一册，生活·读书·新知三联书店1982年版，第118页。

② 钟崇敏：《云南之贸易》，手稿油印，1939年，第168页。

口证明的。以后，蒙自关始有外商承运出内地土货货值记录，为1200海关两，征得出内地子口税30海关两。思茅关则到1926年才首次征得出内地子口税882海关两。腾越关则在1902年即征得出内地子口税12.49海关两。① 洋商从内地运土货出口，实行向海关领取三联单凭以护运的办法，这样洋商经营土货贸易便可逃避较高的国内内地税了。

笔者认为出现此种情形主要有三方面的原因：其一，可享受子口半税特权方为洋商，且在出口贸易中，要求出口地必须直接是外国方。云南近代早期对外贸易中的大宗出口商品，如大锡、生丝主要是由中国商人承办，大锡要运到香港加工后才外销到国际市场。生丝虽主要销往缅甸，但也由中国商人承办，无法利用这一特权。其二，地理环境和交通方面的影响。云南虽地处西南边疆与多国相邻，但与内地连接交通不便，不利于大宗货物运输且费时费力，所以外商多选择其他更为便捷的商道。其三，厘金的影响。子口税属中央财政收入，厘金税属地方财政收入。云南省厘金局，为增加地方财政收入，多次降低若干货物的厘金税率。此情况在1922年蒙自关年报中反映如下："出内地领有三联单运往外省之土货，此项贸易日见减少。本年（1922年）估值，只得国币八万余元。除是本省政府允将土货出内地章程实施于滇省，否则此项贸易行且完全消灭。然此事于厘金收入有关，恐亦徒劳企盼耳。"② 1925年云南省厘金局减少厘率，如在蒙自，棉纱每担征厘金降为滇币4元，而子口税每担要征滇币4.67元。厘金税率降低后，蒙自关子口税收入便由1924年的221885.757海关两降为1925年的90616.873海关两，翌年更降至42888.483海关两，之后再也没有回升过。由于厘率低于子口税率，商人进口洋货便转口他省，也采取多领厘金以替代子口税单的办法。至此，子口税逐年下降。1930年12月，国民政府宣布废除厘金、子口税。蒙自、思茅、腾越关于次年1月1日停征子口税。

3. 复进口税

复进口税亦称"沿岸移出入税"和"沿海贸易税"，是指外商在中国通商各口间贩运土货转口时所缴纳的税，因其税率为正税的一半即2.5%，也称为土货复进口半税。税务司魏尔特认为复进口半税的意义在

---

① 参见表4-5—表4-7数据。
② 海关总署总务厅、中国第二历史档案馆编：《中国旧海关史料》第92册，京华出版社2001年版，第43页。

于:"凡在国内销费之已完出口税本国货物,于到达指运之通商口岸进口时,按当时出口税率半数收复进口税。其性质实即沿海、沿江、沿河子口税。盖此项货物,如由民船载运,则沿途亦须完纳其他种内地税厘也。"①

复进口半税的规定最早出现在清政府总理衙门1861年10月颁布的《通商各口通共章程》中。该章程第二款:"洋商由上海运土货进长江,其该货应在上海缴本地出口之正税,并先完长江复进口之半税,俟到长江各口后,一经离口贩运,无论洋商、华商,均逢关纳税,过卡抽厘。"第三款:"洋商由上海运别口所来之土货,已在别口缴过出口税,并在上海缴过复进口税,如再出口往长江,毋庸再在上海纳出口税并长江复进口之税,俟到长江各口后,一经离口贩运,无论洋商、华商,均逢关纳税,过卡抽厘。"② 赫德指出这一系列条款充分表明"中国中央政府对于洋船载运土货的沿海贸易的默认"③。

1863年,经过总税务司与丹麦公使幕后策划,清政府与丹麦于7月中旬签订了中丹《天津条约》,其中,第四十四款规定:"丹国商民沿海议定通商各口载运土货,约准出口先纳正税,复进他口再纳半税。后欲复运他口,以一年为期,准向该关取给半税存票,不复更纳正税;嗣到改运之口,再行照纳半税。"该条约将外船载运土货的范围由长江各通商口岸扩大到沿海口岸,进一步为洋商载运土货提供了便利。

云南省蒙自、思茅、腾越三关自开办海关以来,复进口贸易并不繁盛,思茅和腾越两地更是从开办海关到1931年初国民党政府取消复进口税时,均没有复进口土货报关,因此,也从未征收过复进口税。蒙自关虽有复进口土货通关,但所征复进口税和内地征税标准亦不相同,按照1895年清政府和法国殖民者签订的《中法续议商务专条附章》第四条:"一、凡边界所开之龙州、蒙自、思茅、河口通商四处,若有土货经过越南,来往出此口时,应照十分减四之例收税。专发完税凭单,带同货物,到彼口时,免征进口之税。二、由以上四处运土货出口,前往沿海沿江通商各口,于边界出口时,应照十分减四之例收出口税。专发完税单,带同货物前往,俟到沿海、沿江通商口岸,应照沿海沿江各通商口岸同项土货

---

① [英]魏尔特主编:《关税纪实》,总税务司署统计科,1936年,第55页。
② 王铁崖:《中外旧约章汇编》第一册,生活·读书·新知三联书店1982年版,第178页。
③ [英]魏尔特:《赫德与中国海关》,厦门大学出版社1993年版,第206页。

通例，完纳复进口半税。三、凡有沿海、沿江通商口岸运土货，经过越南，前往以上四处，于出口时，征收十成正税，专发完税凭单，带同货物前往，俟到边关进口时，按照十分减四征收复进口半税。"① 以上条款载明，蒙自关征收复进口税时执行的特殊减税办法即 2.5%再减其 4/10，折合税率只有 1.5%。

复进口税的征收一方面严重挤压了国内由华商经营的货运企业的生存空间，因商人为避免缴纳更多赋税，在运输货物时多选择外国轮船，致使国内陆路运输以及内核沿海的中国帆航运输业遭受重创。另一方面轮船贸易由海关管理，常关税和厘金的减少，在一定程度上对地方政府的财政税收也产生了影响。当然，由于复进口税仅针对土货征收，譬如中国土货进入蒙自，除在运出口岸缴纳值百抽五的十成正税外，尚需向蒙自关缴纳 1.5%的复进口税，即纳税比例达 6.5%；而洋货进入蒙自，只需在值百抽五的税率基础上再减 3/10 缴纳进口正税即可。两者相较，土货所纳税款远高于洋货，加大了国内工商业的成本支出，增加了国货与洋货的竞争难度。

1916 年以前，由于受交通条件的限制，几乎所有自中国各通商口岸运往蒙自的土货都须经香港转口，再至越南海防，最终到达云南。而香港当时被视为外国领土，因此蒙自关对经香港转口的土货一律视为洋货对待，照洋货标准收缴进口税。同时，法属越南海关则借口中国土货经香港转口已丧失本国国籍，应照洋货标准征收过境税之名，肆意苛征，史料记载："计有过境税按货值的 2%征收，保险费按货值的万分之五征收。此外还有海防码头税每件 0.03 元（安南币，下同），靠岸费每吨货物 0.25 元，手续费每件货物 0.01 元，出境证费每起货物 0.20 元，引导费每起货物 0.25 元等。"② 致使商民怨声载道，极不利于中国土货进入云南市场。1916 年秋冬之季，首次有上海制造的纸烟及机器制品，不经香港中转，由上海直运海防后入境。蒙自关当年第一次征得复进口税 199.384 海关两。此后逐年都有收纳。

1923 年 4 月 16 日，蒙自关税务司上报海关总税务司署称："本关

---

① 王铁崖：《中外旧约章汇编》第一册，生活·读书·新知三联书店 1982 年版，第 622 页。

② 云南省地方志编纂委员会：《云南省志》卷三十二，云南人民出版社 1996 年版，第 168 页。

所征的复进口税系对由中国口岸直接运至海防转云南的货物所征的税。1922年，运进本关区的此类货物只有6艘船，这些船都是海洋通信船，因而所征得的复进口税为数甚少。"① 1927年后，蒙自关对经香港转口的中国土货实行只要该项土货领有出口地通商口岸海关签发的出口凭单证明，就不再作为洋货对待，而按土货征收复进口税。这项办法实行后，蒙自关复进口税始有大幅度增加。1928年为10409.001海关两，1929年便达13300.348海关两。1930年年底，国民政府宣布取消复进口税。蒙自关遵照海关总税务司署于12月18日电令，于次年1月1日起停止复进口税。

4. 转口税

复进口税自民国二十年（1931）取消后，国产货物由一通商口岸运至另一通商口岸取消征收出口税，改征转口税。转口税则沿用1858年的出口税则，税率为5%。蒙自关自1931年6月1日开征转口税，当年征得95809.90海关两。思茅、腾越关没有征收到。1933年蒙自关呈文海关总税务司署，提出："大锡运往沿海口岸按1858年税则税率征收转口税。为确保货物运抵指定口岸，报运商人须缴纳出口税、关税附加税、救灾附加税与转口税之差额作为保金。"②

1937年10月1日，民国政府颁布《海关现行出口及转口税则暂行章程》。将1931年以来只对来往于通商口岸间的轮船运输国货征收的转口税，扩大为对所有运输工具（民航、铁路、公路、轮船、航空器）来往于口岸之间、口岸与内地之间运输的所有国货。转口税率改按1931年税则从价征收7.5%。③ 同年海关总税务司署通令5585号对转口税征收办法作了如下解释：（1）转口税只征1次，不再重征；（2）已付缴统税、矿产税、烟酒税等货物免征转口税。但当地政府已征消费税、产销税的货物仍须付缴转口税；（3）已缴纳转口税的货物拟办运出时，按转口税税则税率与出口税税则税率的差额实行多退少补。上述通令还指出：当应付

---

① 海关总署总务厅、中国第二历史档案馆编：《中国旧海关史料》第94册，京华出版社2001年版，第56页。

② 海关总署总务厅、中国第二历史档案馆编：《中国旧海关史料》第114册，京华出版社2001年版，第59页。

③ 黄胜强等编译：《旧中国海关总税务司署通令选编》第3卷，中国海关出版社2003年版，第434页。

缴转口税的货物，在设有海关机构的地点装、卸或经过时，应由海关征收其转口税（未设海关的地点，由当地税务局代征）。同时，海关有权为征收转口税而增设关卡。① 《海关现行出口及转口税则暂行章程》实施后，思茅关于1937年首次征得转口税7983.82元（国币）；腾越关转口税征收数额亦逐年攀升，由1936年的10.10元（国币）上升至1939年的41116.92元（国币）。②

1937年10月21日，民国政府财政部电令全国海关，所有米谷、麦在国内转运，一律免征转口税。1938年6月18日，蒙自关对驮运和人力搬运的木材、木炭、家禽、蛋类、水果、蔬菜等免征转口税。对持有云南省财政厅证明的土烟、土酒也免征转口税。思茅、腾越关对小贩肩挑的鸡蛋、柴炭、蔬菜、水果免征转口税。为鼓励出口、争取外汇，海关总税务司署指令全国海关，自1938年7月1日起，对得到中央政府贸易委员会许可出口的货物，在沿海口岸载运时免征转口税。③ 转口税的开征，虽然在一定程度上增加了财政收入，但对国内贸易产生了极大障碍，受到商民的强烈反对。1942年，国民党政府被迫将其废止。同年，蒙自关、腾越关、思茅关合并为昆明关后，于4月15日停征转口税。

5. 船舶吨税

船舶吨税亦称船钞，是向船舶运输征收的船税。在鸦片战争前，船钞属于正税之一，按照船只体积大小分等级征课。鸦片战争后，船钞改为按吨课税。

1843年签订的中英《五口通商章程：海关税则》第五条规定："凡英国进口商船，应查照船牌开明可载若干，定输税之多寡，计每吨输银五钱。所有纳钞旧例及出口、进口日月规各项费用，均行停止。"④ 同时签订的《五口通商附粘善后条款》对于小船的征钞问题也作出专门规定。在条约最后所附的"小船则例"一条中列明："英国之各小船，如二支桅或一支桅、三板、划艇等名目，向不输钞。……倘载有货物，无论出、入口及已、未

---

① 黄胜强等编译：《旧中国海关总税务司署通令选编》第3卷，中国海关出版社2003年版，第432—433页。

② 参见表4-7数据。

③ 云南省地方志编纂委员会：《云南省志》卷三十二，云南人民出版社1996年版，第169页。

④ 王铁崖：《中外旧约章汇编》第一册，生活·读书·新知三联书店1982年版，第41页。

满载，但使有一担之货，其船即应按吨输纳船钞，以昭核实"；"嗣后此等小船，最小者以七十五吨为率，最大者以一百五十吨为率，每进口一次，按吨纳钞一钱；其不及七十五吨者，仍照七十五吨计算；倘已逾一百五十吨者，即作大洋船论，仍按新例，每吨输钞五钱。"① 而 1844 年签订的中法《五口贸易章程：海关税则》第十五款则规定得更为详细，"凡船进口，出二日之外，即将船钞全完。按照例式，凡船在一百五十吨以上，每吨纳钞银五钱；不及一百五十吨者，每吨纳钞银一钱"。"凡纳钞时，海关给发执照，开明船钞完纳；倘该船驶往别口，即于进口时，将执照送验，毋庸纳钞，以免重复……所有佛兰西三板等小船，无论有篷、无篷，附搭过客、载运行李、书信、食物，并无应税之货者，一体免钞。若该小船载运货物，照一百五十吨以下之例，每吨输钞银一钱。倘佛兰西商人雇赁中国船艇，该船不须纳钞。"② 按上述规定，战后船钞大为减少。有数据表明：战前一艘 420 吨的船纳船钞 842 余海关两，连同他种名目共纳 2600 余海关两，而战后只需纳 210 海关两；战前一艘 900 吨的船纳船钞规费等 3000—6000 海关两，战后仅纳 450 海关两。③ 第二次鸦片战争后，列强又进一步降低船钞的税负。1858 年中英《天津条约》第二十九款规定："英国船应纳钞课，150 吨以上，每吨纳钞银 4 钱，150 吨正及 150 吨以下，每吨纳钞银一钱。"④

  蒙自关的船舶吨税于 1892 年 6 月开始征收，由其下属的蛮耗分关负责征收。征收对象为航行于红河之上来往于越南老街、河口、蛮耗间的货运小船。与其他通商口岸略有不同的是，红河之上的货运小船载重量多为 1—2 吨。按《蛮耗分关通行章程专条》第十四款规定："反商船进口，第四月应完船钞一次。按其每一见方顿，完银一钱。如在进口二十四个时辰内，何时起货，即何时照完。如过二十四个时辰后，即不起货，亦应照完钞银。"思茅关区、腾越关区因无水路运输进出口货物，因此这两关也就从未征收过船钞。1897 年，蒙自关下属的河口分关开办后，船钞便改由河口分关负责征收，当年征得 209.70 海关两，以后每年持续增加，至 1906 年达到 398.90 海关两。1909 年，因为滇越铁路的通车，致使当年的

---

① 王铁崖：《中外旧约章汇编》第一册，生活·读书·新知三联书店 1982 年版，第 38 页。
② 同上书，第 60 页。
③ 白寿彝主编：《中国通史》第十一卷，上海人民出版社 1999 年版，第 391 页。
④ 王铁崖：《中外旧约章汇编》第一册，生活·读书·新知三联书店 1982 年版，第 100 页。

船钞跌至 33.40 海关两。其后，高效的铁路运输逐渐代替船舶运输，纳税小船也逐渐减少至 50 艘以下，征收的船钞数目常年徘徊在 37.00 海关两以下。1933 年，蒙自关对船钞征收额度进行调整，规定每艘小船缴 0.15 国币元的吨税，每 3 个月缴 1 次。然而，次年头 6 个月只收到 11.85 元。平均每月不到 2 元。① 由于河口分关征收的船钞金额还不足以支付购置笔墨、账册的办公费用，1934 年，蒙自关税务司铎博特（R. M. Talbot）向海关总税务司署建议取消在河口征收船钞。10 月 23 日，海关总税务司署指令蒙自关自 11 月 1 日起停征船舶吨税。

（三）关税征收制度

西方殖民者为了进一步掌控中国海关的各项权力，通过和清政府订立条约的方式，对关税的征收和缴纳程序也做了较为详尽的规定，以此建立起近代关税征收制度。

1843 年中英签订《五口通商章程：海关税则》，其中第三条规定："英国商船一经到口停泊，其船主限一日之内，赴英国管事官署中，将船牌、舱口单、报单各件交予管事官查阅收贮；如有不遵，罚银二百元。若投递假单，罚银五百元。若与未奉官准开舱之先，遽行开舱卸货，罚银五百元，并将擅行卸运之货一概查抄入官。管事官既得船牌及舱口报单等件，即行文通知该口海关，将该船大小可载若干吨、运来系何宗货物逐一声明，以凭抽验明确，准予开舱卸货，按例输税。"第六条："凡系进口、出口货物，均按新定则例，五口一律纳税，此外各项规费丝毫不能加增。其英国商船运货进口及贩货出口，均须按照则例，将船钞、税银扫数输纳全完，由海关给发完税红单，该商呈送英国管事官验明，方准发还船牌，令行出口。"第八条："英商进口，必须钞税全完，方准进口。海关应择殷实铺户、设立银号数处发给执照，注明准某号代纳英商税银字样，作为凭据，以便英商按期前往。缴纳均准用洋钱输征，惟此等洋钱，色有不足，即应随时随地由该口英官及海关议定，某类洋钱应加纳补水若干，公商妥办。"② 以上条款对外国货船进口报关、进出口货物纳税以及代收税款机构和缴税所用货币等内容均作出详细规范，此外该条约还规定了英国

---

① 云南省地方志编纂委员会：《云南省志》卷三十二，云南人民出版社 1996 年版，第 170 页。

② 王铁崖：《中外旧约章汇编》第一册，生活·读书·新知三联书店 1982 年版，第 40—41 页。

官员和海关官员联合验货和确定秤码丈尺等度量衡的具体内容。

蒙自、思茅、腾越三个海关开办后，分别制定了各自的通商专条。在这些章程中，对关税的征收和缴纳程序各海关在国家制度的基础之上，分别根据各自通商口岸的实际情况予以了相应的设置。如《开办蒙自正关通商章程专条》就对货到报关、查验货物、完纳税项、发收和呈缴税单作出进一步明确。如规定："凡有货物或由北圻，或由内地贩运北圻，到蒙自关卡界内，在十八个时辰以内务须报关。用汉文、英文两单，开明货物件数、包外字号，或斤数，或尺数，或估价，以便算其应纳之税。并填明由何处来，往何处去，及运货人名。如有货物十八个时辰以后该商未曾报关，每耽搁一天，罚银五十两。惟此罚银，至多不过二百两。如有货商假报其货之斤两、货色，希图漏税，该货应罚入官。""凡货物，必运至验货厂，查验以后，由关发给验单，注明该货应税之银数。验单所开之银数，应在官银号兑交，换领号收为据。在本关递呈官银号号收，即可请领或进口或出口税单。""凡货物往北圻者，应在河口分卡呈缴出口货单。往内地者，应在西门外分卡呈缴进口税单。"①

较为特殊的是，蒙自关对出口鸦片在1890年前并不征税。此后规定凡出口往东京地区并有厘金税票护送的鸦片每担征收出口税20海关两（按1858年税则规定，鸦片不属于值百抽五的货物），同时向海关缴销厘金税票。若无厘金税票护运的鸦片在报关出口时，除缴纳出口税外，还要向海关再缴20海关两作为内地厘金补足部分。②

子口税征收制度相较进出口正税和船钞的征收略有不同。子口税包括进口子口税和出口子口税两种，进口子口税是对经通常口岸向内地运送的洋货征收，出口子口税是向内地与通商口岸之间运送出口的土货征收。根据《天津条约》的规定，洋商运洋货入内地的子口税，税率是从价征课2.5%。凡洋商运洋货从通商口岸入内地，应将该货名目、数量、进口船名、运往内地何处等项翔实填明，报进地海关查验，确系原货，一次完纳进口税和子口税后，随由海关发给进口税单，称为"运洋货入内地之税单"（Transit Pass Inwards），该货便得以放行。③ 此后经过各关卡时，

---

① 李春龙等：《新纂云南通志》（七），云南人民出版社2007年点校本，第102页。
② 云南省地方志编纂委员会：《云南省志》卷三十二，云南人民出版社1996年版，第164页。
③ 王铁崖：《中外旧约章汇编》第一册，生活·读书·新知三联书店1982年版，第97页。

只需将税单呈验,由关卡查核单货相符,即盖戳放行。无论运输路程远近,一律免征税厘。若经关卡查验,发现货色、件数与原税单不符者,即将该货没收归公。1880年总理衙门统一规定洋货税单的款式,包括单式和戳式两部分,并通知总税务司及各关照办。出口子口税的征收也在《天津条约》和《通商章程善后条约:海关税则》中有较为详尽的规定。此类子口税针对洋商出口的土货征收,若土货是运出国外则不能享受该种税收优惠。出口子口税仍是从价课征2.5%。洋商往内地购买土货之前,须先向本国领事申请,由领事向海关监督处领取出口税单,即"购买土货报单"(Transit Pass Mamoraldum)。该报单由三联组成,通称"三联单"。① 洋商在内地购买土货之后,由送货人开单,填照货物名目、数量、购入地点、何口卸货等项,在经过第一子口时,将三联单一并呈交。该子口将第一联盖印加封,由驿递送出口海关查明。第二联盖印加封,送海关监督按月呈报总理衙门备查。第三联留存第一子口,照单填发该货运照(Conveyance Certificate)。②

运照货物不许在中途贩卖。货物运抵最靠近指定装船口岸的子口时,商人必须准确填报货名、件数、重量等清单报关,再由海关发给过卡准单,随即将货物送交海关码头验货,缴纳子口税,该货装船出口,再完纳出口税。《天津条约》规定出口货物应在内地经过第一子口缴纳子口税,《通商章程》改订为运抵出口口岸时,向海关缴纳。三联单的有效限期,各关规定不一致,有一年、半年、三个月,也有十三个月不等。③ 除此之外,以上条约对偷税和逃税行为也作了相应规定,一旦发现,货物全数罚没入官。

通过以上数据显示,关税对促进或阻碍对外贸易、国内工业的发展具有巨大的影响。无论是税率的制定、体制和政策的变更、税目的增减,都必须给予充分的注意和考虑。既要注意到全国整体的统一性,又必须考虑各地经济实力的特点,因地制宜。既要注意财政收入的增加,也要考虑商

---

① 黄胜强等编译:《旧中国海关总税务司署通令选编》第1卷,中国海关出版社2003年版,第240页。

② 1861年总理衙门与英国公使卜鲁士(Frederick Bruce)共同议定实行三联单与运照制度。同年12月由赫德拟具实施办法和运照的统一格式,由总理衙门咨行各省的海关、厘卡执行。转引自陈诗启《中国近代海关史》(晚清部分),人民出版社1993年版,第215—216页。

③ 王铁崖:《中外旧约章汇编》第一册,生活·读书·新知三联书店1982年版,第98页。

人成本的承受力和国内工业发展的需要。才能发挥关税促进经济发展的积极作用。

二 近代云南对外贸易的厘金制度

自咸丰三年（1853），清政府开始征收厘金，至国民政府实行"裁厘改统"最终取消厘金。厘金征收全国没有制定统一标准，各地根据本地实际情况自定税则，因此厘金种类及名称繁多，征收厘种也各不相同。

（一）厘金种类和税则

厘金从征收对象分，有百货厘、盐厘、土药厘、茶厘、洋药厘、大锡厘、铁厘、绸缎厘、棉花厘、糖厘等。若以课税地点为标准，可分为出产地厘金、通过地厘金和销售地厘金。通过地厘金，又称行厘，是以货物由甲地至乙地的运输行为为征收对象。在销售地课征的厘金称销售地厘金，也称坐厘，坐厘是以国内不出口货物为课征对象，亦是厘金的重要来源之一。

1. 清末时期云南征收厘金的种类和税则

1874年，云南巡抚岑毓英以"籍供兵饷"为名，奏报清政府请准开征厘金。因各地自行分界抽收，自定征收种类及税率，导致厘金抽收混乱不堪。至光绪初年，始由云南厘金总局拟定统一章程，划定征收范围及厘种，省内各厘金局遵照办理。厘金种类大致可分为11类，包括百货厘、盐厘、茶厘、红糖厘、烟厘、土酒厘、绸缎厘、鹿茸厘、麝香厘、大锡厘和省货厘。其税率情况如下表4-8所示。

表4-8　　　　　清末云南征收厘金的税种和税率　　　　　单位：厘银

税种	税率	年平均收数
百货厘	土药厘每千两抽6两，光绪二十三年加1.2两其他货物大多值百抽五	200000余两
盐厘	各井盐厘分别核定，每百斤抽0.3两或0.2两或0.15两	13000余两
茶厘	细茶每担抽1.2两；粗茶1两；宝红茶每百斤抽0.4两光绪二十一年各加二成，二十七年又加二成	46000余两
红糖厘	每百斤抽0.1两光绪二十一年加0.02两，二十七年又加0.02两	4700余两
烟厘	川烟厘每百斤抽0.1两，光绪二十一年加0.3两，二十五年又加0.4两，光绪三十二年川烟叶每百斤抽正、加厘各0.5两，川烟丝每百斤抽正、加厘各0.6两土烟厘每百斤抽0.08两，光绪三十二年每百斤抽正、加厘各0.2两	4300余两
土酒厘	清酒每百斤抽正、加厘0.06两；四川仿绍加大每坛抽0.15两；川陕大曲每百斤抽0.5两，光绪三十二年改为土酒每百斤抽正、加厘各0.2两	200余两

续表

税种	税率	年平均收数
绸缎厘	每斤抽0.4两，光绪二十七年改为每斤抽正厘0.2两，加厘0.1两，光绪三十二年改为苏杭绸缎每斤抽正厘0.4两，加厘0.2两，四川绸缎每斤抽正厘0.3两，加厘0.2两	20000余两
鹿茸厘	南茸每架抽1.2两，麋茸每架0.6两，光绪二十七年南茸每架加抽0.8两，麋茸每架加0.4两	70余两
麝香厘	每斤抽4两，光绪二十七年加抽2两	800余两
大锡厘	每张抽12两，光绪二十七年加抽4两	27000余两
省货厘	按原材料厘率减三成征收，光绪二十七年改为大帽每百顶抽0.6两；瓜皮缎小帽每百顶抽0.15两；洋缎小帽每百顶抽0.1两；丝绵每斤抽0.06两；纱帕每连抽0.06两；缎靴每双抽0.9两；镶、素各鞋每百双抽0.5两；粗、细故衣每百斤抽0.9两；细新成衣每百斤抽2两	加厘700余两

云南省地方志编纂委员会：《云南省志》卷十二，云南人民出版社1994年版，第316—319页。

结合表4-8和史料，作如下具体分析。

第一，从表中数据，可以看出百货厘在云南省厘金征收中所占比例最大。百货厘的课征范围几乎涵盖了民间所有日用品，征率大都定为值百抽五。光绪三十年，因筹措练兵经费，云南省厘金总局决定对土药开征厘金。实行以后收效显著，厘金数目可观，土药厘随即成为百货厘的主要收入来源。后来因"摊还赔款"及"汇助京饷"等原因，云南先后对药材、糖、棉、铁、缎、帽等商品实行加厘，但所征税额相对鸦片而言，仍是少数。宣统元年实行禁烟，停征土药厘，导致百货厘收数锐减。根据相关数据统计，"光绪三十四年，收百货厘银贰拾贰万捌仟玖百伍拾余两。宣统元年，仅收银壹拾玖万肆仟伍百余两"[①]。云南省的实业基础较为薄弱，没有大宗商品出产，百货行业中，商人大多依靠将鸦片运送至外省换取百货运回，所以禁烟后，百货输入也相应减少。

第二，盐厘包括本省盐厘、川盐厘和粤盐厘三种，抽厘方式与税率也各不相同。就本省盐厘来说，不同盐井抽取的厘金也不尽相同。本省产盐向来按井从量定额，"黑、元、永、白、乔、阿、草、琅等井，每销盐百斤，均抽厘银叁钱；石、磨、抱、按、恩、景等井，每销盐百斤，均抽厘银贰钱；喇、云等井，每销盐百斤，均抽厘银壹钱伍分"[②]。川盐厘在云

---

① 李春龙等：《新纂云南通志》（七），云南人民出版社2007年点校本，第317页。
② 云南省地方志编纂委员会：《云南省志》卷十二，云南人民出版社1994年版，第84页。

南省历来仅有昭通、东川、镇雄三地销售川盐，故由当地厘局抽收。光绪年间，为减轻商贾销售川盐的沉重税赋，四川省按照川盐在贵州销售的抽厘办法，统一由四川包缴盐厘。从光绪九年开始，"每年由四川官运局认解银壹万肆仟两。二十八年，经复咨商，酌量增加银陆仟两。合原认额，共银贰万两。年清年款，历经照办在案"①。粤盐厘的征收区域在广南府，最初"入关概不完厘，出关始行抽收"，因商家操纵，盐厘收数甚微。光绪三十年，盐道会同布政司委派专员查明，"广南行销粤盐，岁可销贰百伍拾万斤"。为防止商人偷漏盐厘，厘金抽收办法改为："入关即填给引票，每盐百斤抽收厘金银陆钱。"②

第三，从统计表中还可看出，茶厘收入也是云南厘金收入的主要来源之一。茶厘因茶的种类不同，厘率也有所不同。普茶厘金依旧章所定："细茶每担收银壹两贰钱，粗茶每担收银壹两，其宝红茶每百斤收银肆钱各局年约收银贰万捌仟至叁万两不等。"③ 光绪二十年，户部急于筹饷，奏准加收茶、糖厘金。云南省经司局详议核准，由二十一年正月初一日起，照原定征收茶厘加二成抽收，普洱细茶每担加收银贰钱肆分，粗茶加收银贰钱，宝红茶每百斤加收银捌分，以原征数为正厘，加征数为加厘，茶厘收数每年亦增加二成，约合银伍仟数百两至陆仟两不等。④ 正厘中除一成留局备用外，其余加收所有款项一律上报，不计入厘金局比较数目栏，厘局不得截留开支。光绪二十七年筹摊赔款，各于二成加厘外再加二成，共加四成。其中，原先加收的二成厘金用于解助军饷，新加的二成用于赔款。云南省的茶厘收入，以历年收数平均核计，年约收正厘银 28000 两，加厘银 9000 两。⑤

云南省的厘金收入除以上 11 类商品外，还有各项杂收。大致可分为 5 项，分别为随厘加色、开支扣获平余、核减各局开支、包收省城牲畜、油、酒厘和罚款。分述如下：

（1）随厘加色。云南省各地抽收厘金因所用砝码不同，银两大小不一，且银两成色高低不齐。针对此情形，光绪十一年，省内各厘局统一改

---

① 李春龙等：《新纂云南通志》（七），云南人民出版社 2007 年点校本，第 320 页。
② 同上。
③ 罗玉东：《中国厘金史》，商务印书馆 1936 年版，第 424 页。
④ 同上书，第 425 页。
⑤ 李春龙等：《新纂云南通志》（七），云南人民出版社 2007 年点校本，第 321 页。

用库平砝码收取，同时要求商户用足色银两缴纳厘金。其后，因整顿土药厘金以及签订赔款协议，急需充盈国库，云南厘金总局通饬各厘局在收取土药、井盐、大锡三类货物厘金时，按双印公估纹银，每两加壹分伍厘补足成色。① 截至光绪三十四年，历年所收随厘加色平均核计，年约收银8900两。自宣统元年停收土药厘后，收数锐减，年仅收银4000余两。

（2）开支扣获平余。滇省厘金报部支款，向来是均按库平支放，并无核扣减平之案。光绪二十三年，奉准部咨："御史宋伯鲁奏请添扣各项减平以裕饷源等因，当经由局详准，将支发各府、厅、州、县佐贰杂职津贴、文武月课、奖赏、货厘各局一成局用、盐厘五分开支等项，向由厘金项下报部支用正款，均自二十三年十月初一日起，每两核扣肆分，统按湘平发给。嗣奉部驳饬：每两应扣减平银陆分。复经局查核，厘金项下报部支用正款，往年约共银伍万叁仟数百两。按每两核扣肆分，年应解部减平银贰仟壹贰百两，统由本省之实支项下每两所扣叁分陆厘平余数内提解，合向由平余应支故员帮项等款，通盘筹计出入，每年尚不敷银叁百余两。今报部正款应遵部饬，每两扣减平银陆分，则厘金项下报部支用正款，每年应加解银壹仟余两，拟由厘金外销提款弥补。"② 至二十四年三月初一日起，每两一律核扣陆分减平奏准，办理在案。二十五年，奉准部电："每年应付汇丰洋款指拨云南省新章减平银贰万柒仟两，节经划提抵解在案。至宣统元年，始奉部奏准截留，作为滇省添练新军薪饷等因。统计平余一项，年约扣获银叁仟伍百数拾两。"③

（3）核减各局开支。云南省各厘金局所收厘金，均按一成提留（盐厘提五分）开支。光绪二十五年，清廷要求整顿各省关税、厘金、盐课积弊。云南时任巡抚丁振铎下令将各厘局一成提留、盐厘五分均各裁减贰分。但各厘局实际开支大都无法节省出核定数目，所以从光绪二十六年起，该项不足部分均由加色项下提解。统计核减各局开支，年仅收银3600余两。

（4）包收省城牲畜、油、酒厘。省城牲畜、油、酒厘税向来都是六城局厘员私派包收，因官员从中谋私，每年报解数仅为2000余两。光绪三十三年，经总督锡良访查确实，将此项厘金收归厘金总局招商，包收包

---

① 李春龙等：《新纂云南通志》（七），云南人民出版社2007年点校本，第319页。
② 罗玉东：《中国厘金史》，商务印书馆1936年版，第429页。
③ 李春龙等：《新纂云南通志》（七），云南人民出版社2007年点校本，第321页。

解。"于三十三年六月初一日起，每月拟定包款市平纹银捌百叁拾叁两叁钱。定以腊月减让下半月，正月减让上半月，以示体恤。遇闰照加。上月包款饬于下月初三日以前呈解，总局核收存备，作为禁烟局经费。"① 该项厘金，每年约收厘银9166两。

（5）罚款。客商贩运货物，经过厘金关卡，须照章缴纳厘金后，才能运往市场出售。凡有夹带私货、偷逃厘金不报关纳税者，一经查出，处以重罚。滇省定罚漏厘规章，凡漏厘之货应纳正厘10两以上者，于正厘外加罚三倍；3两以上者，加罚两倍；3两以下者，加罚一倍。② 各地来往客商，偷逃厘金的情况很难掌握，故实施罚款亦无定数。据各局册报，每年罚款多则六七百两，少亦百余两或十余两不等，均随同正、加各厘汇解总局。

2. 民国时期云南征收厘金的种类和税则

中华民国建立之初，云南省的厘金征收，虽个别内容有所变动，但大体仍沿用清朝旧制。1917年，云南省制定了《云南省征收厘金暂行章程》，调整了部分厘局上缴厘金的额度。

1922年，云南省财政厅为了增加财政收入，对厘金章程作了修订，将厘金的征收范围按货物分成13大类436项，分项从量定额征收，计有盐铁铜锡类22项，茶糖烟酒类22项，绸缎丝绒类24项，布匹棉麻类26项，呢绒毡毯类27项，衣帽鞋靴类27项，花幔刺绣类24项，珠宝类13项，钟表类18项，油蜡类15项，海味食物类52项，毛革类27项，药材类139项。取消本省产黄白丝原征厘金，改在出省时征收土货出口税。各项征率多不相同，如麝香每斤征银6两，柴胡每百斤征银4钱，四川的窄面红布每匹征银3分等。③ 同时规定各厘局直属省财政厅领导，厘局委员的任免、奖励由省财政厅管理，实行委员任期内缴纳保证金的制度。

1925年，省公署为了克服财政困难，制定了《云南省征收内地厘金暂行章程》。规定凡由外省输入和本省输出的货物，均征收内地厘金。自7月1日起先在昆明、蒙自两局执行，腾越、思茅两局于8月1日起执行，其后在全省推行。征收内地厘金的货物扩大为27大类，货品571项，主要有：棉布及棉货类46项，火麻细麻丝呢绒货类32项，五金类7项，鱼介海产品类28项，荤食罐头食物日用杂货类28项，杂粮果品药材籽香

---

① 李春龙等：《新纂云南通志》（七），云南人民出版社2007年点校本，第320页。
② 罗玉东：《中国厘金史》，商务印书馆1936年版，第105页。
③ 云南省地方志编纂委员会：《云南省志》卷十二，云南人民出版社1994年版，第84页。

料蔬菜品类54项,糖品类4项,酒啤酒烧酒饮水品类33项,烟草品类5项,化学产品类28项,染料颜色品类35项,烛胶油皂漆蜡等品类26项,纸张类14项,生皮熟皮货类25项,骨毛羽发角介壳长牙等品类17项,木材木竹藤品类30项,煤燃料沥青柏油品类5项,瓷器搪瓷玻璃等品类9项,石料及泥土制成品类9项,石棉品类5项,袋席地席品类15项,纽扣类4项,扇伞御日品类10项,锉针品类2项,火柴及制造火柴料品类7项,五金线品类3项,杂货品类23项。① 征收办法改为从量定额计征和从价依率计征两种。各项货品的征额或征率各不相同。对未列入品类的货物,一律估价按5%征收。并规定运销商对应纳内地厘金的货物,愿纳内地厘金的,按厘金章程征收,愿纳海关子口税的按海关的税率减半征收。对已缴纳内地厘金或子口税的货物,凭票运销,1年之内通行全省,不再征税。民国十七年,曾将部分厘金按年上解厘额做过调整,但征收总数变动不大。② 民国二十年裁撤厘金,停征子口税,原征厘金的绝大部分货物改为征收特种消费税。

(二) 征收制度

厘金从清末开征直至民国时期,一直没有形成全国统一的征收制度,厘种、厘率以及征收方式等均由各省自定。

1. 厘金的征收方式

厘金针对出产、运输和销售这三个纳税环节,分别采取了不同的征收方式。下表以百货厘为例,大致列出厘金征收的几个环节。

表 4-9　　　　　　　　　百货厘金分类

	出产地厘金		出产税、山户税、出山税、各种土产税、落地税
百货厘金	通过地厘金	一次征收制	厘捐、统捐、统税
		二次征收制	土产厘—出口税;百货厘—落地税;进口税—起坡厘;起厘—落地厘
		四次征收制	起厘—验厘
		遇卡纳捐制	无特殊名称
	销售地厘金		全厘、门市月厘、销场税、落地厘或落地税

资料来源:罗玉东:《中国厘金史》,商务印书馆1936年版,第63页。

---

① 云南省地方志编纂委员会:《云南省志》卷十二,云南人民出版社1994年版,第85页。
② 云南通志馆:《续云南通志长编》(中册),云南省志编纂委员会办公室编校,1985年,第517页。

（1）在出产环节征收厘金，时间晚于运输和销售两个环节。海关开征子口税之后，由于货物通过海关进出口只需缴纳 2.5% 的子口税，且在全国通行不用再纳税。为了防止洋商在购运土货出口时，用子口税单避税，清政府专门在出产环节征收厘金，实行"先捐后售"的办法，即将行商贩运土货应缴纳的厘金，分出一部分由生产者负担。① 此项征收方式开始只限于丝、茶等土货，其后征收范围逐渐扩大。

（2）在运输环节征收厘金是厘金征收的主要形式，由于是对行商征收的厘金所以也称为"活厘"。各省在征收方法上有所区别，大致分为三种。第一种，一次征收制。即只在起运地征收一次，沿途不再征收，该征收多用厘金或厘捐这类名称。光绪二十九年（1903年）以后，有些地方将厘金多次征收并为一次征收，同时把厘金的名称改为统捐或统税。第二种，二次征收制。即在起运地和销售地各征收一次，也称首尾征收制。起运地征收的厘金称为"起厘"，销售地征收的厘金称为"落地厘"。第三种，多次征收制。是指在起运地征收一次以后，沿途一次、二次或不定次征收，这种征收方法叫作起验制。又分为两种情况：一种是一起一验制，即在起运地征收一次起捐，在下一个卡口再征收一次验捐。另一种是两起两验制，即在起运地和第三道卡口征收的厘金均称为起捐，在第二道、第四道卡口征收的厘金叫作验捐，共征收四次。除上述两种情况之外，也有遇卡即抽厘的，即途中每经过一道卡口，都要纳捐，次数不定。

（3）在销售环节征收的厘金称为销售地厘金，也称坐厘，是以国内不出口货物为课征对象，在销售地课征的厘金。征收方法也有两种，一种是向商号征收，另一种是货物落地还未入商号发售之时。后者类似于行厘之落地厘金即货运终点所征厘金。有学者认为："此举目的在于废除通过厘金。"② 出产地厘金是为应对外国人在出口土货时，利用子口税单避税而设置的。其征收办法是"先捐后售"，即由生产者承担一部分本应由行商缴纳的厘金。在厘金初办时，销售地厘金几乎普遍征收，收入仅次于通过厘金，后因东南各省如江苏、浙江、安徽、福建、广东等省，把征收厘金的重点转向通过地厘金，坐厘逐步被取消，只对外来的子口税单洋货和当地产当地销的货物多加征一道地税，以代替坐厘。

---

① 罗玉东：《中国厘金史》，商务印书馆1936年版，第58页。
② 同上。

2. 厘金的征收手续

厘种、厘率、征收方式均由各省自定，所以征收手续也各不相同。

行厘的征收手续主要分为三种类型：其一是散征，即由厘金局直接向商民征收。凡商人运货经过局、卡，首先要办理报验手续，经过查货、核算、征税流程后放行。此外，为了防止官商勾结，偷逃厘金，特设沿途查验之法。采取"以本商本货货票相符"的原则。① 凡下卡查验由上卡而来的货物，必须货票同时到卡，若查明货与票相符，即可加戳放行。若遇货票分离的情况，即认定是未缴厘金的私货，要处以罚款。在查验过程中，若货物多于票据记载，即认定为商人故意夹带，要照章处罚。若货物少于票据记载，需查明是否于途中交易，并在票内注明才放行。其二是认捐，即由会馆或同业公所就某种货物约算出总额，与厘金局商定一个纳税总额，由会馆或同业公所向厘金局负责缴纳，然后再分摊给各商号。这样可以使商号免去缴纳厘金的纷繁。凡由厘金局许可认捐的同业组织，均设立有认捐公所，冠以行业名称，如"洋货认捐公所""纸业认捐公所"等。② 当时商业兴旺的省份，如广东、江苏、浙江等省，对主要经营的商品，大多采取认捐的办法征收厘金。其三是报捐，即同业以外的人，主要是地方绅董把一定地区应纳的厘金承包下来，由承包人办理征收事项，按承包额向厘金局缴纳，多收的部分归承包人所得，不足部分由承包人包赔。③ 由于承包人的目的是赚钱，所以这种办法弊端更多，苛扰更大。

对向坐商征收的坐厘，大致分为官征和商人包缴两类。因坐厘征收是以各商铺每月营业总额为课税依据，所以营业总额的计算是征收工作的核心。计算方法有两种，一是估计，二是查实，即核查店铺每日流水账簿记载的银钱数目，合计总额。官征就是由厘金局对城市中所有坐商逐户稽核计算每月营业总额，并按税率征收厘金。但是此种按户逐一计算的征收方法费时费力，令官商两方都颇感不便，所以厘金局又制定了商人包缴的办法，即厘金局订出商家每月固定应缴厘金数目，再由同行商家推选出一家或数家商铺经办纳税事宜。④ 包缴省去了厘金局查核的烦琐手续，因税额

---

① 周育民：《晚清财政与社会变迁》，上海人民出版社2000年版，第165页。

② 史志宏、徐毅：《晚清财政：1851—1894》，上海财经大学出版社2008年版，第116—117页。

③ 何烈：《厘金制度新探》，商务印书馆1972年版，第324页。

④ 罗玉东：《中国厘金史》，商务印书馆1936年版，第107页。

固定，不会随时变动，对商户也颇为有利。商户缴纳厘金，有按月、按季度或按年三种办法。坐厘征收不用厘票，在厘金局设置流水账簿，商户缴款后在账簿上登记，最后，账簿按月上交总局。

3. 对偷逃厘金的处罚

凡商贩装运货物，有以多报少，以贵报贱或企图扰越厘局、厘卡等偷缴、漏缴厘金的行为，都会按照厘章予以罚款处罚，即在缴纳应完正厘后，再按应缴厘金数目的若干倍收取罚金。咸丰十一年户部颁发章程，将罚金数定为应缴数的一倍，各省认为尺度太低，都未遵循，各自改定。云南厘金总局规定，货价在十两以上者三倍示罚；三两以上者两倍示罚；三两以下者一倍示罚。①

为防止司巡私收罚款或额外苛索罚金，总局规定罚款数目必须与应缴厘金数目一并填在厘票上，并且要求将每天被罚商人的姓名和罚款数目贴在厘卡门外公示。虽然制定的规则较为严密，但仍不能防止司巡徇私舞弊。一直以来全国各省定章，厘金罚款中的一部分会作为奖励发给具体经办人员，但云南情况较为特殊，厘金罚款全部上缴，没有奖励发放，所以司巡等具体办事人员在遇到商贩有偷逃厘金行为时，大多不愿报公，而是与商贩、船户私了，只要出钱就能免罚或减轻罚款。苛索行为同样难以避免，一旦遇到偷漏厘金的商贩是过路生客，不知当地厘卡罚金倍数，司巡等具体办事人员就会趁机多罚，中饱私囊。

（三）云南厘金的收支概况

云南厘金比较章程定于何年，已无详细记载，宣统元年（1901）以前所定比较征纳银两数目全省共计389140两，宣统元年经司局改定为326620两。② 各厘局改定前后所定详细比较数目如表4-10所示。

表4-10　云南省各厘金局比较数目（宣统元年前后的比较章程）　　　　单位：两

局别	原定比较数（两）	改定比较数	局别	原定比较数	改定比较数
六城局	14000	14000	漫乃局	7300	7300
宜良局	2350	未定现额	倚邦局	1400	1400
阿迷局	新设之局，未定比较		副官局	8200	5000
嵩明局	3000	3000	竹园局	3000	3000

---

① 李春龙等：《新纂云南通志》（七），云南人民出版社2007年点校本，第320页。
② 同上书，第321页。

续表

局别	原定比较数（两）	改定比较数	局别	原定比较数	改定比较数
昆阳局	2000	1200	开化局	1480	2660
武定局	7600	7000	剥隘局	8000	4000
曲靖局	7000	3500	个旧局	8000	8000
新嶍局	16000	15000	下关局	18000	8000
陆凉局	4000	3200	弥渡局	5200	1000
平彝局	5000	5000	永昌局	14400	12000
宣威局	4600	6000	腾越局	4200	3000
东川局	3000	3000	龙陵局	2200	2000
蒙姑局	5150	5150	缅云局	7000	4000
盐井渡局	10000	10000	丽江局	5000	4500
牛街局	4600	2600	蒙化局	12400	2000
普洱渡局	2900	2900	楚雄局	5200	2200
罗平局	3000	2200	临安局	6000	6000
镇雄局	6200	5400	通海局	13000	12000
昭通局	2800	2900	他郎局	1480	1480
寻甸局	5230	4230	姚州局	3000	1400
仁和局	17200	17200	景东局	3300	3000
顺宁局	8000	7500	威远局	6000	4000
永北局	4400	4000	皈朝局	1400	1400
思茅局	15950	15950			

资料来源：李春龙等点校：《新纂云南通志》（七），云南人民出版社 2007 年点校本，第 325—326 页。

云南厘金总局一般都以正厘、加厘分别报销。所收正厘按半年一次汇齐，各局报收数通盘合计，以 2/3 为报部正款，以 1/3 为本省外销。光绪二十年，因汇助京饷，加征茶、糖、烟、酒等厘。光绪二十七年后，续加茶、糖、绸缎、鹿茸、大锡等厘，加厘随正厘报销。据云南财政说明书记载，光绪初年省内厘金收入为二十六七万两，以土药厘金为收入大宗。李光圣在《光绪会计录》中记载，光绪十九年，云南厘金收入为 252394 两。英国人詹姆士在《中国度支卡》中估算云南每年收缴厘金 300000 两。罗玉东先生在《中国厘金史》中统计，光绪三十年，云南省土药厘金收入 216834 两，约占全部厘金收入的 2/3。至光绪三十四年，实行禁烟后，厘金收数锐减，百货厘当年收得228950两，宣统元年更低，仅收194500两。民国时期，对云南厘金征收数缺乏完整统计，据《云南省志·财政志》记载："民国十一年（1922）征收24万元，民国十二年征收31万元，民国十三年征收25万元，民国十四年征收24万元，民国十五年征收11万元，民国十七年征收32万元，民国十八年征收25万元，民国十九年征收45万元。"①

云南省厘金局的经费开支，自同治十三年订立章程，各分局经费照收入一成开支，总局用项核实造报。光绪三年准照部章改定为无论总局分局，照一成发放，分局支销八分，总局开支二分。至宣统年间，云南各厘金局的经费开支主要包括洋纱局员役薪工，各厘金分局及稽查委员薪水、伙食，各厘金分局开支局用，各厘金分局解银册盘费和各厘金分局解税盘费等几项，每年为30000余两。②

---

① 云南省地方志编纂委员会：《云南省志》卷十二，云南人民出版社1994年版，第85页。
② 罗玉东：《中国厘金史》，商务印书馆1936年版，第428页。

第五章

近代云南对外贸易法律制度对社会变迁的影响

国际贸易理论主要分为贸易保护理论和自由贸易理论两部分。最早的贸易保护理论可追溯到资本原始积累的重商主义时期，先是禁止贵重金属外流，后是管理货物进口，追求贸易顺差，奖出限入，同时扩大到产业政策。以后的贸易保护政策也带有这一痕迹。而最早的自由贸易理论则产生于英国工业革命之后。贸易保护政策限制了英国工业的进一步发展，奖出限入政策限制了原材料的进口，而通过自由贸易，可以使生产要素得到最优化的配置，形成相互有利的国际分工。任何国家在任何时期，都不是简单的绝对的平分自由贸易或贸易保护，而是某一种政策，占主导地位。一般而言，站在本国立场多主张贸易保护，但在世界范围之内，又多提倡自由贸易。在国家经济实力雄厚时多主张自由贸易，在经济衰退或弱小时又多实行贸易保护。

第一节 近代云南对外贸易法律制度对经济发展的影响

近代中国，由于所处历史背景特殊，处于半封建半殖民地社会，西方殖民者纷至沓来，强迫晚清政府签订了多项不平等条约，从而丧失了经济主权。反映在对外贸易上，主要体现在海关管理权和关税自主权的丧失。由于列强为满足其原材料掠夺和工业制成品倾销的需求，此时中国的对外贸易政策表现为被迫开放与片面的[①]自由贸易政策。1928年后，南京国民政府积极展开政治斡旋，与西方国家进行了多轮收回关税自主权的谈判。随着国民政府各项主权的逐步收回，中国完全被动的对外贸易政策也转变

---

① 华商和洋商贸易地位不平等，华商明显处于劣势。

为自由贸易与贸易保护相结合、张弛有度的对外贸易政策。对外贸易法律制度是对外贸易政策的条文化、法律化。不同时期的对外贸易法律制度会直接作用于对外贸易的发展和走向，最终对社会经济产生影响。

一 近代云南对外贸易法律制度对云南省进出口贸易的影响

关税制度是世界各国对外贸易法律制度中最基本的一项政策。设置关税壁垒可以对外国进口商品征税，从而提高其商品价格，降低其产品竞争力，达到保护本国同类产品的目的。因而关税是各国限制外国商品进口，保护国内生产和市场方面的重要手段。在近代云南对外贸易发展过程中，关税也占有至关重要的地位。关税税率及指征对象的变化，会直接影响商品进出口品种和数值的变化，对进出口贸易产生影响。

1842年中英《南京条约》规定，中国的进出口关税税率，一律严格固定为值百抽五。由于最惠国条款的实施，其他国家的输华商品也都援用了这一税率。这一税率本来就处于极低的水平，但在英法等殖民国家的胁迫下，清政府被迫接受在云南实行特殊的西南边疆陆路进出口税减税办法。即洋货输入在值百抽五的基础上减3/10；土货输出则在值百抽五的基础上减4/10。这一税率完全丧失了关税本身所固有的调节进出口贸易、保护民族工商业的作用，为洋货倾销大开方便之门。同时，外国商品除了在进出口税上享受优惠之外，只需缴纳2.5%的子口税，就可以不再负担任何税负的情况下在中国各地市场行销。与此相反，本国商品在国内运销时，税卡重重，大大增加了商品的成本，从而丧失了土货产品的价格优势。所以云南市场上，洋货挤垮土货的现象屡见不鲜。至于云南的出口贸易，除了要缴纳本国关税和厘金之外，滇越铁路高昂的费用和借道越南被征收的过境税、杂税，都对中国产品的出口设置了重重障碍。如1911年《蒙自口华洋贸易情况略论》曾有如下记载："乃自条约签订设管征税以来，所有进出口之洋土各货减收税率，我方也已照约履行；而土货过境，越关则任意苛征并未照第十二款所载不得超过货值百分之二之条文办理。"[①] 这些不平等条约无疑都对云南的进出口贸易产生了不良影响。

中国工商各界和广大民众不断对协定税率提出抗议，强烈反对这种侵

---

① 海关总署总务厅、中国第二历史档案馆编：《中国旧海关史料》第57册，京华出版社2001年版，第450页。

犯中国主权的行径，并坚持不懈的向历届政府呼吁收回关税自主权。1927年4月，南京国民政府成立。国民政府出于巩固政权、稳定局势、增加财政收入的综合考虑，从成立伊始就致力于关税主权的收回，分三个阶段逐步实现了关税自主。

第一阶段，与美国、英国、法国、德国、比利时等国签订新的关税条约。为顺应民意，摆脱协定关税对国民经济发展的长期阻碍，南京国民政府最初希望通过单方面宣布关税自主并颁布国定《进口税暂行条例》的方式，实现关税自主。然而这一做法遭到了列强的一致反对，只能改为以协商方式，通过废除旧约、另定新约，逐步实现关税自主。1928年，国民政府代表财政部长宋子文与美国驻华公使马慕瑞在北平签订了《整理中美两国关税关系条约》。其后，国民政府又陆续与英、法、德、比、意等国签订了新的关税条约。在中国与各国所订的新关税条约中，主要规定了以下内容：第一，承认中国有完全的关税自主权；第二，缔约双方实行最惠国待遇；第三，国民政府裁撤国内通过税。在这些条约中，各国都声明取消在中国的一切关税特权，使南京国民政府初步实现了关税自主。

第二阶段，南京国民政府于1928年12月，颁布《海关进口税税则》。在原有5%的进口正税基础上，加征2.5%—22.5%的七级附加税。该税则自1929年2月1日起开始实施，作为从协定税则向国定税则的过渡。

第三阶段，南京国民政府在1931年正式实施国定关税税则。因日本借由西原借款的偿还问题，迟迟不肯与国民政府签订新的条约。在经过两年多艰苦卓绝的谈判后，日本最终同意在1930年5月6日与中方签订《中日关税协定》，承认中国的关税自主权。此时，南京国民政府的关税自主基本实现。1931年的国定税则将进口税则分为16类647目，设12级税率，最高征收50%的进口税。与此前的税则相比，不论是税目或税率都有大幅提升，在抵制外货倾销和保护民族工商业发展方面起到了积极作用。虽然海关税则在全国范围内统一实行。但就云南的实际情况而言，与国家有不同步的地方。在恢复中国关税主权的谈判中，国民政府于1930年与法国就中越商务有关事宜达成协议，签订《中法规定越南及中国边省关系专约》。按照条约内容除绵羊、火腿、生皮、皮货、猪鬃、蜡、麝香、牛羊角、中国面条、山薯、鲜果、干果、火麻、大理石、铅矿砂、生铅块、含锑或不含锑之铅锭、条片、锡块、瓷器、生丝、机料纸、手工纸、装饰纸、硝皮、笔、墨、扇、胡椒、辣椒、肉桂、豆蔻、丁香、茶叶、丝织品[①]等物以外，其他中国货取道越南，皆要照"值百抽一"收取过境税。

此外，由于1929年后国民政府取消了云南与英属缅甸、法属越南的减免税率特殊规定，同时，关平银两与滇洋汇率减半的办法也被取消。1930年海关进口税又复改为按金单位征收。1931年在裁撤厘金后，为弥补地方财政经费，云南省加收特种消费税。[②] 一系列举措使云南地区进出口贸易的税率大大增加。由于税率提高，商品价格上涨，对云南各口贸易产生了影响。据海关关册记载：

（一）蒙自关

1929年，本年海关施行新税则，并取消减征关税之特别利益（即以前所订货物通过中越边境之税），皆影响进口贸易。……自税收方面观之，该关自有史以来，实以本年为足记。盖本关欲得一固定币位，为征发税课之标准，今于本年十一月实行。于是该关征税之折合率，乃与其他口岸相似。但为体恤商艰，现在各项税课，只照定率折半征收，即关平银100两等于滇银234.5元，故该关税收增益甚多。[③] 1930年，海关施行新税则，并取消关平银两与滇洋汇率减半征收关税的办法，改按十足汇率征收，造成棉货进口锐减。1931年，本省开征特种消费税，黔桂交通日益便利，出入贵州的货物，均改走广西。

（二）思茅关

1929年，实施新税则值百抽27.5%，税负增高致使进口鹿茸锐减。1930年2月，国民政府规定海关进口税改按金单位征收，而省府自三月一日起至十月底止，又加征进口货附税，使思茅商务几乎停顿，走私猖獗。1931年实施特种消费税（税率2.5%—17.5%），影响贸易甚大，逐

[①] 云南通志馆：《续云南通志长编》（下册），云南省志编纂委员会办公室编校，1985年，第89页。

[②] 此项税则中，应税商品达349种，其中滇产33种，外省及外国产314种。应税率最低5%，最高30%。引自云南省地方志编纂委员会《云南省志》卷十二，云南人民出版社1994年版，第92页。

[③] 海关总署总务厅、中国第二历史档案馆编：《中国旧海关史料》第106册，京华出版社2001年版，第97页。

渐呈缩减之象。

(三) 腾越关

1929 年，取消了所有的边关减税法，致进口税率大增。本年生丝出口虽较上年多，而卢比价仍高，乃因出口生丝多囤积于缅甸，而缅甸市场所存人造丝甚多，故生丝价跌，不易脱手。当局有鉴于此，乃取消生丝出口附加税。① 1930 年，边关减税法取消实行新税则，使棉货进口不能复苏，走私盛行，海关统计数字愈见低落。1931 年，按照关平银两与滇洋汇率减半征收的关税办法取消，改按汇率十足征收，加以新进口税则之施行，皆为本年贸易不振之重要原因。出口杂货及丝，几至不能行销。②

综合以上各关记载，由于受实行新税则等因素的影响，云南省进出口贸易在 1930 年以后锐减。而三关的关税收入明显增加。

表 5-1　　　　　1928—1931 年三海关关税收入统计　　　　单位：海关两

年份	蒙自	腾越	思茅
1928	801214.734	88317.693	4838.269
1929	1065486.755	168957.882	7992.184
1930	1663957.767	212746.945	7517.07
1931	1593841.998	246853.561	21968.597

资料来源：云南通志馆：《续云南通志长编》（中册），云南省志编纂委员会办公室编校，1985 年，第 683—685 页。

上述情况在国民政府调整税率时曾多次出现。1932 年 5 月，政府规定生丝出口免税，此后，云南生丝出口获得长足增长。1933 年 5 月，中日特别关税协定期满，中国政府便充分行使关税自主权，再次修订并提高关税税率。1934 年制定新关税则，进一步提高"竞争性进口商品"的关税标准，由 1933 年所订税则的 19.9%，提高到 28.9%，以充分满足政府财政和保护国内工业的需求。关税税率如此变动，在全国工商业界引起极大反响。云南就有如下记载："1934 年土货较之 1933 年之 2082648（国币）元激增 400 余万元，恰好代替洋货进口减少之数。课件进口税之增

---

① 云南通志馆：《续云南通志长编》（下册），云南省志编纂委员会办公室编校，1985 年，第 590 页。

② 同上书，第 589 页。

加，足以保护本国幼稚工业之发展，而推广国货之销市。1935年又增加29%，尤以上海棉纱为大宗，有继续取代洋货进口之势。"① "向来滇省有靛青与生色精染料进口，其数甚多，但近年步趋衰落。1934年人造靛青进口127659金单位，比较上年减约十万金单位。" "以前洋纸进口数亦颇可观，1934年洋纸进口因价格太贵已经减少。"②

此后，每有关税政策的变动，都明显地影响到云南对外贸易的发展。例如，云南省政府为有利于甘薯外销制定了一系列关税政策。"云南甘薯之品质，有全国之第一号称。三四年省内丰收，为疏通剩余生产，故取消出口禁令，减低出口税，是年运往越南者约二千公担。三五年省府将出口税全部取消，甘薯出口达六三六二公担以上，增加220%。三六年再增至八六五一公担，又增加36%。三七年下半年起，则因省内人口激增，故十月以后省府再度禁止粮食出口，全年出口计七七三八公担，约减一千担。"③ 又例如"三五年因取消小包邮件转口税，转口税项关税减少50%，但同时转口邮件额呈增长之势"④。

1933年国民政府又实行新税则，原因是关税改用国币征收。刚开始推行地区并不广泛，对云南对外贸易影响也不明显。1935年11月实施法币政策后，法币作为本位币，不仅在上海有法币与外币的交换汇率，与滇省货币也有不同汇率。当时规定滇币作为法币辅币，兑换率为新滇币2元等于法币1元，沪汉汇价亦同此规定。但当时中央并不硬性收兑新滇币及云南白银，滇省大部分交易仍然以滇币为准，法币价值较法币汇率偏低，沪汇价格与法定价格不齐，因而商人可从中套利，形成旧滇币950元兑法币100元兑新滇币1000元的汇率市态，刺激了对外贸易发展。"是年（1935年）十月四日实行法币，港汇特利，人民购买力增加40%，故最后一季之进口大增。不过法币对新金单位亦相对跌价，足以为进口限制之因素，恰好为两种相反之势力。"⑤ "锡，向来为滇省主要出口品……三五年

---

① 云南省档案馆：《云南档案史料》第1期，1983年版，第66页。
② 海关总署总务厅、中国第二历史档案馆编：《中国旧海关史料》第116册，京华出版社2001年版，第72页。
③ 云南省档案馆：《云南档案史料》第1期，1983年版，第68页。
④ 海关总署总务厅、中国第二历史档案馆编：《中国旧海关史料》第146册，京华出版社2001年版，第29页。
⑤ 云南省档案馆：《云南档案史料》第1期，1983年版，第72页。

至最后一季因受法币改革之利益，大量出口，故全年外销出口量达七九三五八公担，较上年突增二万四千余公担。""猪鬃……三五年始因法国需要旺，出口达五五一公担，价值增加37%。尤其十一、十二两月乘法币改革之利，大量出口；三六年增至七七三公担，有一部分销往美国；至三七年再增30%至一〇七六公担，大部转销美国。"①

以上事实无疑说明了关税制度对国货贸易的发展起到有益作用，不仅扩大了国货出口，有利于改善贸易国际收支，而且优化了我国外贸出口的整体结构，有着重大的历史意义和现实意义。

二 近代云南对外贸易法律制度对云南省工商业发展的推动

至清末，云南的采矿、玻璃、造币、火柴、鞋帽、制革、卷烟、食品、公用事业、机具等部门和行业相继产生了工业。在昆明出现的近代工业，从军事、采矿等重工业部门开始，到清末几年时间里迅速向民用工业扩展，其实业性质也从开办之初的官办发展为官督商办、官商合办和商办等。1910年，滇越铁路通车后，将云南与资本主义经济体系对接，特别是"重九起义"云南都督府为推动社会经济的发展及对外贸易的进一步扩展，颁布了一系列发展近代工商业的举措，使云南近代工业有了大踏步地前进。

（一）近代云南对外贸易法律制度促进云南近代工业的起步和发展

1908年，云南陆军督练处在昆明东城外鲁班庙后创办云南陆军制革厂，设有制革、皮包、铜器、靴鞋四科，由日本人充任经理和技师，采用带徒制，有学徒工人200余名。生产产品主要供军队所需。此外，清末昆明官办的近代工业还有造币厂，于1906年在宝云局隙地开办。机器从上海定购，开办成本用银388170两，次年归部办，改名为度支部云南造币分厂，开铸大小银、铜币，有职工100余人。印刷局，1910年由云南劝业道督练处、财政局、警察所、官书局等处印刷机合办，于报国寺设点、机器多购自德国及上海，分铅印、石印两种，主要为政府机关印制文件表册等，工人100名左右。1909年创办的昆明市幼孩工厂，为官办的民用企业，生产鞋帽、布匹、线带等。

---

① 云南通志馆：《续云南通志长编》（下册），云南省志编纂委员会编校，1985年，第566—567页。

除官办企业外，昆明还出现了官督商办、官商合办及商办等近代工业。1883年在昆明创办的云南矿务招商局，是云南推行官督商办对铜矿进行机械化开采的尝试。该局在上海设办事处招揽商股，但经营成效不大。1887年唐炯任云南矿务督办，认为"非商股不能辅官本之不足，非机器不能济人力之穷乏"①。成立招商矿务局，主要经营东川铜矿、个旧锡矿、会泽铅锌矿等大的厂矿。于1888年购置外国机器，聘请日本技师，首先在东川铜矿采用机器生产，并在1899年因铜价上涨而获得盈利。耀龙电灯公司，1910年成立，为官商合办企业，该公司兴建的石龙坝水电站，为我国最早的水力发电站。

昆明的商办企业，从1904年开始发展起来。1904年开成玻璃公司在昆明创办，从事玻璃器皿的生产。此后清末昆明的商业企业有：华盛店（1906年成立，专制皮靴皮鞋及皮包等）、裕通有银火柴公司（1908）、松茂有限火柴公司（1909）、协和火柴厂（1909）、隆昌火柴公司（1910）、荣兴烟草公司（1909）、六合兴旺有限公司（1910，生产卷烟）、云丰机器面粉股份有限公司（1910，进行面粉加工）、民新罐头公司（1910）、裕通煤油公司、光华公司（1910，从事制革）、云雾茶庄（1910，进行茶叶加工及包装生产）、广同昌铜铁机器局（1910，生产铁门、栏杆、机器具等）。

蔡锷建立云南军都督府后，认为"非急振兴实业无以为自立之地"②，开设了全省模范工厂、劝业工厂等。近代时期工厂大为增加，并渗透到众多行业中。据记载，从1910年至1923年的14年间，不论资本多少，全省先后新设立55家工厂，资本总额国币170余万元。③ 同1909年以前相比，企业数增加了3.7倍之多。另据民国云南省建设厅档案记载，截至抗战全面爆发时止，云南各属工厂103家。④ 这个数字还不包括电力系统的工厂数。

考察云南省近代工业的发展，首先繁荣起来的是投资少见效快、技术

---

① 李春龙等：《新纂云南通志》（七），云南人民出版社2007年点校本，第133页。
② 云南省政协委员会文史资料研究委员会：《云南文史资料选辑》第3辑，云南人民出版社1963年版，第148页。
③ 谢本书主编：《云南近代史》，云南人民出版社1993年版，第162—163页。
④ 云南省总工会工人运动史研究组编：《云南工人运动史资料汇编》，云南人民出版社1987年版，第67—77页。

要求较低的轻工业，如纺织、服装、食品、农副产品以及其他日用工业。特别是纺织业的发展尤为显著，究其根源，主要是政府对外贸易政策及海关税则的调整等原因导致的作为生产原料的棉花进口增加，产成品布的进口相对减少，与此存在密切关系的纺织工业也就迅速发展起来。从1910年至1937年间，仅昆明地区较有规模的新兴棉织和染织企业就有：官办实业所附设平民女工厂（1913）、省会女子职业工厂（1914）、昆明市第一贫儿工厂（1921）；民营的天利铁机布厂（1917）、协兴公染织工厂（1918）、普益织毛巾工厂（1920）、华强公司织造厂（1922）、艺兴工厂（1922）、联昌织造毛巾工厂（1922）、广成织造公司（1922）、振亚工厂（1922）、南兴工厂（1922）、亚华公司织造厂（1923）、大道生染织厂（1932）、昌明染织厂（1933）、同和兴织布厂（1935）等。为进一步提高民族棉纺织业的发展水平，云南省政府于1934年决议由缪云台筹建云南省经济委员会纺织厂。因该企业的定位是大型机械化纺织企业，所以缪云台亲自"赴沪直接向中外厂家采购机械，办理运输等事。以英金11500镑，订购英制1250千瓦蒸汽发电机一座及锅炉两座，美金96800元，订购美制5200锭纺纱机及全部附属，又以英金3100镑订购英制60台布机及附属设备"①。1937年8月，该厂正式投产。该厂的机器设备，除作业机中的摇纱机、成包机两种为上海大隆工厂生产外，其余均从美、英进口，其中12台美国萨克劳乐（SACO-LOWELL）细纱机为当时世界最新设备。生产能力较大，装备纱锭5200枚，每24小时可纺纱12000磅；日产12磅细平布约80匹、11磅斜纹布40匹，固定资产达国币80万元。②该厂是云南第一家近代大型机械纺织企业，它的投产标志着云南纺织业开始步入机器化大生产的崭新历史时期。

　　云南农副产品的加工工业发展也很迅速。皮革加工、猪鬃加工、茶叶加工、黄丝加工等都有不同程度的发展。随着制革业的发展，熟皮出口量有明显增加。据蒙自关统计，1912年熟皮出口货值为13018海关两，到1923年增加到128782海关两，11年间增长9.8倍。③ 由于猪鬃加工业发展，使猪鬃也成为云南大宗出口商品之一。1910年以前猪鬃仅见零星输

---

① 云南省地方志编纂委员会：《云南省志》卷二十一，云南人民出版社1998年版，第96页。
② 张肖梅：《云南经济》第15章，中国国民经济研究所，1942年，第6页。
③ 云南省公署枢要处第四课所编：《云南对外贸易近况》，1926年，第7页。

出，最多年份也不过 8 公担，从 1912 年昭通创设猪鬃加工厂开始，此后各年猪鬃出口均在百公担以上，从 1910 年至 1937 年的 38 年间，年出口量 500 公担以上者有 18 年，其中有 4 年出口量均超过 1000 公担。① 至于黄丝加工业的发展，更使黄丝出口大增。自从 1918 年福春恒商号在四川嘉定设立第一家解丝厂，生产狮球牌"洋纺"开始，云南商人在省内外开办的解丝厂十数家，所解制的黄丝悉数出口，使云南黄丝成为仅次于大锡的大宗出口商品，其各年出口货值均占出口总值的 3.3% 以上，最高年份竟高达 17.35%。②

云南其他行业在"抵制洋货""挽回利权"的爱国思潮影响下也开展得红红火火。五金机械业、电力业、造纸印刷业、烟草业、火柴业、肥皂业均有较大发展。如五金机械业，早在清末云南机器局创办时，云南地区就出现了近代机械业。1910 年，广同昌铜铁机器公司创办，标志着该业开始由军工转向民用。1912 年，云南省实业司副司长华封祝将原"劝工总局"改为"云南模范工艺厂"，以"启导工业界之新机，树立全省工业场之模范"③。该厂职工 60 余名，机械 120 余件，为电力发动，资本达国币 24 万余元，生产机械器具及木漆器具。20 世纪 20 年代开始，昆明五金机械业有了较大发展，官办的昆明市机械工厂（1923）、昆明市民生工厂（1933），以及民营的华安机器工厂（1921）、华兴工厂（1921）、云鑫工厂（1921）、振亚机械厂（1930）相继创办。龙云统治时期，社会安定，经济一度活跃，促进了机械业的进一步发展。1933 年，永协隆机器厂创办，其设备多为英、法、德制造，资本为国币 7000 元，职工 50 余人，产品有水龙机、煤油机、蒸汽机、制烛机、织布机、碾米机等。同年，昆明市政府创办市立民生工厂，设备购自英、德、日，资本为国币 2 万元，职工 46 人，出产柴油机、碾米机、榨油机、切面机和各种木器。④ 至抗战前，云南仅在昆明市就有大大小小的五金机器厂 34 家。⑤ 虽然这一时期，云南还没有出现能够生产车床等大型设备的企业，但少数工厂已

---

① 云南省政协委员会文史资料研究委员会：《云南文史资料选辑》第 9 辑，云南人民出版社 1965 年版，第 125 页。
② 钟崇敏：《云南之贸易》，手稿油印，1939 年，表 19。
③ 云南出口协会编：《云南出品协会报告书》，1912 年，第 36 页。
④ 张肖梅：《云南经济》，中国国民经济研究所，1942 年，第 32 页。
⑤ 同上书，第 30—31 页。

经具有相当规模，显示出较高的近代化程度。

在1889年到1937年，云南进出口贸易政策对产业发展影响最大者当推矿冶业。民国二年成立官商合办东川矿业公司，负责东川铜矿的开采和冶炼。在个旧锡矿，除了官商合办的锡务公司外，允准成立了一系列商办锡务公司。如云南矿业公司，负责个旧锡矿的采选；云南钨锑公司，负责个旧锡矿砂伴生的钨矿、锑矿的开采和冶炼等。此外，由省政府扶持扩办的重要官营企业还有：一平浪矿务局，负责一平浪盐矿、煤矿的开发；宣嵩矿务局，负责宣威、嵩明煤矿的开发等。除大力支持外，省政府还在税收减免、资金引入方面给予优惠政策。1910年以后，云南对外形成了大锡主导型的对外贸易格局，矿冶业有了跨越式发展，其他矿产如铜、铅、石磺等也大量出口。同时，政府对矿冶企业大力推广机械化生产，从1887年云南招商矿务公司试用机械采矿开始，云南矿冶业生产规模越来越大，在云南各行业工业企业中机械化程度也比较高。从1910年开始，历年出口均在5000吨以上，其中，1917年、1920年、1933年出口量均在1万吨以上。[①] 大锡在全国同类产品中也占有很高的比例，如表5-2所示。

表5-2　　　　1909—1937年云南与全国大锡出口数量比　　　　单位：吨

年代	全国出口量	云南出口量	占全国出口总量（%）
1909	4566	4282	93.78
1910	6573	6195	94.24
1911	6148	5781	94.03
1912	8993	8363	92.99
1913	8541	7756	90.80
1914	7382	6787	91.93
1915	8151	7521	92.17
1916	7771	6971	89.70
1917	11995	11223	93.56
1918	8868	7900	91.13
1919	8879	8463	95.31

① 云南省历史研究所云南地方史研究室编：《云南矿冶史论文集》，云南省历史研究所，1965年，第165页。

续表

年代	全国出口量	云南出口量	占全国出口总量（%）
1920	11624	11039	94.96
1921	6291	5968	94.86
1922	9414	9138	97.07
1923	8221	7931	96.47
1924	7257	6967	96.00
1925	9270	8928	96.31
1926	7027	6578	93.61
1927	6641	6168	92.87
1928	7412	6920	93.36
1929	7232	6609	91.38
1930	7131	6555	91.92
1931	7534	6824	90.57
1932	8099	7570	93.46
1933	11566	10639	91.98
1934	8603	6809	79.14
1935	9179	7516	81.87
1936	11260	9107	80.87
1937	13077	9466	72.38

资料来源：云南省历史研究所：《云南矿冶史论文集》，云南省历史研究所1965年印，第165页。

由于发达国家工业发展步伐加快，进口商品中机器工具所占比例明显提高。1912年机器工具占进口总值的1.09%，1936年达到1.8%，1937年上升到2.7%，此后，这一比值又呈现不断上升的趋势。从统计资料看，1934年机器设备工具等项进口货值为29339金单位，1936年达到207707金单位，1938年猛增到4013203金单位。五年时间增加13倍，可见增长是相当快的。[①] 进口的机器设备种类也很多，从动力机械、汽车、拖拉机、铁路机车、机床设备、各类配件等无所不包。从货物的进口渠道来看，包括美国、英国、法国、德国、日本、瑞士等国家。仅以电力工业

[①] 觉方：《最近五年（1934—1938）云南对外贸易新动向》，转引自云南省档案馆《云南档案史料》第1期，1983年。

进口设备为例，耀龙电灯公司设备购自德国；蒙自大光电灯公司及开远通明电灯公司的设备购自英国；昭通民众实业公司电力厂设备购自英国拔鲁葛厂、汤姆森厂及美国魏廷敦厂；腾冲叠水河水力发电厂设备购自美国、瑞士。① 随着云南民族工业的发展，本地生产的许多产品已能替代进口产品，不少非关键性设备都已使用本国制造品，这一变化体现了云南工业近代化的实质性发展。

据《云南行政纪实》一书记载，截至1938年年底，云南省经济委员会管辖的企业单位有39家，其中主要有"云南炼锡公司、云南锡业公司、云南纺纱厂、裕滇纺织公司、开蒙垦殖局、耀龙电力公司、云南电气制铜厂、裕滇磷肥厂、利滇化学工业公司、中国电力制钢厂、云南钢铁厂、云丰造纸厂、云南蚕业新村公司、中国茶叶贸易公司、云南合作金库"等云南较大的企业②，这些企业的建立与开发，体现了近代云南对外贸易法律制度对云南省工商业的推动，及对云南的经济发展具有一定的影响作用。

（二）近代云南对外贸易法律制度促进云南近代商业的发展

随出口贸易日渐繁盛，云南新近涌现及先期成立的各大商号，在政府开放性的对外贸易政策的激励下积极参与对外贸易活动，它们不仅建立了沟通全省城乡的经营渠道，还在全国各大城市、通商口岸以及东南亚各国建立分号，进行商品采购、加工及销售业务。

口岸开埠以后，云南商业有了很大发展，特别是滇越铁路通车后，铁路沿线的城镇如昆明、呈贡、宜良、开远、碧色寨、河口等地的商业很快就繁荣起来。1907年，昆明市区有59个行业，到1923年发展到84个行业，4331个店铺，商业公司及商行36家，外商开办的洋行15家。全年大宗商品销售额国币3000余万元。③ 在此阶段，以经营进出口商品为主的大商号发展很快。蒙自豪绅、滇南巨商周博斋、周厉斋于1897年开设"顺成号"，不仅经营进出口商品，而且代理海防法商普利洋行，垄断该行进口棉花的销售权，代理亚细亚水火油公司，垄断水火油的销售权。不

---

① 云南通志馆：《续云南通志长编》（下册），云南省志编纂委员会办公室编校，1985年，第354—357页。

② 龙云：《云南行政纪实》第二编经济卷，云南财政厅印刷局1934年版，第46页。

③ 云南省地方志编纂委员会：《云南省志》卷十四，云南人民出版社1993年版，第2—3页。

仅如此,"顺成号"还控制了整个滇南经济。大理喜州严子珍与江西人彭永昌、喜州商人杨鸿春合伙于1903年开设"永昌祥",主要经营茶叶、生丝、大烟,在省内、缅甸等地设有多家分号,从事进出口贸易。腾冲巨商明清宠、马如瀔、朱大春合伙开设的"三盛号",从缅甸运进大烟、棉花、纱布、玉石等内销,在保山、下关、昆明、四川、广州等地均设有分号。鹤庆人张相如、张相时兄弟二人开设"恒盛公",也是全省经营进出口商品的大商户之一。[①] 随着进出口贸易的发展,新兴的近代性质的商业公司也相继建立,有亚细亚烟草公司(1922)、利华公司(1922,销售砖瓦)、慰农肥料公司(1922)、文毅兴(1923,经营药品、布匹、化妆品等)、云南新亚股份有限公司(1923,经营中西文书籍及杂货)、申大公司(1921,经营绸缎、毛呢)、中美逐安公司(1923,经营钢丝床)、广云股份有限公司(1922,收售土货,以鸦片为主)等,资本国币数万甚至十几万元。经营商品种类繁多,洋货琳琅满目,在日用品中有:洋纱、洋布、洋烛(蜡烛)、洋视(肥皂)、洋火(火柴)、洋油(水火油)、洋钉(圆钉)、洋伞、洋钟、洋漆、洋糖等,不一而足。此外,本省各地、北京、四川、安徽、广西、广东、浙江、湖南的商品亦流入昆明,并逐步形成了滇帮、广帮、徽帮、川帮等商帮。

在民国政府积极的对外贸易政策引导下,云南省进出口贸易进一步扩大,省内市场也日愈活跃。1930—1937年,昆明市万商云集人口剧增,一派繁荣景象。据昆明市1935年市政统计,昆明市共有各业商号(店)5242家,比1924年的4401家增加840多家,从业人员12586人。[②] 商号(店)分为两大类:一为本地零售商或批发商;二为外地零售商或批发商,外地商号又分为坐号、散客和通讯客三种情况。[③] 商号的门类比较齐全,其中,规模较大的有经营进出口货物的福春恒、茂恒、永昌祥等;经营洋杂货的信诚、春影阁、大兴公司、合通公司等;专营西药的万来祥等。[④] 此外,外商经营的洋行也大量出现。据不完全统计,先后在昆明开

---

① 云南省地方志编纂委员会:《云南省志》卷十四,云南人民出版社1993年版,第58—59页。
② 云南省地方志编纂委员会:《云南省志》卷八,云南人民出版社1995年版,第192页。
③ 郭垣:《云南省经济问题》,正中书局1940年版,第148页。
④ 云南通志馆:《续云南通志长编》(下册),云南省志编纂委员会办公室编校,1985年,第546页。

设的洋行共34家,均以经营国外机制产品为主。如经营机器业的美国慎昌洋行和英国旗昌洋行;经营进出口杂货的希腊哥胪士洋行、若利玛洋行、日本和田洋行、宝多洋行、法国安兴洋行、志利洋行;其他如府上、徐壁雅、地亚多士等洋行,或经营玩具,或经营布纱,或数种兼营。①

据昆明现代史资料汇辑记载,1936年昆明市各商号(店)的贸易总额在新币4000万元左右。②迤东、迤西、迤南中的几个商业重镇的贸易也十分兴隆,贸易总额颇高。从各行业的营业情况看,商品贸易以消费品为主,其中纺织品贸易最为兴盛。昆明市专营棉纱的私人商号日益增多,从1923年的42家增至1934年的46家,此外,还有四五十户兼营棉纱。③1935年,昆明市经营纺织品贸易的商号共计380家,其中,丝棉业84家,纱线业83家,棉布业213家。④

在全省战乱停止和匪患基本消除后,道路交通环境得到极大改善,全省流通范围进一步扩大。昆明市成为进出口商品的集散地,进口商品运到昆明后,销路遍及滇、黔、川三省,云南省内又遍及三迤(迤东、迤西、迤南)以及滇池周围各县。迤东各县由曲靖、宣威、昭通转销,迤西各县由大理、腾越转销,迤南各县由蒙自、开远转销。贵州销售地点多在与云南邻近的各县,如盘县、毕节、水城、兴义诸县。四川则销售到宜宾、会理、西昌等地。从商品销售量看,抗日战争前,本省销售占80%左右,贵州占14%—15%,四川占4%—5%。从本省销售量看,三迤的情况也有所差别,除滇池沿岸各县外,一般是迤西销售范围广,销售量多;迤东销售范围小,销量较少。

整体而言,20世纪30年代以前云南省的近代商业处于起步阶段,中国人开办的商行由于资金短缺、缺乏国际商务知识以及地方民族工业的薄弱,未能直接与国外厂家商号进行贸易,更谈不上国际的商业竞争。因而,在对外贸易中,这些商号实际上充当了帝国主义"代理商"的角色。

---

① 云南省经济研究所编:《云南近代经济史文集》,经济问题探索杂志社1988年版,第110页。

② 云南省地方志编纂委员会:《云南省志》卷八,云南人民出版社1995年版,第193页。

③ 云南通志馆:《续云南通志长编》(下册),云南省志编纂委员会办公室编校,1985年,第545页。

④ 云南省地方志编纂委员会:《云南省志》卷十四,云南人民出版社1993年版,第136页。

30 年代以后，情况逐渐发生变化。

首先，政府在税收政策上对商业贸易加以扶持。1929 年 1 月 20 日，省政府通令各县取消杂捐杂税。1930 年裁撤厘金，同年川盐捐、土布捐、杂货附捐、棉纱附捐、煤油捐、土货出口税一并裁撤。1931 年又裁撤商税，同年取消糖税。① 各种捐税的裁撤既繁荣了商业，又促进了对外贸易的发展。其次，提倡国货，发展外贸的国家经济政策的出台，推动了国内商业的正常化发展。1932 年，"中华国货产销协会"成立，旨在推动全国国货的生产和销售，抵制外货的入侵。1935 年，市商会联络缪云台、马筱春等商界名流在昆举办国货展览大会，博得社会各界好评。翌年 4 月，正式成立昆明中国国货公司。该公司系股份有限公司，缪云台为董事长，马筱春任经理。公司以"服务社会，推销国货"② 为宗旨，在上海设办事处，开办昆明旅社、太和饭店。当时该公司是昆明当地最大的百货公司，它的创办标志着昆明商业开始步入近代化的正常轨道。

由于进出口贸易和全省商业的发展，关税和商业各税的收入大增，扩大了云南省的财源，为发展云南的经济建设事业奠定了良好基础。

第二节　近代云南对外贸易法律制度对社会运行的影响

近代云南对外贸易法律制度几经变迁，对政府财政收入、邮政金融等新兴行业的产生、民众生活方式及思想观念均产生了重大影响。

一　近代云南对外贸易法律制度对财政收入的影响

财政是以国家为主体对国民收入进行的分配与再分配，体现着国家和各个方面的分配关系。③ 在不同社会制度下的国家财政活动与国家实现其职能的活动有本质联系，不同时期的财政状况与当时的经济社会的发展及政治局势等情况有密切联系。作为一个国家的地方财政，也同样如此。云南地处西南边陲，自然资源丰富，铜、锡等矿冶业在全国有一定地位，盐的生产也颇具规模。但由于各种历史原因，社会整体经济发展落后，财政

---

① 云南省地方志编纂委员会：《云南省志》卷十二，云南人民出版社 1994 年版，第 3 页。
② 谢本书主编：《昆明城市史》第 1 卷，云南大学出版社 2009 年版，第 165 页。
③ 陈共编：《财政学》，人民大学出版社 2012 年版，第 3 页。

历来贫瘠，一向入不敷出。

19世纪30年代盐税、锡税、禁烟罚金一直是云南财政收入的三大支柱。盐税在1929年前，平均年收入在230万元上下，此后逐年增加；锡税作为特种消费税中的一项，每年收入也在300万元以上；鸦片在清朝时期就开始征收税厘，称为"土药"厘金，也是云南财政的一项主要收入。民国以来，地方政府更是把利益丰厚的鸦片当作云南财源的台柱，唐继尧就借"寓禁于征"之名，公开征收"烟亩罚金"和"运烟罚金"。"开地方政府藉鸦片谋利供作军费之端。"[①] 在这样的对外贸易法律制度下，云南民众热衷经营鸦片事业，大量种植鸦片，出口盛行。1927年鸦片罚金收入已达700多万元，超过了当年云南财政预算内的总收入。龙云主滇时期，鸦片罚金收入更为可观。1930年收入1521万余元，1931年收入2281万余元，分别占当年财政预算内总收入款的93%和55%，形成了云南所谓的"黑白财政"（黑指鸦片，白指大锡）。

（一）晚清时期

晚清时期，云南的财政收入来源主要包括田赋、盐税、关税、厘金和各项杂税。其中，直接和对外贸易挂钩的关税和厘金收入是云南财政的重要来源，具体内容在第四章中做过分析。在关税当中"提四成批解户部，以供京饷。其余六成，除开支正、半税倾熔折耗及关用经费外，照章分作十成，内提一成半作出使经费，余银奏准留滇充饷"[②]。以1910年为例，当年蒙自、腾越、思茅三海关所收关税约为28.46万两[③]，全省厘金局所收厘金，仅百货厘和大锡厘两项就达到22.7万两[④]，当年财政总收入约为201.7万两。[⑤] 鸦片战争以后云南因与越南、缅甸等英法殖民地接壤而国防军费开支激增，致使云南财政负担加重。1910年的财政支出中仅军饷一项就高达463.6万两[⑥]，产生的财政赤字相当巨大。为保证云南社会的正常运转，特别是保证边巡各防常年饷项的发给，清政府一方面给予拨济，另一方面制定他省筹解协饷。史料记载，自1886年起，边巡各防每

---

① 云南省地方志编纂委员会：《云南省志》卷十二，云南人民出版社1994年版，第2页。
② 李春龙等：《新纂云南通志》（七），云南人民出版社2007年点校本，第328页。
③ 根据第四章表4-5—表4-7数据计算所得。
④ 根据第四章表4-8数据计算所得。
⑤ 云南省地方志编纂委员会：《云南省志》卷八，云南人民出版社1995年版，第161页。
⑥ 同上书，第162页。

年的饷钱由四川省协银 36 万两，湖北省协银 36 万两。① 1908 年，清政府在滇筹办新军，开办费需银 370 万两，急需 240 万两，滇省自筹一半，不敷 120 万两，由四川、湖北、湖南、广东等省拨协。② 此外，修建滇越铁路的经费以及运京铜本等，也均由各省拨款协济。这种依靠协饷维持财政开支的局面，一直延续到清朝灭亡。

(二) 民国时期

随清王朝被推翻，各省对云南的协饷全部停止，而云南又先后出兵川、黔、藏，耗费很大，加重了财政困难。当时北京政府无力顾及各省经济，各省各自为政，自谋出路。

1. 蔡锷任云南都督期间，推行多方举措，解决财政危机。除了带头减薪，提倡节俭，剔除陋规，裁撤浮冗机关，遣散部分军队，减少军政费用，注意理财外，军政府还采取了一些增加收入的措施。如将过去全部解交中央的盐税截留自支。盐税自元、明实行官府专卖以来，一直在国家财政收入中占重要地位。清末民初期间，云南盐税年收入税款可达 300 万元之多。③ 但盐税在清末以前全部解交中央，辛亥革命后，盐税款被云南节流自支，成为民国元年以后云南能解决财政危机的重要因素之一。同时，大力发展实业，提升产品竞争力，促进对外贸易的发展，详细内容第二章进行过阐述。由于进出口规模的扩大，关税和厘金收入有了较大幅度的增长，1912 年蒙自、腾越、思茅三海关所收关税约为 41.88 万关平两④，厘金收入也大为增加。同时，对厘金、商税等采取了招商承包办法，使这部分税收较以往增多。1912 年，云南财政收入增加，财政盈余约 19 万元，此后两年，全省财政收入均在 700 万元上下⑤。财政赤字的缩减意味着云南省财政状况明显好转。

2. 1913 年 10 月唐继尧继任云南都督。由于北京政府向国外"善后借款"，以全国盐税抵押，从 1914 年 4 月起，云南盐税由北京政府接管

---

① 李春龙等：《新纂云南通志》（七），云南人民出版社 2007 年点校本，第 328 页。

② 同上书，第 332 页。

③ 云南省地方志编纂委员会：《云南省志》卷十二，云南人民出版社 1994 年版，第 104 页。

④ 根据第四章表 4-5—表 4-7 内数据计算所得

⑤ 云南省地方志编纂委员会：《云南省志》卷十二，云南人民出版社 1994 年版，第 451 页。

专存，使云南财政收入顿然大减。到 1915 年 12 月护国运动爆发时，全省财政收入由民国初年 700 万元降为 440 余万元。① 护国运动结束后，唐继尧继续执政。为稳固势力范围，唐不断扩充军队，军费开支日益上升，财政收入则连年下降，收入由 1921 年的 527 万元骤减到 397 万元，支出却由 529 万元增加到 649 万元，赤字高达 252 万元。② 要支付如此庞大的军费，云南正常的诸如田赋、厘金等地方财政收入已是杯水车薪，同时，民国之后，关税收入也被中央直接收解。为了弥补财政亏空，仅凭正常的赋税收入难以为继，唐继尧便采取了一些非常手段。譬如举借内债，包括 1917 年的"靖国公债"、1928 年的"整理金融锡税公债"等；指令富滇银行发行纸币以弥补财政的巨额亏空；铸造劣质银币、获取造币余利。此外，对云南社会经济影响最大的，莫过于借"寓禁于征"之名，开征禁烟饷金。唐继尧统治云南后，设立筹饷局公开恢复征收鸦片厘金。在唐对外贸易法律制度的允准下，云南鸦片大量出口、出省，成为云南近代史上，鸦片种植面积首创最广，产量最高的时期。这一时期是云南鸦片经济的一个重要转折，而使云南财政收入又在很大程度上继续依赖鸦片。

3. 1929 年龙云获得执政权。由于经历政局动荡，兵匪为患，商货不能运入内地，税厘减少的战争创伤，全省经济萎缩，财政金融混乱，入不敷出。为摆脱困境，龙云在宣誓就职时提出，滇省建设的前提是"统一财政，整顿金融"③，并提出整顿本省财政十年计划。从 1929 年 9 月开始，由省财政厅牵头统一对云南财政进行整顿，具体内容包括以下几方面。

（1）改革税制，取消苛杂

将收入大的税种保留，收入微小的放弃，同时开征新税。从 1931 年 1 月起，将全省百货厘金、商税取消，同时对旧有各税进行清理改革，除盐税外，只保留烟酒税、特种消费税、田赋、屠宰税、印花税、契税、特种营业税 7 种，作为国家规定的地方收入，对各种杂捐杂税 64 种明令废

---

① 云南通志馆：《续云南通志长编》（中册），云南省志编纂委员会办公室编校，1985 年，第 505 页。
② 同上书，第 506 页。
③ 云南省地方志编纂委员会：《云南省志》卷四十七，云南人民出版社 1995 年版，第 192 页。

除；各县自行征收的各项苛杂也分别废止。裁撤厘金取消苛杂后，以新开征的特种消费税、特种营业税和改田赋为耕地税抵补。改革后特种消费税和耕地税收入成为本省主要财政收入。特种消费税是云南借口奉中央命令开征的特有税种①，其征税品种和税率均由云南根据需要自行拟定，征税面广，几乎包括了所有工业原料和生活必需品，税率也不断提高，前后变动四次，从2.5%—15.7%六级，提高到5%—30%五级，全省特种消费税收入由1931年开始征收时的456万元（新滇币）到1938年增加到1570万元，8年增加了3.4倍。成为云南地方财政的重要来源。

(2) 征收鸦片禁烟罚金

龙云主滇后鸦片罚金收入仍然是云南的一大财源。新税制采取提高烟亩罚金和禁运罚金的征收起点，同时规定缴纳税款必须用滇铸半开银币（原来可用纸币），无形中增加税收4倍，并且还规定烟商在缴纳正额罚金外，必须缴纳报效军费、公路附捐。在实际操作中，私下是鼓励鸦片出口外销，并允许烟商先将鸦片运出口岸后再交罚金，在表面上禁烟暗地纵容的情形下，云南大量鸦片外销，使禁烟罚金收入超过唐继尧时期数倍。

(3) 官商合作，获取巨额利润

第三种做法是以已贬值的纸币经营大锡，输出特货（鸦片）的官商合作，来获取巨额利润。据富滇银行1929年6月13日呈请省政府速铸银币的文字报告："自民国十七年九月至今，经营大锡，输出特货，买入外汇，统计支出纸币1214万元，预算可购得银条153万两……将库存银条陆续交造币厂鼓铸，每月兑换一二次，每次二三十万至一百万元，其价照市面酌减换入纸币，随时汇解个旧分行，押购大锡，运营销售，买入外汇，转购生银回滇，如此循环不已……"② 按当时行情计算，用1214万元纸币所购回的153万两白银，可铸成色五成的半开银币425万元，每元半开银币照市价5.25元纸币酌减为5元计算，可收换纸币2125万元，扣除原用去的纸币1214万元外，从中多获纸币911万元，相当于当年地方

---

① 1930年国民政府财政部命令各省裁撤厘金，以消费税抵补，后因帝国主义国家反对，认为已征海关税、再征消费税属于重征，财政部便取消原规定。云南利用这个机会，开征了特种消费税。

② 云南省地方志编纂委员会：《云南省志》卷十三，云南人民出版社1994年版，第111页。

各项赋税收入的56%。① 1935年国民政府发布禁烟法令，以3年禁绝为限。当年，云南省政府成立了特货统运处，统制运销鸦片，对内强迫统一收购，对外垄断出口。据《云南行政纪实》所载，特货统运处从1935年成立到1938年结束的3年里，共收购鸦片2347万多两，平均每年收购780万余两，这些鸦片大部分运往省外销售，官商均获暴利。② 通过这种经营大锡、鸦片的官商活动，不仅弥补了当时的财政困难，也为省政府在1932年筹设富滇新银行、发行新滇币以及在国外市场上购买军火、充实军备提供了资金条件。

与对外贸易有关的税种税率的制定直接关系到地方财政收入的多寡，云南对外贸易政策和法律促进了以大锡和鸦片为主要出口货物的贸易模式的形成，也决定了云南的财政收入对这两种产品较强的依附性。鸦片由于对人类身体和心理的危害性，从清朝末年就开始禁烟，但鸦片利益丰厚的特点又被历届政府所看重。民国唐继尧执政云南后，公开恢复征收鸦片厘金，作为地方财政筹集军饷的一项长期固定收入。以后整个20世纪30年代，龙云政府依靠鸦片与大锡所获取的收入，除了军费开支和维持地方行政开支以外，对活跃地方经济，开辟地方财源，为扭转云南财政长期入不敷出的局面起到了一定的作用。

二 近代云南对外贸易法律制度与新兴行业的产生

从1930年开始，在省内战事结束、经济逐渐复苏、财力有所改善的情况下，龙云政府抽出一部分财力投向扩充、发展地方官营事业和金融业。如1930年由省库拨款设立云南劝业银行，1932年将兴文当改成兴文官银号。1937年由财政拨款成立云南矿业公司，兴办开远水电厂，筹建一平浪制盐场等。由此可以看出，对外贸易的发展和对外贸易法律制度的建立、健全，直接影响到本省工商业实业的兴旺与运行，更是与外贸紧密联系的邮政业和金融业的近代化发展进程息息相关。

（一）邮政业

云南近代邮政创建于1901年。当时，邮政由海关管理，先在蒙自关内设寄信局，次年将寄信局改为大清蒙自邮政总局。思茅、腾越邮政总局

---

① 云南省地方志编纂委员会：《云南省志》卷八，云南人民出版社1995年版，第185页。
② 云南省地方志编纂委员会：《云南省志》卷十二，云南人民出版社1993年版，第77页。

于1902年设立。① 这3个邮政总局以海关监管区域作为邮政区域。各海关税务司兼任各邮政司（即邮政总局局长），邮政文书及账务也由海关人员兼管，只有邮政事务如信件、包裹等的收寄和分发才由邮务人员办理。1910年，云南府邮政总局成立，管理全省邮政，同时，对邮政区域作了变革，以行政区域作为邮政区域。② 蒙自、思茅、腾越3个邮政总局，改称邮政分局，并从海关分离出去。

1. 邮政局的设立

1902年，蒙自、思茅、腾越邮政局开始办理国际邮政业务，按照特别邮务规章收取国际邮资。当时，在昆明、河口、腾越设有国际邮件互换局。寄越南的邮包邮袋，发河口与越南老街交换，寄缅甸的邮包邮袋，发腾越与缅甸密支那交换，其他国家的邮包邮袋，发广州或上海转递。③ 全面抗日战争以前，进出口的邮递物品不多，海关对进口邮包，凭邮局送来的通知单，派关员到邮局查验，将查验情况签注在申报单上。如属应税物品，由申报人持单到海关完税后放行。对出口邮包，由寄件人填写邮寄包裹单，连同包裹送至海关报验完税后，由海关加封盖印，交还寄件人送去邮局付寄。

2. 邮政局的发展

20世纪20年代以后，云南邮政逐步形成步班邮路、汽车邮路、铁道邮路、航空邮路并存的新格局。昆明也成了全省邮政中心。

昆明步班邮路有4条：（1）昆明经嵩明、会泽、昭通、老鸦滩（盐津），与四川宜宾衔接，全程634公里，6天路程。（2）昆明经宜良、陆良、曲靖、平彝（富源），与贵阳步班衔接，全程225公里，3天路程。（3）昆明经玉溪、元江、普洱，10天路程。（4）昆明经楚雄、下关、保山至腾越（腾冲），11天路程。④

1931年，昆明通车至禄丰县羊老哨。昆明发往滇西的邮件，开始交由客货车载至羊老哨。1932年以后延伸至禄丰楚雄、下关。1935年开辟了昆明至玉溪、寻甸、功山、元永丰、澄江、通海的汽车邮路。1937年，

---

① 李春龙等：《新纂云南通志》（四），云南人民出版社2007年点校本，第33页。
② 李春龙等：《新纂云南通志》（七），云南人民出版社2007年点校本，第34页。
③ 云南省地方志编纂委员会：《云南省志》卷三十五，云南人民出版社1996年版，第173页。
④ 张维翰修，董振藻纂修：《昆明市志》，成文出版社1924年版，第307页。

滇黔公路接通，昆明至贵阳的邮件亦用汽车带运。运往沿海各省的邮件则先由滇越铁路运至海防，再用轮船运至目的地，昆明至上海的运递时间约需 13 天。①

1935 年，开办昆明—贵阳—重庆的航空邮路，经转武汉、上海、广州的航空信函。1936 年，开办昆明至成都的航空邮路，经转西安、兰州、哈密、迪化（乌鲁木齐）的信函。1937 年 12 月，开办昆明至越南河内的航空邮路，经转西欧各国的国际航空信函。近代邮递工具的采用，大大缩短了邮递时间，增加了邮递量。重庆至昆明的航空邮递，仅需 3 个小时。② 昆明至下关的汽车邮递也从原来的 7—8 天缩短为 3 天。1935 年，昆明共寄、转寄国际函件 355335 件，包件 4294 件，省内函件 2186025 件，包件 30378 件。③ 昆明成为一个覆盖范围较大的邮递集散地。

这一时期，云南邮政业务不断发展。1912 年开办商务传单，之后又开办保险信函业务。1919 年，昆明开办邮政储蓄业务。1934 年又开办保价信函业务和平常快递函件业务。包裹业务种类也逐渐增至普通、航空、保价、押汇、代收货价、小包、图书及报值包裹 8 种。④ 此外，开设汇兑业务，汇兑仅收小额款项，1930 年规定限额每张汇票不过 5000 元，分国内普通汇票、国际汇票及行使于邮局与代办所之间的小额汇票。⑤ 从邮政业跨向了金融业。

3. 海关对邮递物品的监管

随着滇越铁路的开通，昆明在云南对外贸易中的地位日益突出。1932 年蒙自关迁往昆明，原云南府分关改为总关，原蒙自总关改为分关。随滇黔公路、滇缅公路等重要省级、国际通道的联通，大量邮件经昆明传递。由于监管进出口邮政物品工作的大幅度增加，昆明关在邮局设立了驻邮局之所，常驻人员，开展业务。主要按照以下规定，监管进出口邮递物品。

---

① 云南省地方志编纂委员会：《云南省志》卷三十五，云南人民出版社 1996 年版，第 104 页。

② 同上书，第 112 页。

③ 谢本书主编：《昆明城市史》第 1 卷，云南大学出版社 2009 年版，第 128 页。

④ 云南省地方志编纂委员会：《云南省志》卷三十五，云南人民出版社 1996 年版，第 121 页。

⑤ 同上书，第 132 页。

(1) 邮包报关手续

凡各通商口岸邮局，寄发或投递之邮包，非报明海关，不得寄递。

凡邮包收包人或寄包人，应与普通货物之收货人及发货人采取同一办法，于领取及寄发邮包时，将包内物品名称、数量、品质、价值及寄发地点等，向海关详细报明，由海关检验，以凭决定征税或免税。如收包人不能报明有关内容，海关得会同收报人拆包检验。

寄递时，如违犯关章，海关得按照普通货物违犯关章办法，予以充公。

(2) 邮包应纳之税项

凡自外洋进口之洋货邮包，应纳进口税及其他应征税项；凡出口寄往外洋之土货邮包，应纳出口税及其他应征税项；凡自一通商口岸寄往另一通商口岸，或由一通商口岸经过另一通商口岸，寄往内地之土货邮包，免征转口税及其他税项。

(3) 邮包免税之限度

寄往国外邮包应纳税款不足国币7角5分者，由外国进口邮包应纳税款不足金单位1元者。

如出洋邮包遇有同一寄包人，同时寄发两件以上邮包指交同一收包人，如应征税款总数，达国币7角5分以上，无论包内所装物品，是否相同，应即照征税项。外洋进口邮包，遇有同一收包人，同时收到两件以上邮包，如应征税额总数，达金单位1元以上，无论是否系同一寄包人寄发，及包内所装物品是否相同，应照征税项。

(4) 自一通商口岸寄往另一通商口岸或内地之洋货邮包

凡自一通商口岸寄往另一通商口岸或寄往内地或寄往外洋之洋货邮包，如不能交验已完进口税凭证，应于寄递时照征进口税。

(5) 邮寄违禁品禁止品及限制运输品

凡装有军火及其他违禁品、禁止品或限制运输品之邮包，应按照章程关于各该物品之专条规定办理。

(6) 缴纳邮包税之地点

各口岸海关如在邮局内设有检验征税之办公处，邮包应纳之海关税项，即在该处征收。自外洋指寄各内地之邮包，收包人应在距离指寄地最近之海关完纳税项。前项税款，也可由邮政当局特准内地邮局代征了，但须按照海关核计数目征收。

凡由内地指寄外洋之邮包，应由寄包人委托代理人在通商口岸办理报关事务，如经关邮双方特别商定，亦可由邮局代寄包人办理报关事务。

（7）原寄件人舍弃之邮包

由外洋进口之邮包，经原寄件人舍弃由邮局标卖者，应于售价内先扣付邮局用费，然后扣出应纳税款，移交海关。

（8）残坏及退还寄件人之邮包

由外洋进口之邮包，原件退还原寄国，或改寄其他外国，或内容完全残坏毫无价值存在，准予免税。

（9）严禁装寄禁运品

信内均严禁寄禁运品、危险品、珠宝及其他应税物品。所有往来之信件，海关均有检查之权，如有私装以上物品，或有私装以上物品嫌疑者，应按照关章办理，并将寄件人及收件人姓名通知该管机关查究。

凡装有应税物品之信件，如有外国邮局接收转寄中国收件人时，该收件人应于物品尚未寄到以前，报明海关邮包收税处，并将订货单副本一份送交查阅，便于与邮局接洽查验征税。海关若于邮包以外之他项邮件中，查有未经报明之应税物品，得予充公。

进口税则暂行章程之规定，对于邮寄货品一律适用。

（10）邮寄货物样品

邮寄货物赝品应以真正货样为限，货售卖品、定购品及私人寄递之物品并非真正货样，假冒货样寄递者，应按照情节轻重，分别照章征税，或予以充公。

（11）沿海及边境寄往内地之邮包

海关对由沿海及边境寄往内地之邮包，有下列情形之一者应进行查验：

第1项　邮政局长认为邮包有走私嫌疑时，可将邮包或邮包之选样由邮局盖章后，寄往附近地海关查验。

第2项　海关得知某邮包包藏有偷税物品之嫌疑时，海关可通知邮局将受嫌之邮包或邮包之选样由邮局盖章后，寄往附近地海关查验。

按照第1项规定查获的走私案件，海关应将此案罚没收入之40%作为奖金交邮局按邮局章程发放。

（12）夹带毒品之邮包

海关遇有缉获夹带毒品之邮包，应将该项毒品酌留一部分后移送邮局，仍寄交原收件人照收，以便证实拘捕，以免抵赖。但谨以在中途破获之毒品邮包为限。①

(二) 金融业

1912—1932年，尽管云南金融业有了初步发展，但由于富滇银行的蜕变及法国东方汇理银行对云南省金融市场的入侵，使金融业逐渐偏离了正常的发展轨道。1932年富滇新银行成立后，云南金融业又重新步入较为稳定、正常的发展阶段。

1. 近代金融业的起步

1912年后，昆明金融市场日趋活跃，除原有的钱庄、票号外，近代金融机构相继出现。

1912年12月9日，云南第一家省立地方银行——云南富滇银行正式成立，办理存放款、省内外汇兑及跟单押汇业务。② 1915年，殖边银行在昆明设分行，分行代理总行推行纸币。在1919—1920年，分行从总行中独立出来，改组为云南殖边银行，成为云南最早的私营银行。1925年改组为官商合办，业务上以存、放、汇为主，兼办大锡的跟单押汇。1928年由于政治原因被迫停业。③ 1929年，益华当改组为益华银号，办理存放款、押当业务。同年，兴文当改组为兴文公当后，成为昆明第一家商业金融机构。1930年，云南省财政厅将东川矿业公司资本拨出一部分成立东川矿业银号，专营存放款、汇兑业务。同年底，东川矿业银号在昆设总行，经营存款、放款、汇兑业务。④ 1932年8月，富滇新银行成立，同时兴文公当改组为兴文官银号，直隶省财政厅，扩大存、放、汇业务，成为仅次于富滇新银行的官办金融机构。同年又成立永丰银业公司，这是一家最早的私营银号，除存、放款外，并做港、沪汇兑。⑤

这一时期，外国银行亦在昆明出现，有东方汇理银行和中法实业银行两家。1914年1月，法国东方汇理银行东京分行在蒙自设立分行。1918

---

① 云南省地方志编纂委员会：《云南省志》卷三十二，云南人民出版社1996年版，第143—145页。
② 云南通志馆：《续云南通志长编》（中册），云南省志编纂委员会办公室编校，1985年，第696页。
③ 同上书，第698页。
④ 同上书，第701—702页。
⑤ 同上书，第696页。

年，蒙自分行在昆设立办事处。1921 年，昆明办事处升格为支行。1931 年《中法越南及中国边省关系新约》生效后，正式改称"东方汇理银行昆明分行"①。1918 年，总行设于巴黎的中法实业银行在昆明设立分行，除经营一般银行的存、放、汇业务外，还举办大锡跟单押汇和押运现银出境等活动。1921 年，中法实业银行总行因投机失败，昆明分行遂关门停止营业。在各方压力下，分行不得不偿付大多数存户存款。1925 年，分行从昆明撤走而告结束。②

保险业亦肇始。1917 年，英国在昆设永年人寿保险公司，经参人寿保险。同年，上海金星保险公司在昆设分公司，经营带有储蓄性质的寿险业务。1926 年，法国人在昆设保太水火保险公司，经营水火保险。

此外，昆明还出现万国储蓄会云南分会、中法储蓄分公、中法储蓄云贵总分会等中法合资的投机性金融机构。

2. 近代金融业的扭曲

云南近代金融业建立起来以后，由于国内外的双重影响，早期没有向好的方向发展，反而出现了扭曲甚至倒退的情形。归结起来主要源于以下两方面的原因。

（1）富滇银行蜕变，云南金融业紊乱

富滇银行是云南地方事实上的中央银行，是"滇省金融机关之中心"③，它左右了昆明的金融市场。1916 年前，富滇银行的滇币一直较为稳定。但在护国战争中，唐继尧开支浩大，财政入不敷出，随向富滇银行借款 80 万元。护国战争结束后，为支付巨额军费，唐继尧再次向富滇银行大笔借款，导致该行逐步轮为封建割据和军阀战争的工具。富滇为筹付款项而被迫滥发钞票，大量铸造劣币，参与和操纵鸦片贸易等，最终引起了云南地区的金融混乱。

（2）东方汇理银行入滇，金融竞争加剧

东方汇理银行在昆明设办事处后，采取一系列手段以争夺云南货币市场的控制权。

---

① 云南通志馆：《续云南通志长编》（中册），云南省志编纂委员会办公室编校，1985 年，第 703 页。
② 同上书，第 705 页。
③ 云南省地方志编纂委员会：《云南省志》卷十三，云南人民出版社 1994 年版，第 143—145 页。

一是大量扩大纸币（又称越南事纸币，简称越币）的发行。至少有1000余万元在滇省流通使用。按当时越币与滇币1:14的比值计算，相当于滇币1.4亿多元，超过当时滇币发行总额8000余万元的75%左右。[①] 滇币丧失本位货币地位，加速了滇币贬值，导致金融市场的混乱。

二是大量运送白银出境。1917年，云南地方政府颁布禁银出境法令，但对汇理银行和滇越铁路公司网开一面，每天可以铁路的客货运费收入向富滇银行兑取3万元滇铸半开银币，汇理银行乘机以滇币套取白银，大量运送出境。白银源源外流，导致硬通货紧缺，加速了滇币贬值。

三是操纵外汇市场。汇理银行采用大锡跟单押汇、汇总世界币（以越币、越汇、法郎、法汇为主）等办法，一度操纵了昆明的外汇市场。滇币、港币、越币每日汇率由东方汇理银行决定，越币的市场价格一日数变，造成金融紊乱。如1919年7月，东方汇理银行昆明办事处把越币价格从每百元换滇币470元抬高到945元，到8月底又突然降至600元以下，这一涨一跌，使东方汇理银行获得暴利，而昆明商人则蒙受巨大损失。[②] 另外，市场大宗交易，要等汇理银行定出越币价格和港汇牌价后才能成交。到1931年，几乎所有洋杂货均以越币为本位，洋纱以港币定价，昆明市场竟成了越币的天下。至此，"不唯外商存款全部被其吸收，即本国海关、邮局、盐务稽核所等机关的存款和汇解，也全由该行办理"[③]。故《云南行政纪实》载："云南外汇自民国建元以至二十三年以前均系操于东方汇理银行及经营锡业、棉纱业的广商之手。"[④]

四是扶持洋商，排挤民族工商业。汇理银行千方百计扩大资金，滇越铁路的客货运费、万国储蓄会的转存款、在昆20余家外国银行的日营业收入及广商收购土锡、鸦片的资金均被该行吸收，地方军阀、政客、买办以及士绅亦纷纷向银行存款，汇理银行利用雄厚资金扶持法商。如扶持徐碧雅洋行在昆开设猪鬃加工厂，工人由数十人发展到500余人，成为当时昆明最大的洗鬃厂。法商宝多洋行亦在昆设厂，所需资金全由汇理银行透支供应。昆明猪鬃市场一度为法商把持，本地商人经营的猪鬃厂纷纷

---

① 云南省地方志编纂委员会：《云南省志》卷十三，云南人民出版社1994年版，第177页。
② 云南省地方志编纂委员会：《云南省志》卷八，云南人民出版社1995年版，第173页。
③ 万湘澄：《云南对外贸易概观》，新云南丛书社1946年版，第224页。
④ 龙云：《云南行政纪实》第二编金融卷，云南财政厅印刷局1934年版，第3页。

倒闭。

3. 近代金融业的复苏

在云南财政金融濒临破产的情况下，龙云政府于 1928 年和 1929 年两次整顿金融业，均告失败。不得已，任命卢汉出任财政厅厅长，以武力为后盾，进行第三次财政金融改革，制定了半开银圆 1 元兑换纸币 5 元的兑换比例，厘金、烟酒税率以半开银圆为本位，取消金融附捐及苛捐税，严禁现金出口，征收入口货特捐等措施，使龙云政府由 1929 年 800 余万元的庞大财政赤字，一跃而为 1930 年 190 余万元的财政结余。① 1930 年，龙云政府设立"整理金融委员会"，筹设富滇新银行，以财政结余购买生银铸半开银圆作为新行准备金。

1932 年 8 月，富滇新银行正式成立。新行资本总额号称半开银币 2000 万元，实有 1600 万元。② 新银行成立之初，由于管理外汇和投机大烟失利，1934 年 2 月缪云台代替李培炎出任新行行长，采取了管理外汇、统一币制、限制白银外流等一系列改革措施，使云南省金融市场日趋稳定。作为全省金融中心的昆明，亦自然迎来其金融业的良性发展。主要表现在：

其一，币制趋于统一，稳定了金融市场。

民国以后，昆明货币市场一直处于混乱状态，曾经流通的银币达 10 多种，除滇铸半开及 2 角银币外，又有英、法大元开国纪念币和袁头大元，江南板、北洋板、四川汉板、贵州汽车板、贵州仿造开国纪念币等。富滇银行发行的老滇币也很复杂，有滇印、沪印、美印之分；滇印票又有旧票、护国纪念票、十七年印票、十八年印票各种。此外，殖边银行云南分行的纸币曾在昆明流通；锡务公司昆明分部、兴文当、益华当盛丰押号等曾大量发行本票，形同货币，在昆明流通；东方汇理银行发行的纸币（越币）亦在昆明流通。③ 各种纸币、银币、本票及外国货币的并存，使昆明货币不能划一，严重影响了昆明金融市场的稳定。

---

① 云南省地方志编纂委员会：《云南省志》卷四十七，云南人民出版社 1995 年版，第 193 页。

② 云南通志馆：《续云南通志长编》（中册），云南省志编纂委员会办公室编校，1985 年，第 698 页。

③ 云南省地方志编纂委员会：《云南省志》卷十三，云南人民出版社 1994 年版，第 108 页。

1932年富滇新银行成立后，龙云政府即着手货币统一工作。确定富滇新行发行的纸币为本省本位币，对老行原旧币规定5元当新币1元继续使用，并由新行分期收回销毁。同时，指定富滇新银行为货币发行，禁止其他行再发行货币，并严禁越币作为交易媒介。将其他地方银行曾发行的纸币及公司、企业发行的储蓄券、本票悉数收回焚毁。到抗战前，昆明市场币制已基本统一，富滇新币与滇铸半开银币在流通领域中占据了主要地位。

其二，云南省政府授予富滇新银行管理外汇的权力，整治昆明外汇市场。1933年1月，富滇新银行拟定办理外汇细则，规定凡出口商所得外汇均应卖给该行，入口所需外汇亦由该行审核售给。之后新行又制定大锡跟单押汇章程，规定大锡出口无论中外商号公司，必须向富滇新银行办理跟单押汇，否则不准出口。1934年7月，又修订了大锡押汇章程及细则。这些方案施行后，富滇新银行外汇大增，至1935年，该行结余外汇英镑5.9万余镑、美金4.9万余元、港币76.5万余元，从而从根本上动摇了东方汇理银行在昆明外汇市场上的垄断地位。东方汇理银行不得不于1935年与富滇新银行达成协议，大锡跟单押汇由富滇银行办理，富滇新银行以优惠价供给滇越铁路公司和东方汇理银外汇。东方汇理银行允诺"不再妨碍本省金融"，不在富滇银行"业务范围内寻求外款"，① 从而结束了东方汇理银行操纵昆明外汇市场的历史。

这一时期，昆明虽仅于1933年增设锡务银号一家金融机构，但除了富滇新银行获得日盛一日的发展外，兴文官银号、劝业银行、东州矿业银号、益华银号，在陆崇仁控制的云南省财政厅的支持下，亦有长足发展，逐步成为几乎可与富滇新银行比肩的金融实力，有"云南小四行"② 之称。至抗战前，昆明有富滇新银行、东方汇理银行、实业银行、兴文官银号、劝业银行、锡务银号、东川矿业银号、益华银号、永丰银业公司9家银行，太平洋保险公司和金星人寿保险公司。经过龙云政府整顿金融业的措施，恢复了本地金融业的实力和权威，夺回了云南货币市场和外汇市场的控制权，使云南金融市场日趋稳定，赢得了近代云南金融业的良性发展，为云南对外贸易的开展奠定了基础。

---

① 《富滇新银行档案》65-4-183卷。
② 云南省地方志编纂委员会：《云南省志》卷十三，云南人民出版社1994年版，第5页。

三 近代云南对外贸易法律制度对民众生活的影响

英法占据东南亚一带后,洋货开始渗入云南市场。蒙自、思茅、腾越开埠通商之后,进口货物种类和数量更是与日俱增。据《云南对外贸易近况》一书统计,蒙自关进口货物多达 260 种以上,思茅、腾越两关分别为 80 种和 220 种以上,且进口货物均为工业制成品。① 清末的云南市场,日用生活品几乎"无一非洋货所充斥矣"②。大宗洋货有棉花、棉纱、棉布、意大利布、小呢、哔叽、洋火(火柴)、煤油灯,其他如铁货、磁货、石碱、洋伞、燕窝、海菜、干鱼等销量颇巨。"饮食衣服器具,无一不仰给于彼(指法国)。"③ 除省城昆明以外,地州商业中心也大致如此。滇西商业重镇大理,在云南开埠通商之后,店铺里出现了大量欧洲商品,这些"欧洲商品绝大部分都是英国商品,来自缅甸或珠江上的百色。东边的货物要到达大理,就通过红河这条进入中国的最短通道进入"④。

1910 年滇越铁路通车后,云南进口贸易再次迅速增长,许多进口物资直达昆明,由昆明向全省发售。"匪但两粤、江、浙各省之物品,由香港而海防,而昆明数程可达,即欧美全世界之舶来品,无不纷至沓来,炫耀夺目,陈列于市。"⑤ 进口货物以棉货为大宗,煤油、烟草、人造靛、糖、钢铁、毛织品和纸次之,另外尚有煤、化学制品及药用材料、锅炉机器及其配件、交通器材、面粉、成衣、水泥、牛乳及副产品等。外国商品的大量输入,对我省传统手工业和商品贸易产生了巨大的冲击,但同时也推动了云南地区商品市场的丰富和商品经济的繁荣。

为保证外国工业品在云南市场倾销的不平等条约的签订和极低的进口关税税率的实行,直接导致洋货大量涌入并占据云南城乡广大消费品市场,一时间"云南市场,洋货充斥,所谓民生中四大问题——衣食住行差不多都要用舶来品来解决"⑥。这一贸易现状也直接带动了云南民众传

---

① 吴兴南:《云南对外贸易史》,云南大学出版社 2002 年版,第 93 页。
② 云南档案馆编:《清末民初的云南社会》,云南人民出版社 2005 年版,第 47 页。
③ 中国科学院历史研究所第三所编:《云南杂志选辑》,科学出版社 1958 年版,第 198 页。
④ [法]亨利·奥尔良:《云南游记:从东京湾到印度》,龙云译,云南人民出版社 2001 年版,第 127 页。
⑤ 李春龙等:《新纂云南通志》(七),云南人民出版社 2007 年点校本,第 108 页。
⑥ 昆明市志编纂委员会:《昆明市志长编》卷七,1984 年,第 360 页。

统消费方式的改变，使云南社会出现某种崇洋倾向。数据表明，云南省于1903—1909年，按比值计算，年平均进口1084万余元，在本省的销售额占85.22%，外省占14.78%。① 大部分货品均在云南本省消费，尤其突出的是洋纱的销售，由于外国棉纱价格低廉，人们的衣着面料普遍倾向于洋纱。同时，进口洋货种类繁多，货品琳琅，提高了民众的消费水平，也改变了他们的生活方式，从勤俭生活转向追求奢靡者也不在少数。省城昆明自"光绪间缅越藩篱既失，并许外人至滇互市，洋货纷集，民间争相购用，于是朴素之风又为之一变，习染所成，渐趋奢侈。近来西学肇兴，游学海外者心醉奇淫，贸边商埠者神迷靡丽，渐有老成典型反相率而非笑之，是以冠婚丧葬、饮食衣服，风尚所趋，穷极奢靡，皆非从前朴实之旧"②。

来自西方的商品，尽管"它没有大炮那么可怕，但比大炮更有力量，它不像思想那么感染人心，但却比思想更广泛的走到每个人的生活里去。当它改变了人们的生活之后，它成为人们生活的一个部分"③。西方商品的大量倾销，打破了中国百姓千百年的自给自足的生活方式，一些生活必需品开始依赖市场。一些西式机制品以物美价廉的优势，日益取代了传统手工制品而进入人们的生活。清末时有人评论，人们在日常生活中购用洋货已经日渐普及"自与各国通商以来，迄今不过七十余年，而洋货充斥各处，已有洪水滔天之势。盖吾国工业素不讲究，各种物品，皆粗劣不堪，既不适用，又不悦目，一旦光怪陆离之物杂陈市肆，国人任意选购，俨佳者无论矣，甚至零星杂物，有抛弃本货沉溺洋货之势。大者亦推洋货基用"④。云南"从光绪后期起，特别是蒙自辟为商埠之后，洋货就源源不绝地输入，所有饮食、衣服等生活用品，无不充斥市面……进口洋货中，花样繁多，无奇不有，单以英国香烟一项而论，牌号品种竟达十七种之多，其他货品，可以想见"⑤。

由于西方列强对云南一直奉行商业殖民政策，即以商品输出的形式进行经济侵略。所以各国商人在云南各地开设的洋行主要从事商品销售，商

---

① 钟崇敏：《云南之贸易》，1939年手稿油印本。
② 陈荣昌、顾视高纂：《续修嵩明县志》卷三，民国三十二年（1943）铅印本。
③ 陈旭麓：《中国社会的新陈代谢》，上海社会科学院出版社2005年版，第231页。
④ 《今日业宜振兴应用工业以裕生计论》，《东方杂志》第八卷第7号。
⑤ 昆明市志编纂委员会：《昆明市志长编》卷七，1984年，第28页。

品种类也基本限于与人们日常生活紧密联系的日用消费品。这就使云南主要城市的消费水平在外来商品日益增多的刺激下不断提高，而新的生产方式和技术却未能引进，从而导致云南近代工业的发展严重滞后于同时期的国内其他地区。民众也逐渐认识到这个问题的严重性，当时有人感叹道："我们云南实业最不发达，除了饮食物品外，其他一切日用什物，大半由省外、国外搬来。一年间，利源不知外溢几千百万。如今滇越铁路一通，我们不兴实业，则法人的货，源源而来，我们的钱源源而去，数年后，民穷财尽，岂不是速亡之道吗？"①

云南地方政府为了扭转这种不利局面，大力推行保护、扶持和奖励省内近代工商业开展的政策和法律，提倡国货，引导民众消费习惯的转变。诸如云南当局积极响应晚清政府促进工商业发展的政策，大力支持云南工商实业的兴办，同时切实指导并规范各种经营行为，以保护和促进近代工商业的发展。云南总督就曾对举人范彭龄兴办火柴厂一事，饬令劝业道："该举人等为保持利权起见，或渡海求学，或鸠货倡办，所造之物竟能媲美日货，自属可嘉，应准禀立案，责成该令随时保护，以资提倡。"② 另外，为了"联络工商，巩固商权，扩张工商事业"，奉清政府法令于1906年在昆明设立云南商务总会，县属则有昭通、河口等40余属成立商务分会。③ 以上举措有效地促进了清末云南近代工商业的较快发展，也为民众购买国货，转变消费习惯，奠定了物质基础。

民国以后，一系列旨在改变生产方式和生活观念的政策、规范相继颁布，较清朝而言更为广泛深入，且力度大大加强，对民众生活产生了深远影响。1913年12月，为维持工商实业发展、扩大土货输出，以蔡锷为首的云南地方军政府发文规定："凡诚实可靠商家，无论为个人、为团体能采办本省大宗物品径运外国销售，资本薄弱者，可请由本省政府，经查实后，饬定富滇银行，以最轻利息，照银行贷款办法量以借助；可请本省政府代请免纳或减征内地厘税若干年；欲运往何国何埠销售，可请本省政府咨请外交部转行派驻该国外交人员力予维持保护；如有在本省或外省与洋

---

① 华生：《滇越铁路问题》，《云南杂志》（十九号）。转引自中国社会科学院近代史研究所《近代史资料》编译室主编《云南杂志选辑》，知识产权出版社2013年版，第530页。
② 吴强编选：《清末官商大办实业》（档案史料），《云南档案》1998年增刊，第83页。
③ 云南省地方志编纂委员会：《云南省志》卷十四，云南人民出版社1993年版，第44页。

商争执纠葛重大事件,可请本省政府有关人员为之交涉解决。"① 该办法不仅从资金上给予支持,在税收上酌情减免,而且还为在国内外从事商品交易的商家提供相应的保护和协调措施。同时,云南地方政府还积极组织创办或动员参加各种商品赛会,加强与不同国家与地区间的商品和经济交流,此外,为支持和鼓励工商业提高产品质量,增强国际竞争力,云南省政府还制定了多个奖励工商的规章、办法和条例。同时,为促进国货销售,云南省还颁布了诸如《云南省建设厅公务人员服用国货委员会章程》等规范,以政府公务员为表率,从上至下,从政府到民众,大力推行国货的生产和销售,抵制外货入侵。

除了政府部门之外,民间团体在政府指导下,对于改变民众消费习惯,大力提倡国货也发挥着重要作用。例如,民国十二年12月,由省会各机关长官发起组织成立了云南风俗改良会。会长为云南省长唐继尧,副会长为滇中镇守使龙云、昆明市政督办张维翰。外有名誉会长8人,评议、干事两部职员共100余。随后,各县纷纷成立风俗改良分会。② 风俗改良会以改良各地风俗宗旨,以改革崇洋奢华之风为主要任务。劝导厉行节,倡用国货(或土货)以抵制侵略。如昌宁县风俗改良会暂行章则"总则"第一条,"本县为厉行节约,增强抗战力量起见,举凡婚丧庆典及一切奢侈浮靡之费用,均应照本章则规定以改革……"③ 中甸县风俗改良会规约第四条,"对于婚丧冠祭应从俭朴力戒奢侈:(1)凡婚丧酬酢之筵宴概用土八碗,禁用海菜;(2)凡衣服器具概用国货……"广南县风俗改良会实施细则也规定"陪嫁衣物以国货为主,不得奢华耗费"④。

列强在中国实行经济侵略导致中国政府对国内近代工商业的态度发生根本性转变,从限制发展到大力促进近代工商业的发展。云南地方政府在中央政府的经济政策指引下构建的近代云南对外贸易法律制度,以促进对外贸易发展为出发点,通过减免税收、提倡国货等方式,保护、扶持省内近代工商业的发展,推动了云南社会从农业文明向工业文明迈进的历史进程。同时,国货质量的提高和税收成本的降低使得国货在居民日常生活中

---

① 民国云南省建设厅档案,卷宗号"77-5-194",云南省档案馆馆藏。

② 云南通志馆:《续云南通志长编》(中册),云南省志编纂委员会编校,1985年,第139页。

③ 民国云南省民政厅档案,卷宗号"11-8-114",云南省档案馆馆藏。

④ 民国云南省民政厅档案,卷宗号"11-8-855",云南省档案馆馆藏。

打开了销路，崇尚洋货的购买习惯得到扭转，最终改变了民众的生活方式和消费习惯。

第三节　近代云南对外贸易法律制度的评析

中央政权通过一系列政策和规范性法律文件把统治者的意志施加于对外经济活动的各个环节，从而达到对人和经济行为的控制。恩格斯曾经指出："国家权力对于经济发展的反作用可能有三种：它可以沿着同一方向起作用，在这种情况下就会发展得比较快；它可以沿着相反方向起作用，在这种情况下它现在在每个大民族中经过一定的时期就都要遭到崩溃；或者是它可以阻碍经济发展沿着某些方向走，而推动它沿着另一种方向走，这第三种情况归根到底还是归结为前两种情况中的一种。"[①] 对外贸易的发展是一个国家商业经济繁荣的重要表现，也是增加一国财政收入的重要保证。对外贸易政策属于国家权力这一上层建筑的范畴，它的内容直接作用于对外贸易法律制度，最终对经济活动产生影响，就表现为上层建筑对经济基础的反作用。对外贸易政策与对外贸易法律制度是相辅相成的关系，对外贸易法律制度作为对外贸易政策最为主要的载体，直接反映着政策的内容和导向，对外贸易政策通过对外贸易法律制度发挥作用，引导对外经济贸易活动的发展方向。

一　对外贸易政策与对外贸易法律制度的关系

通观清朝政府的对外经济政策及其影响，应当用历史唯物主义的观点作客观公正的分析。海禁政策最初的推行，可以说是反映了自给自足的自然经济的需求和封建统治者长治久安的愿望。马克思指出："与外界完全隔绝曾经是保存旧中国的首要条件。""推动这个新的王朝实行这种政策的更主要原因，是它害怕外国人会支持很多的中国人在中国被鞑靼人征服以后大约最初半个世纪里所怀抱的不满情绪。由于这种原因，外国人才被禁止同中国人有任何来往。"[②] 对云南的边境贸易而言，清政府在前期的

---

① 《马克思恩格斯选集》第4卷，人民出版社1995年版，第483页。
② 《马克思恩格斯选集》第2卷，人民出版社1995年版，第3页。

统治过程中同样奉行消极限制的贸易政策。方慧教授一针见血地指出其缘由："究其原因，从根本上说，为了维护和巩固其统治地位。清廷统治者担心的是边贸引起边境不靖，因此对边贸的地点、时间、贸易物资和边贸管理都作了严格的规定。特别是在双方战时期间，更是怕在边贸的过程中走漏军事情报，刺探军事秘密的事时有发生，所以干脆停止边贸活动。当然，也有利用边贸作为军事活动补充的考虑，在战事期间严禁对方日常生活必需的物资出口，以给对方施加压力。"[①]

当然，政府对外贸易政策的制定和对外贸易活动的管理，是一个主权国家应该行使的权力。但问题在于，清朝政府推行的外贸政策，在严格限制外国商人来华经商的同时，也毫不例外地限制了本国对外贸易的发展，损害了本国的商业利益。例如，对国产货物出口的严格限制；中国商人造船的严格限制；长时期的海禁和禁止华人出洋贸易；行商垄断对外贸易等，都严重制约了中国对外贸易的发展。云南是西南边疆少数民族地区，与东南亚众多国家毗邻。由于特殊的地理位置和民族特性，使清政府对云南施行了极其严格的对外贸易政策及法律规范，除了对贸易行为的管控、税收制度的建立、违法行为的惩治作出较为详细的规定外，对边境贸易的时间、地点乃至货物种类都进行了非常严格的规定，这在很大程度上阻碍了云南对外贸易的正常发展。

自1842年中英《南京条约》和次年《五口通商章程》的签订，中国丧失了关税自主权，实行由列强控制的"协定关税"。关税及相关主权的丧失，使政府失去了以自主税率调节进出口贸易，限制洋货并保护和发展本国工商业的能力。晚清政府为了挽救时局，也推行了经济革新政策，在对外贸易方面主要包括有设厂自救、挽回利权；鼓励改良土货，提升国际竞争力以及大力发展对外贸易、增加出口等。一系列政策的实施，是晚清政府在外力作用下进行的变革。云南作为中国西南地区的重要门户，面对西方殖民者掀起的瓜分中国的狂潮也未能幸免于难，随着英法殖民者的入侵而惨遭掠夺。蒙自、腾越、思茅相继开埠，从而使云南彻底沦为工业制成品倾销地和原材料输出地，这也使本来生产力就处于较低水平的云南雪上加霜。1905年，在云南开明绅士的倡导下，云贵总督丁振铎上书清政

---

① 方慧：《清代前期西南地区边境贸易中的有关法规》，《贵州民族学院学报》（哲学社会科学版）2007年第3期。

府要求自开昆明为商埠以确保外贸商业利益。从此拉开了云南地区从最初被动开放到主动应对的政策演变的序幕。

中华民国建立之后，对外贸易政策也因国家政权的建立有了新的开端，出现了巨大转变。不论是南京临时政府、北京政府还是南京国民政府，为了强国富民，都致力于改善国内贸易环境，在财政税收、工商业促进、基础设施建设等方面颁布多项经济政策，以促进对外贸易的发展。云南地方政府虽然经历了从蔡锷、唐继尧到龙云的政权更迭，但大力推进对外贸易的发展的核心理念始终被贯彻执行。同时，在此积极的外贸政策引导下，省政府颁布实施了大量行政法规和单行条例，为近代云南对外贸易营造了良好的法制环境，进而促进了云南对外贸易的快速发展，并逐渐形成以开放口岸为中心，以近代交通干道为纽带的对外贸易的基本格局。

如前面章节所示，依据对外贸易法律规范及其反映的政策内容，可以将国家和云南地方政府所制定的政策和法律分为三个方面。

其一，规范对外贸易活动，保障正常贸易秩序的政策与法律规范。例如，对贸易主体对外贸易行为的规范管理，如进出口贸易管理、商品检验、税款缴纳、反倾销措施等行为。此类政策、法规以强行性规范为主，是国家管理对外贸易活动的主要手段。

其二，保护、扶持和奖励近代工商业，促进对外贸易发展的政策与法律规范。例如大力发展民族工商业的制度，工商业的示范、奖励和专利等制度的建立，提倡国货，税收减免等。此类政策、法规着力构建的是市场发育的激励机制。

其三，为对外贸易的开展创造所需的社会条件和环境的政策与法律规范。包括必备的公共设施和手段，如计量条件、金融环境、融资渠道、服务性设施等方面的健全和完善。具体来说，诸如统一币制、整顿金融、税制改革、管理机构的合理设置、化验稽核、调研访问等有关机构的设置，引进外资等内容。此类政策、法规是对市场外部环境的调控与保障。

综合以上分析，我们可以看出近代云南的对外贸易政策所经历的从严格限制到被迫开放最后到主动开放的过程。而对外贸易政策对外贸活动发挥影响主要是通过相应的对外贸易法律制度的构建。在对外贸易法律制度中，限制性法律规范与促进性法律规范相互协调，二者在法律制度中的定位，可以明确反映出外贸政策的导向，最终作用于对外贸易的良性运行。

二 近代云南对外贸易法律制度在云南法制近代化进程中的作用

近代云南对外贸易法律制度的构建不但完善了云南地方法律体系,并且在促进云南法制近代化的历史进程中发挥着重要作用。

(一) 近代云南对外贸易法律制度是近代云南地方法律体系的重要组成部分

"西方法文化在中国的传播,使中国人看到了传统法文化的不合于时,也看到了西方法制文明所展现出的时代先进性。根据文化交流择优而从的规律,近代中国必然要以先进的西方法制文明作为其法制改革的参照物,进而实现向近代法制的转型。这种从传统法制向现代法制的转变,就是通常所说的法制近代化。"[①] 法制的近代化转型突出表现为:从古代封建王朝的君主专制、人治为主的立法及法制运行方式转变为近代民主国家通过有立法权的国家机关按程序创设法律,并依法调整经济关系和社会运行的模式。立法目的也从维护封建专制统治和自然经济秩序向维护近代资本主义民主国家正常运转和商品经济的有序发展转变。而这一转变的序幕早在晚清时期已经揭开,戊戌变法至清末新政是其表现,但碍于封建社会的性质,这一脚步落后于社会的政策需求并在全面退缩和悖逆中戛然而止。中华民国的建立为法制近代化提供了转机,民主国家的建立带来了全方位的社会变革,政治上政权组织形式的转变以及经济上资本主义的蓬勃发展,为法制的近代化转型提供了基本条件。同时,西方先进的法文化中所包含的正义、平等、自由、权利和法治等观念也促进了中国法制的转变。从南京临时政府到北京政府再到南京国民政府,虽然历经政权更迭,但是都从未中断法制的近代化进程。

云南对外贸易法律制度的建立最初是随着不平等条约的签订以及条约体系建立而逐步形成。列强以武力打开中国的西南大门,并强迫中国政府与之签订一系列不平等条约,以巩固和保护已取得的侵略成果。这些不平等条约中所构建的国际贸易新秩序以及立法、司法结构,不是云南社会经济自我发展规律所形成的秩序,而是列强以武力为后盾强加给云南的,使云南本身所固有的法律传统及法律价值遭到了前所未有的挑战,也使云南法制状况到了必须要变革的境地。可以说,以商事规则为主体的条约体

---

① 张晋藩:《综论中国法制的近代化》,《政法论坛》2004 年第 1 期。

系,深刻影响和改变了云南的法制变迁。一方面,它阻断和破坏了传统的法制状况,另一方面也推动了近代法律体系的构建。正如马克思在讲到印度革命时曾说过:"英国在印度斯坦造成的社会革命完全是被其极其卑劣的社会利益驱使的……但问题不在这里,问题在于,如果亚洲社会没有一个根本的革命,人类能不能完成自己的革命?如果不能,那么英国不管犯下多么大的罪行,它在完成这个革命的时候毕竟是充当了历史不自觉的工具。"[①] 虽然西方列强可耻的侵略行径给云南的社会经济带来沉重打击,但是,它也带来了西方先进的制度和理念,加速了云南小农经济的瓦解,从客观上推动了云南社会的近代化进程。而条约体系的建立对于构建近代云南法律体系也有较大影响,如涉及经济内容较多,为构建近代云南海关法律制度打下了基础等。

民国以后,随着社会形态和政治体制的变更,云南的法制状况也发生了翻天覆地的变化,近代云南对外贸易法律制度在其中发挥着重要影响。为顺应时代潮流,以及大力促进对外贸易的需要,云南省政府制定和颁布了大量经济性法规。这些法规的出台也从内容上改变了中国传统法制重刑轻民的法律模式。同时,对外贸易法律制度当中除包含市场规制法律规范外,还包括有国家奖励促进和宏观调控两方面的法律规范,体现出近代国家经济管理职能的扩展。以上法规规范具体又可分为货物进出口监管制度、缉私制度、进出境检验检疫制度、反倾销措施、税收制度、对外贸易保护、扶持和奖励制度等。法制化水平和实现法治的程度,是衡量法制近代化的重要指标。对外贸易法律规范的制定和实施,填补了法律制度的某些空白,从而有利于云南地方法律体系的完善,也为近代云南法制的运行奠定了基础。

(二) 近代云南对外贸易法律制度推进了云南法制近代化进程

对外贸易法律制度着眼于对外经济与贸易活动,通过国家管理和调控,从总体上促进了对外经济与贸易结构和运行的合理化发展,以维护社会总体利益和经济效益。主要包含三方面的内容,即市场规制法律规范、奖励促进外贸相关实业发展的法律规范和宏观调控的法律规范。这些法律规范都侧重于国家经济管理职能,这与传统的政府职能是有区别的。"传统的政府功能仅限于征税、治安和防御外敌入侵等消极的政治统治方面,

---

① 《马克思恩格斯选集》第2卷,人民出版社1995年版,第687页。

而鲜有对社会经济生活的管理和干预。"① 近代中国由于社会经济的发展，政府组建了许多新型的经济管理机构，以加强对社会经济生活的管控。在对外贸易管理方面，从清末近代海关的设立以及商部、农工商部的转变到民国时期财政部、实业部的设立，均表明政府职能的专业化，其经济管理职能特别是其中的宏观调控职能凸显，更加证明了政府职能的转变及近代化发展。

国家经济管理职能中的宏观调控职能，实际上是国家所履行的一种社会调节职能。19世纪末20世纪初，西方国家由于生产大规模化和社会化，社会经济结构和运行仅靠原有的市场一元化调节机制已明显不足，危机频发。此时，需要国家作为一种新的调节力量，运用行政手段介入经济活动，履行其社会公共职能。而国家所担负的社会经济调节职能，是传统国家政治性职能的转化。这一转变也意味着国家本身的性质也随之发生变化，即由政治性国家逐渐向社会性国家转变。主要表现在：一是国家自身社会性职能的不断扩展和政治性职能的逐渐淡化。二是国家逐渐将原来由国家担任的某些职能，委任、授权有关社会组织实施。从国际层面看，经济全球化加速了国家职能和性质的社会化。在国际背景下，一方面，任何一国政府所从事管理的职能活动，都需要考虑国际社会因素，受到有关国际组织的制约。另一方面，国际组织的发展壮大也会取代国家从事某些原本属于国家职能范畴的事务。这就必然导致任一国家的政府在对本国经济进行管理调节的同时，也必须考虑国际社会的经济规则，需要与国际性的各种调节机制相适应或接轨。

政府经济管理部门的建立和经济管理职能的强化，意味着政府行政体系的完善和行政能力的加强，也表明国家近代化进程的再次深入。对外贸易法律制度本身就是国家经济调节职能的重要体现，它的健全和发展也进一步推动了国家从传统向近代化迈进的步伐。权限分明、职责统一、名实相符的行政体系的形成和政府职能的转变，使政府管理角色更加趋于职业化和专业化，而与之相关的各项法律制度和规则也得以健全。近代云南对外贸易法律制度的构建，有益于云南地方政府近代化管理机构的设置和管理职能的完备，也有益于云南政府管理职能与法律的颁布、实施挂钩，最

---

① 郑大华、彭一平：《社会结构变迁与近代文化转型》，四川人民出版社2008年版，第443页。

终对云南社会经济的发展和法制近代化进程产生深远影响。

三 近代云南对外贸易法律制度对完善现代云南对外贸易法律制度的启示

历史是一面镜子,"以古为镜,可以知兴替;以人为镜,可以明得失"①。研究近代云南对外贸易法律制度有助于我们鉴往知来,进一步完善现代云南对外贸易法律制度,为推动云南省对外贸易的跨越式发展和云南桥头堡建设战略目标的实现提供可靠的法律保障。

(一)近代云南对外贸易法律制度贸易保护功能的缺位

国际贸易政策最基本的类型分为自由贸易政策与保护贸易政策。在典型的自由贸易政策下,政府对贸易活动不进行任何干预,既不限入,也不奖出。从对进出口没有任何偏向这一意义上说,自由贸易政策是一种中性政策。保护贸易政策则相反,是为保护国内市场和产业,政府采取的贸易干预措施,包括奖出和限入两种方式,保护的根本思路是削弱和排斥外国产品的竞争。②

西方国家向来具有重视对外贸易的历史传统,早在古希腊、古罗马时期,就奉行鼓励对外贸易政策,并采取多项措施协助对外贸易的发展。中世纪后期重商主义思想逐步占据统治地位,西欧各国开始实行强制性的贸易保护政策,其具体措施表现为限制进口与奖励出口两方面,强调在对外贸易中保持贸易顺差。18世纪后期到19世纪中叶,西欧各国和美国的资本主义生产方式完全确立并相继完成了产业革命,进入机器大工业时代。由于生产力水平空前提高,社会产品大量增加,同时,原料需求也随之增长,使国内工业对国际市场的依赖性加强,从而促进了这一时期国际贸易的空前发展。但由于西方各国的工业发展水平不同,在世界市场上的竞争地位也不一样,所以在贸易政策方面采取了截然不同的态度。英国在工业生产和世界贸易中占据了头把交椅,成为"世界工厂"。为加大本国工业在世界上的优势地位,促进本国产品出口,占据尽可能多的世界市场份额。英国工业资产阶级提出了自由贸易政策。美国、德国和欧洲的一些资本主义发展较晚的国家,不但经济实力和商品竞争能力无法与英国相抗

---

① (后晋)刘昫等:《旧唐书》卷七十一《魏徵传》,中华书局1975年点校本,第2561页。

② 朱立南:《国际贸易政策学》,人民大学出版社1996年版,第130页。

衡，其工业发展本身也面临着英国工业产品的巨大威胁。为保护本国工业和国内商品市场的健康发展，这些国家便纷纷推行以幼稚产业保护理论为依据的贸易保护政策。而这些贸易保护政策的施行从实际效果看，都极其显著地促进了当时工业后进的国家，如美国、德国工业都得到迅速发展。到了19世纪末20世纪初，德国与美国发动了第二次产业革命，工业水平迅猛发展，英国的霸主地位逐渐丧失，英国推行的自由贸易政策也逐步被保护贸易政策所取代。从此，世界各国均未再秉持过纯粹的自由贸易政策。

对外贸易法律制度是一国国际贸易政策的最直接反映，但是法律规范的制定又受到多种因素的制约，从而导致了法律规范的内容是否能真实体现外贸政策的导向，该法律规范对本国对外贸易的发展是否起到至关重要的作用。近代云南对外贸易法律制度是在西方列强入侵，国家主权丧失，近代云南沦为半殖民地半封建社会的大背景下产生的。由于建立在一系列不平等条约的基础上，近代云南对外贸易法律制度从诞生时起就带有浓厚的半殖民色彩，成为西方殖民国家进行经济侵略的工具。最显著的特征在于近代云南对外贸易法律制度贸易保护功能的缺位，分析如下：

1. 限制出口严于限制进口

贸易保护强调奖出限入，自由贸易则对进出口不加干涉和限制，而近代云南对外贸易法律制度在西方列强的干预下建立，陷入了限制出口严于限制进口的怪圈。如《越南边界通商章程》《续议滇缅界、商务条款》规定：中国铜钱、米、豆、五谷禁止出口；各种军器、火药、食盐禁止进口；鸦片禁止贩运买卖。民国时期，中央政府和云南地方政府更加大了对货物出口的管控力度，如中央政府颁布了《凡与外人订立运售铁、钨、锰、锑等矿砂契约须先由部核准方有效令》《金器禁止出口范围》《运输银币银类请领护照及私带处罚办法》《严查白银偷运出口给奖办法》，云南政府颁布了《修正云南禁止生银银币出境条例》《云南省财政厅稽征收条银出口税办事细则》《拟定征收大条银复出口收税条例》等。从这些规定中可以看出，在近代云南对外贸易的货品种类中，除鸦片外，限制进口的货物仅有军火和食盐两项，而出于对粮食短缺的考量和对矿产及贵重金属的重视，限制出口的货物种类不断增加。限制出口虽然在一定程度上可以保护稀缺资源外流，但是在对外贸易发展过程中，对于进口货物的限制往往更为重要，通过对进口货物采取一定的限制措施不但能保护国内弱小行业的健康成长，更能体现一个国家通过调控手段，对社会经济的整体发展产生影响。不论是清末还是民国时期，政府所制定的对外贸易法律制度在这一方面都没有过多涉及。

2. 关税的贸易保护功能缺失

关税是对外贸易法律制度的重要内容，是管理贸易的主要手段和原则，因其一直被用作限制货物进口的措施，所以也被称为关税壁垒。[①] 由于通过征收高额关税，可以起到阻止外国商品进口的作用，所以关税通常被用于保护国内产业免受外国企业竞争的手段。但是，就近代云南的关税制度而言，由于近代中国关税主权掌握在西方列强手中，所以它不但不能保护本国幼弱的工商实业和国家在对外经济往来中的应得利益，反而完全成为外国殖民者进行商品供销和原料掠夺的工具，为帝国主义的经济侵略大开方便之门。

近代中国丧失海关主权和关税自主权后，关税税率长期被限制在值百抽五的低水平状态。进口洋货也只要缴纳 2.5% 的子口税就可以在中国内地通行无阻，土货出口则无此优惠，过关纳税，遇卡抽厘，税负沉重。而云南进出口税的征收，根据《中法续议商务专条》《越南边界通商章程》以及《中英续议滇缅界、商务条款》的规定：洋货输入在值百抽五的基础上减 3/10；土货输出则在值百抽五的基础上减 4/10。这样的极低税率为洋货倾销大开方便之门，根本无法起到对本国工商实业的保护功能。1928 年之后，中国与除日本外的主要国家签订了关税新约，收回了关税主权，拟定《国定进口税则》与 1929 年 2 月 1 日实施。虽然 1929 年税则进口税率有所提高，工商从业者普遍认为税率与国外相比仍然偏低，起不到保护国货、限制洋货的作用。据国内实业团体组成的税则研究会提出报告称："各国纸烟的进口税率多在 100%—300%，而中国进口税率仅为 40%；棉织品新税率仅为 7.5%—10%，完全无法保护中国幼弱的棉纺织业。"[②] 此后，南京国民政府陆续颁布 1931 年税则、1933 年税则和 1934 年税则。虽然每部税则都是自主制定的，但其内容均无法摆脱外力的干涉，如 "1929 年税则是在英、美、日三国联合提案的基础上形成的；1931 年税则受到了《中日关税协定》的约束，1933 年税则是迎合英美，

---

① 郭寿康：《国际贸易法》（第三版），中国人民大学出版社 2009 年版，第 214 页。
② 《申报》1928 年 9 月 8 日。转引自叶松年《中国近代海关税则史》，上海三联书店 1991 年版，第 308 页。

抑制日本的政治路线的体现，1934年税则是在日本的压力下，汪精卫执行的对日妥协路线的结果"①。因而，在外交压迫的钳制下制定的关税税则，出于平衡英、美、日三利益的考虑，对本国的工商实业保护作用必然受到极大限制，效果微乎其微。

通过对近代关税制度的分析，我们可以认识到处于半殖民地半封建社会历史背景下的中国政府根本不可能完全自主地运用关税手段来保护本国工商实业发展，帝国主义列强基于本国利益也不希望看到中国自主的运用关税手段来达到贸易保护的目的，所以虽然国民政府名义上取得了关税自主权，但是离真正的关税自主还很遥远。

(二) 法律制度的完善既要注重法的制定也要注重法的实现

中国法制近代化进程步履维艰，历经坎坷。作为中国法律近代化的起点，清末执政者法制改革的目的不仅在于推动法律进步，更希望通过法律改革，废除领事裁判权，挽救民族危机。民国时期，在法律制度的创建、发展过程中，政治家们仍然希望通过法律改革，谋求恢复完整的司法主权，并进而从法律上获得政权的国际社会的承认。所以，从国家层面上讲，中国法制近代化不是自然演进的过程，而是在列强欺凌的刺激下，选择奋发图强，进行变革的一种自救反应。但是法的制定还有待于法律制度的完善，法制进步更依赖于法的要求能在社会生活中被转化为现实，不能实施的法律只是一纸空文。法律只有实现才能起到建立和维护社会秩序、促进社会公平公正和发展的作用。"法律现象是社会现象之一，不可能脱离社会而存在。因此法的实现必然受到其他社会因素的制约。"② 就近代中国来说，法的实现受制于主权丧失的社会背景。而法治又必须建立在司法主权独立的基础之上，如果离开了这一关键因素，法的实现根本无从谈起。所以，中国的法制近代化过程必然伴随着中国政府致力于收回司法主权的不懈努力而向前推进。

就对外贸易法律制度而言，领事裁判权与会审公廨制度的形成，使中国政府司法主权丧失，从而直接导致中国本土法律和商事惯例在华洋商事纠纷中无法实现。以近代云南对外贸易纠纷的司法解决为例，首先，华洋纠纷双方当事人并未受到平等的对待。在云南省的司法实践中，对于洋人

---

① 叶松年：《中国近代海关税则史》，上海三联书店1991年版，第355页。

② 张文显主编：《法理学》，高等教育出版社1999年版，第265页。

的审判权受制于领事裁判权。华洋诉讼案件的审理，因为外国人有领事裁判权，在诉讼上也有很多不同：第一，我国公民普通的诉讼，无论原告、被告，都受我国法律的保护与法律制裁。华洋诉讼就不同，洋人为原告，华人为被告，由中国官员审理，洋人可以"观审"。如果华人为原告，洋人为被告，就应由外国领事审理，并按外国的法律来判决。中国法律不能保护本国人民的利益，而外国领事经常偏袒其本国人，中国人在法律上常常受到冤屈，而无申冤之处。第二，我国公民通常的诉讼由司法机关受理，而华洋诉讼由行政机关审理。第三，我国公民通常的诉讼，如当事人不服原判，均有上诉三审之权，而华洋诉讼则以地方官署为初审，外交部特派交涉署为二审，无上诉三审之权。所以百姓的司法平等权利丧失了不少。[1] 其次，外国领事依据西方法律对华洋商事诉讼案件作出的判决，往往无视中国法律和商事惯例。最后，中国司法机构在外力的促压下，对于华洋商事诉讼的判决时常显失公平，这对中国法律和商事惯例造成了极其巨大的冲击和破坏。

此外，由于治外法权的存在，很多法律规范对于外国商人根本不可能真正实现。比如清末民初，中国政府制定的缉查走私及处罚的相关法律规范，仅针对中国人有效。外国商人根据《会讯船货入官章程》规定，有关外商关税案件得由海关监督与领事"公同会讯"，税务司亦应参加；领事与海关监督、税务司对案件处理有分歧时，应申请总理衙门和驻京公使查核定夺。[2] 在领事裁判权和《会讯船货入官章程》的保护伞下，外国商人有恃无恐，走私违章的案件从未间断。再如，南京国民政府针对外国商品向我国倾销的行为制定并颁布了反倾销法规，如《倾销货物税法》和《倾销税法施行细则》，同时还设立了倾销货物审查委员会。虽然法律制度建立了，完备了实施体系，但受司法主权和关税主权丧失的影响，反倾销法规的实现非常困难，外商倾销行为得不到惩治，完全达不到反倾销法规制定的预期效果。

法律的实现需要一定的社会经济环境作保障。由于近代中国实际上没有也不可能彻底摆脱外国列强的压迫，国内政策也受制于列强的干涉，不平等条约依然是束缚中国政治、经济发展的一条绳索，这也是近代中国法

---

[1] 方慧主编：《云南法制史》，中国社会科学出版社 2005 年版，第 246 页。
[2] 王铁崖：《中外旧约章汇编》第一册，生活·读书·新知三联书店 1982 年版，第 259—261 页。

制实现所不可逾越的障碍。虽然我们不能否定对外贸易法律制度的建立，对贸易行为的引导、贸易秩序的维护和贸易发展的促进作用，但是，历史经验告诉我们，国家实力的强大和主权的独立才是社会经济健康发展最重要的保证。

（三）注重既得利益的政策法规无法满足社会长期发展的要求

在云南对外贸易发展过程中，除了大锡、棉纱、茶叶等主要贸易商品以外，还有一项对云南贸易乃至云南社会经济均产生极大影响的商品，即鸦片。而鸦片贸易的兴衰又与政府对外经济政策和法律规范的颁行休戚相关。

鸦片进入云南始于19世纪二三十年代，当时西方鸦片贩子从中南半岛偷运鸦片到云南贩卖。1840年鸦片战争后，西方资本主义列强在华贩卖鸦片成为合法，鸦片进一步泛滥。光绪年间，鸦片贩子每年从印度支那、缅甸、印度等国沿海陆两路输往两广、云南、贵州、四川的鸦片达1000多万两，严重摧残了我国居民的身心健康，给社会经济造成巨大破坏。[①] 此后，由于政府政策和法律导向以及鸦片所产生高额利润的驱使，云南地区的鸦片生产和贩运一直长盛不衰，并且在整个近代云南出口贸易中占有极其重要的地位。

1. 鸦片贸易对于近代云南出口贸易的影响

咸同年间，清政府为了筹措镇压杜文秀领导的回民起义军费，开始抽收"土药厘金"，鸦片的种植和买卖成为合法。此后，罂粟种植面积迅速扩大，由山区扩展到坝区，甚至连昆明城郊也不例外，时人描述"出南门，绕过金马碧鸡坊，过迎恩塘，时暮春天气，罂粟盛开，满野缤纷，目遇成色"[②]。据估算，滇省罂粟种植面积占全省耕地面积的60%，年产鸦片8000万两。[③] 由于货源充足，获利奇高，省内外商人纷纷染指鸦片贸易，许多省内商号和商帮都竞相经营鸦片出口。1906年向云南商务总会登记的烟号就有41家，全省经营烟土的商人不下数万人。史料记载："滇省现业土药者，约数万人，多系小贩，由外州县贩运进省，转售外省

[①] 云南省政协委员会文史资料研究委员会：《云南文史资料选辑》第1辑，云南人民出版社1962年版，第79页。

[②] （清）包家吉：《滇游日记》，转引自秦和平《云南鸦片问题与禁烟运动》，四川民族出版社1998年版，第22页。

[③] 杨毓才：《云南各民族经济发展史》，云南民族出版社1989年版，第500页。

第五章　近代云南对外贸易法律制度对社会变迁的影响

行商，内销之土，百无一二。"①

从清末开始，鸦片在云南对外贸易中就独占鳌头，连大锡的贸易额也位居其后。1893 年，蒙自海关报告："经详细查探，云南通省之烟土，每年约卖 5 万担，其中迤南约卖 3.1 万担，迤东约卖 0.8 万担，迤西约卖 1.1 万担。按每担值银 200 两左右计算，共值银 1000 万两。"② 因其货值巨大，鸦片出口成为弥补云南外贸逆差的重要手段："此项巨额的烟土售价收入，每年除抵补对外贸易的逆超并由内地换回日用品外，还把剩余的大量白银驮运回来。"③ 昆明也成为全省鸦片最主要的集散地，绝大多数货物由昆明转销省外。虽然 1906 年清政府发布上谕："自鸦片烟弛禁以来，流毒几遍中国……着定限 10 年以内，将洋土药之害一律革除净尽。"④ 同时颁布《禁烟章程》十一条，实行禁烟。但云南的鸦片贸易依然繁盛，据 1907 年 11 月云南商务总会土药帮资料：由本省每年销售两广约 1200 驮（每驮两箱，约重 2200 两），销售两湖约 2400 驮，销售四川约 200 驮，销其他省约 1000 驮。由各州县销售外省者每年约 1500 驮，由会理出川约 600 驮，在省城熬吸的 600 余驮。总计迤西各州县（不包括腾冲等处）每年所产烟土约计 4000 驮，迤东、南各州县每年所产烟土约计 2000 驮。⑤ 计算以上数值，云南全省鸦片总销量不少于六七千万两。同时，从事鸦片贸易的商家不断增多，1907 年仅昆明地区经营鸦片的商号就庆华号、源庆号、永华祥、兴盛和、福和公等有 52 家⑥，都是收购大宗烟土的囤户。烟商内部又分为广帮、两湖土药客帮、常德土药客帮、滇省土药帮、迤西土药帮五大商帮。此外，云南各大商号的买卖均与烟土有瓜葛，就连州县市场活跃的小商贩也不例外。

1908 年，清政府加大禁烟力度，饬各省督抚"几种鸦片之地，限两年一律禁绝"⑦。颁行《禁烟稽核章程》《禁烟查验章程》和《续禁烟查

---

① 昆明市志编纂委员会：《昆明市志长编》卷六，1984 年，第 49 页。
② 海关总署总务厅、中国第二历史档案馆编：《中国旧海关史料》第 21 册，京华出版社 2001 年版，第 70 页。
③ 万湘澄：《云南对外贸易概观》，新云南丛书社 1946 年版，第 178 页。
④ 秦和平：《云南鸦片问题与禁烟运动》，四川民族出版社 1998 年版，第 22 页。
⑤ 昆明市志编纂委员会：《昆明市志长编》卷六，1984 年，第 51 页。
⑥ 秦和平：《云南鸦片问题与禁烟运动》，四川民族出版社 1998 年版，第 81 页。
⑦ 昆明市志编纂委员会：《昆明市志长编》卷七，1984 年，第 60 页。

验章程》，要求各省必须建立禁烟公所，同时对各处禁烟机构下发奖惩制度。由于云南省种植罂粟历史久，面积大，云南烟土质量佳，因此被列为全国禁烟的重点地区。遵照清政府的政策和法令，时任云贵总督锡良大力开展禁烟工作，严格监控和杜绝鸦片的种植、贩卖和吸食，使云南社会的禁种、禁运和禁吸工作大见成效。清政府的禁烟谕令使云南经济大受冲击，不少人担心"每年入境之银顿少二千万，云南经济因此困顿"①，有人还提出："我们云南全省的生计，纯然是靠着这点鸦片烟，鸦片烟既然不能种，生计就要恐慌，若不急速提倡粗浅实业，稍开点利尖，那么民间的生计问题，自然一天比一天穷迫了。"② 这里反映出云南社会经济对于鸦片极度依赖，鸦片贸易甚至成为云南的重要经济支柱，这种变态依存关系极大地阻碍了云南经济的健康发展。

民国初年，云南军都督府沿清朝禁制，复申禁烟令，于1912年6月，制定厉行禁烟条规，要求各地方自治公所组建禁烟事务所，同时临时省议会也通过禁烟草案，颁布《各属禁烟事务所章程》《铲烟规则》《巡警稽查专责》及《各属查货烟土办法简章》。③ 虽然令行禁止，但内地吸烟人数并未减少，加之民国初年越南厉行禁烟，烟价陡涨，越商及旅越的两广商人纷纷到云南高价采购烟土，导致罂粟种植屡禁不止，边地一直秘密偷种，鸦片走私活动也较为猖獗。1920年起，唐继尧推行"寓禁于征"政策，交纳"罚金"后，即可合法种植、销售鸦片，云南的鸦片产量剧增。1922年11月，官商合办广云股份有限公司在昆成立，其中官股50万元、商股70万元④，专门收购烟土，取道两广运销海外。至1924年，昆明市区经营大烟的坐商达53户，多运销省外。鸦片外销道路主要有以下几条：第一，昆明到四川叙府（宜宾），每年约1200万两；第二，昆明经曲靖入贵州，每年约500万两；第三，昆明、蒙自经富宁入广西，每年约1000万两；第四，经滇越铁路入越南。经滇越铁路运输的鸦片，由云南当局与法国密定过境税率，即可通行无阻。⑤ 1935年，云南省政府组建

---

① 中国科学院历史研究所第三所编：《云南杂志选辑》，科学出版社1958年版，第598页。
② 云南省地方志编纂委员会：《云南省志》卷八，云南人民出版社1995年版，第161页。
③ 云南通志馆：《续云南通志长编》（中册），云南省志编纂委员会办公室编校，1985年，第455页。
④ 云南省地方志编纂委员会：《云南省志》卷十四，云南人民出版社1993年版，第76页。
⑤ 秦和平：《云南鸦片问题与禁烟运动》，四川民族出版社1998年版，第72—73页。

"特货统运处",吸收永昌祥、茂恒、庆正裕等商号参加,垄断和承办鸦片的运销,形成官商联袂运销鸦片的局面。据《云南行政纪实》所载:"自1935年5月1日起至1938年4月底止,统运处共收烟土2347万余两,除拨交禁烟委员会制公膏所需数外,其余全部运往川、粤、湘、鄂等省售罄。"①

上述内容可以看出,云南对外贸易乃至社会经济之所以与鸦片贸易发生如此之深的联系,很大程度上取决于云南地方政府对这一贸易商品所持有的推崇态度,虽然表面上发布禁令,但实际放任甚至参与该项贸易,从而导致鸦片贸易的持续增长。

2. 鸦片贸易与云南财政收入的密切关系

发展鸦片贸易从很大程度上讲是出于地方财政的考虑。1874年,云南以"籍供兵饷"之名开征厘金,土药厘金在其中占有极大比重,约为整个百货厘金的1/5。② 据云南巡抚谭钧培奏报:光绪十九年滇省各地税局抽收的土药厘金28879两3钱。光绪二十二年,云南各厘卡抽收土药厘金34000余两。光绪二十三年,云南各厘卡抽收土药厘金43997余两。③ 其后,该项厘金收入不断增加,至光绪三十二年已达到216834两之多,约占全省厘金收入的2/3以上。④ 从以上数据看,土药厘金开征之后已成为云南地方财政收入的重要来源。

民国初年,蔡锷主政,明令全省禁烟,取缔烟馆,查铲烟苗,禁止贩运。然而由于云南财政困难,军饷无着,禁烟与筹饷发生矛盾,未能认真执行。为了从鸦片上谋取财源,由军政府与财政司筹划,组织了官商合办的收销存土公司,专门收购民间存烟运往越南销售,每百两收报效军饷捐5元,开"地方政府藉鸦片谋利供作军费之端"⑤。以后官商群起效尤,互相包庇徇私,甚至鼓励农民私种,勒价收购,获取暴利,禁烟命令实际上成为一纸空文,不到一年就归于失败。

1920年以后,唐继尧政府为应付巨大的军费开支,采取了"寓禁于

---

① 龙云:《云南行政纪实》第二编禁烟卷,云南财政厅印刷局1934年版,第6页。

② 云南省地方志编纂委员会:《云南省志》卷十二,云南人民出版社1994年版,第82页。

③ 《官中档光绪朝奏折》光绪二十四年十月十七日崧藩奏折,转引自秦和平《云南鸦片问题与禁烟运动》,四川民族出版社1998年版,第24页。

④ 罗玉东:《中国厘金史》,商务印书馆1936年版,第428页。

⑤ 云南省地方志编纂委员会:《云南省志》卷八,云南人民出版社1995年版,第164页。

征"的政策，大开烟禁。同时，专门成立隶属于民政厅的云南省禁烟局，管理罚款征收事宜。同年，云南省政府颁布《云南禁烟处罚暂行章程》，规定凡种烟1亩，处以罚金2元，并将这项罚金称为"烟亩罚金"。1921年初，云南省禁烟局制定实施《禁种罚金规则》和《禁运罚金规则》。将禁种罚金提高到每亩征收4元，同时开征"禁运罚金"，规定商人在省内运销，每百两交罚金5元；运出省外销售的，每两交罚金10元；如果没有内运罚金票者，须补交6元，在边地出口还要加征4元。① 罚金的征收实则公开鼓励农民种植罂粟和商人贩运鸦片。这一举措使云南的鸦片贸易再次兴旺发达起来。烟亩罚金和禁运罚金共实施了六届。从1921年秋至1922年夏为一届，逐年递增，罚金数额也不断增加。头三届两项罚金总额分别是152万元、220万元和350万元（滇币），分别占其他赋税收入的28.8%、55.3%和79.2%。从第四届起实行了标准结认制，甚至强迫农民多种，罚金总额提高到600万元，占其他赋税收入的104.7%，第五、六届罚金总额达720万元。② 这一时期，禁烟罚金成为云南省的重要经济支柱，也是维持庞大军费开支的巨大财源。

  龙云主政时期，禁烟罚金仍是云南省政府的第一大财政来源。1929年云南省政府会议决定，提高禁运罚金的征收比例，改征现金（即半开银币）。规定：鸦片外销，每百两征收现金10元，纸币缴纳为50元。同时加征"大烟罚金"，规定当年生产的烟，必须在次年四月前售完，逾期销售，每百两加征6元；二年前的老烟，每百两加征20元。③ 此外，还强制烟商在正额罚金外，另征报效军费、军队保护费、公路附捐等苛捐杂费。1930年1月，云南省政府将烟亩罚金改征现金，每亩征现金3元，以纸币缴纳，收15元。次年，该项罚金再次提高，每亩征收现金5元，纸币缴纳每亩收25元。④ 这些举措使禁烟罚金收入较之唐继尧时期超过数倍有余。1929—1939年，禁烟罚金共办了九届，从新案第一届开始，

---

  ① 云南省地方志编纂委员会：《云南省志》卷十二，云南人民出版社1994年版，第195页。

  ② 云南省政协委员会文史资料研究委员会：《云南文史资料选辑》第3辑，云南人民出版社1963年版，第89页。

  ③ 云南省地方志编纂委员会：《云南省志》卷八，云南人民出版社1995年版，第181页。

  ④ 云南省地方志编纂委员会：《云南省志》卷十二，云南人民出版社1994年版，第195页。

仅烟亩罚金一项，年收入就增加到900余万元；第二届年约为2700万元；第三届至第九届，征收比例虽略有降低，但年收入仍为1600万元之多。"禁运罚金"，包括内运、外运罚金在内，年收入一般约在2200万元。①此外，云南省政府还通过授意富滇新银行开办鸦片远期押汇业务和允许烟商先运后交税等办法，鸦片大量外运。虽然龙云主政时期，罂粟种植面积与唐继尧主政时期没有太大变化，但"烟亩罚金"和"禁运罚金"的收入不可同日而语，成倍增加，禁烟罚金也在云南财政收入当中占据了绝对优势。以1930年为例，全省鸦片罚金收入为5100万元，而全省其他各项税收仅为4172万元，鸦片收入大大超过了各项税收的总和。②

3. 鸦片种植对云南农业经济的破坏

虽然鸦片的高产及高附加价值在一定程度上缓解了云南地方财政收支失衡的矛盾，但其危害本身还是显而易见的，尤其在农业经济方面愈加突出。

自清咸丰、同治年间，清政府开放陕、甘、川、湘、滇、黔等省种植罂粟以来，云南农村经济就走上了一条畸形发展的道路。由于种植罂粟比种植其他农作物的获利更丰，导致大批农民弃豆麦而改种鸦片。当时官吏奏报："云南地方寥廓，深山邃谷之中，种植罂粟花，取浆熬烟，其利十倍于种稻。"③ 在清政府承认种植罂粟的合法性后，云南鸦片种植面积和地区更是逐年扩大。据度支部报告：光绪三十一年，云南产鸦片17574担，光绪三十二年为17928担，光绪三十三年为15950担，其产量分别占全国的12.32%、12.11%和13.29%。④ 若以每亩产烟50两计算，光绪末年云南省的罂粟种植面积是50万亩之多。清末民初，罂粟种植有增无减。20世纪20年代，云南全省几乎是一片广大的鸦片田。据北部、南部、东部和西部报道说，有三分之二的土地都种着鸦片⑤。"寓禁于征"政策导

---

① 云南通志馆：《续云南通志长编》（中册），云南省志编纂委员会办公室编校，1985年，第423页。

② 云南省地方志编纂委员会：《云南省志》卷八，云南人民出版社1995年版，第181页。

③ 中国第一历史档案馆藏道光十八年十二月十二日云南巡抚伊里布奏折，转引自谢本书主编《昆明城市史》第1卷，云南大学出版社2009年版，第77页。

④ 《度支部奏查明洋药进口土药出产及行销数目酌拟办法折》，《政治官报》光绪三十四年九月二十五日。转引自秦和平《云南鸦片问题与禁烟运动》，四川民族出版社1998年版，第24页。

⑤ 李文治：《中国近代农业史资料》第2辑，生活·读书·新知三联书店1957年版，第629页。

致了云南鸦片种植面积迅速上升。据统计，全省 130 多个县皆种有烟苗，在第一届至第三届"禁罚"期间，查定的烟田亩数分别为 36 万亩、50 余万亩、90 余万亩。从第四届开始，实行标准结认制，由禁烟当局下达标准亩数，全省共计 107 万亩。禁烟局也承认，但据实地考察，而隐漏者不止一倍。① 据推算，仅 1928 年，全省种植罂粟的烟田就应当在 150 万—200 万亩，鸦片年产量 4000 万—8000 万两。② 30 年代以后，政府虽然号令禁烟，但罂粟种植情况仍然十分严重。据统计，1936 年全省煎土量达 1468184.4 两，成膏量 1121032.1 两，销膏量 1022520.5 两。③

由于种植罂粟能获得比种粮食更丰厚的收益，种烟地区的农民已经完全依赖鸦片维持生计，"其土物以烟土为出产大宗，数十年来，直为衣食所赖。卒令易烟而谷，其利人不及十分之一，既不足以赡其身家，且农具牛具早已荡然……"④ 鸦片种植在这些地方的农村经济中已具有举足轻重的地位。

但不能忽视的是，鸦片给农民带来收益的同时也给云南的农业经济带来巨大破坏。继续扩大种植鸦片对农村经济造成了极坏的影响：一是减少种粮面积，导致粮食短缺，"多种一亩罂粟之田，即减少一亩稻麦之产，弃膏腴而滋鸩毒，良可叹惜"⑤。云南当地产粮食，本来就捉襟见肘，又将大量耕地弃粮种烟，更加剧了粮食供应紧张。二三十年代鸦片种植面积占全省耕地面积的 10%—15%。据有关人士推测，当时全省的熟田好地约有 800 万亩，种鸦片 200 万亩，占 1/4 的良田面积。⑥ 二是鸦片种植导致云南农业经济的畸形发展。一方面种罂粟可获得较高收益。据 1923 年 5 月 3 日《申报》估计，鸦片价值占全省农产品产值的 40%，成为农民收

---

① 云南省政协委员会文史资料研究委员会：《云南文史资料选辑》第 3 辑，云南人民出版社 1963 年版，第 82 页。

② 张维桢主编：《昆明历史资料》第 12 辑，昆明市志编纂委员会编纂室印行，1989 年，第 367 页。

③ 云南禁烟委员会秘书处编：《云南禁烟纪实》第一编第 3 册，云南省禁烟委员会秘书处，1936 年，第 28 页。

④ 云南省地方志编纂委员会：《云南省志》卷八，云南人民出版社 1995 年版，第 160 页。

⑤ 中国科学院历史研究所第三所编：《云南杂志选辑》，科学出版社 1958 年版，第 95 页。

⑥ 张维桢主编：《昆明历史资料》第 12 辑，昆明市志编纂委员会编纂室印行，1989 年，第 370 页。

入的重要来源。① 另一方面，农民对鸦片的依赖越深，对农业生产发展的制约性就越强，种植品种单一，加上政治因素影响极大，给农业的长期稳定发展带来无穷隐患。它虽然能解一时之饥渴，但如釜底抽薪一般，使本来就极为脆弱的云南农业经济更加如履薄冰，稍有波动，就会带给农业生产毁灭性的打击。三是鸦片对本省农业劳动力的摧残和破坏极其严重。种植罂粟，也使农业劳动者吸食鸦片增多。据估计，"瘾民"占全省人口的1/10，即100多万人，其中最多的是农业劳动者，使农村劳动力日益衰退，倾家荡产。②

即使深知鸦片贸易的危害巨大，但是清末民国时期的云南省地方政府还是在各种因素的交相作用下采取"寓禁于征"的办法，公开弛禁鸦片，鼓励鸦片种植和销售。收取禁烟费用，可以填补军费的收支缺口，稳固军心，解决财政危机，维护地方政局稳定，强化其统治。同时，发展鸦片贸易也可抵制英缅殖民地的鸦片内销，活跃城镇商品经济，刺激农副业生产，增加民众的收入。从长远来看，这一举措无异于饮鸩止渴，既无法从根本上改变云南社会经济落后的现状，更无法促进云南生产力发展和社会整体的进步，反而将云南社会经济引向歧途。利之所在，趋之若鹜，鸦片种植虽然短期获得了较好的既得利益，包括政府财政和农民、商人的收入都有所增加，但是不利于云南对外贸易长期稳定的发展，是短视行为。注重既得利益的政策法规是无法满足云南社会政治经济长期有序发展的要求。

党的十八大以来，以习近平同志为核心的党中央一直把生态文明建设放在进一步深化改革和推进现代化建设的关键位置来考量，党的十九大更是将美丽中国纳入社会主义现代化强国建设的目标内涵中，由此开创了我国生态文明建设和环境保护新局面。习近平总书记多次指出，绿水青山就是金山银山。"建设生态文明是关系人民福祉、关乎民族未来的千年大计，是实现中华民族伟大复兴的重要战略任务。"③ 作为中国面向南亚东南亚重要门户，将云南建设成为中国沿边开放经济区确实是当前云南发展的重要目标之一。2015年1月，习近平总书记在考察云南时提出，希望

---

① 《申报》1923年5月3日。转引自云南省地方志编纂委员会《云南省志》卷十四，云南人民出版社1993年版，第78页。

② 云南省地方志编纂委员会：《云南省志》卷八，云南人民出版社1995年版，第168页。

③ 中共中央宣传部：《习近平总书记系列重要讲话读本》（2016版），学习出版社2016年版，第230页。

云南主动服从和融入国家发展战略,"努力成为我国民族团结进步示范区、生态文明建设排头兵、面向南亚东南亚辐射中心"。从中也不难看出,国家对云南省的发展定位除了要打造面对南亚、东南亚国家对外开放的新高地之外,建设美丽云南也是发展的重点。国家发展和改革委员会在《云南省加快建设面向西南开放重要桥头堡总体规划(2012—2020)》中指出:"依托国际大通道,优化产业布局,把云南省打造成为我国重要的出口加工贸易基地、清洁能源基地、新兴石油化工基地、优势特色农产品生产加工基地、生物产业基地和国际知名旅游目的地。"[1] 云南省已形成烟草、矿冶、电力、旅游和生物五大支柱产业,特色农业、化工、装备制造为主的外向型产业正在形成,光电子、新材料、文化创意等新兴产业正在兴起。在改造提升传统产业、做大做强特色产业,进一步推进对外开放格局的形成过程中,除了把握良好发展契机的同时,更应注意将建设绿色生态大省的目标融入其中。

  同时,在正确处理经济发展和生态环境保护的关系上,应深刻领会习近平总书记的指示:"经济发展不应是对资源和生态环境的竭泽而渔,生态环境保护也不应是舍弃经济发展的缘木求鱼,而是要坚持在发展中保护、在保护中发展,实现经济社会发展与人口、资源、环境相协调。"[2] 对于省内出现的某些为实现脱贫攻坚和地区经济的高速发展,可以"先污染再治理"的说法和做法应该予以坚决纠正。要坚持和贯彻新发展的理念,摒弃以牺牲生态环境换取一时经济增长的做法。在推进对外贸易发展和建设面向南亚东南亚辐射中心的过程中,大力加强生态环境和资源环境的保护,切实节约利用资源,增强可持续发展能力。遵照"节约优先、保护优先、自然恢复为主的方针,创新绿色发展路径,加快美丽云南建设"[3],让良好的生态环境成为人民生活改善的增长点、经济社会持续健康发展的支撑点、展现云南良好形象的发力点,让我省大踏步地进入生态文明新时代,最终将七彩云南建设成为镇守我国西南生态安全的坚固屏障。

---

[1] 国家发展和改革委员会:《云南省加快建设面向西南开放重要桥头堡总体规划(2012—2020)》,2012年10月。

[2] 中共中央宣传部:《习近平新时代中国特色社会主义思想三十讲》,学习出版社2018年版,第246页。

[3]《云南省人民政府工作报告(2018年)(云南省第十三届人民代表大会第一次会议审议稿)》,2018年1月25日。

结　语

鸦片战争之后的中国处于历史巨变时期。在英法等西方国家凭借工业革命形成的经济和军事优势，强行撞开中国的西南大门后，云南也无法逃脱沦为半殖民地半封建社会的命运。为保障西方列强在云南的政治经济利益，方便其进行工业品倾销和原材料掠夺的可耻行径，殖民者强迫晚清政府与之签订了大量不平等条约。在此历史背景下，近代云南对外贸易法律制度应运而生，也注定了它成为西方列强经济侵略的工具。此后，虽然近代历届政府均致力于推动法制改革，将各项国际贸易规则融入我国的对外贸易法律制度中，力求与国际贸易新秩序对接，达到彻底脱离侵略者控制的目的。但是，在一个主权没有真正独立的国家，其法律制度要独立谈何容易。对外贸易法律制度的演变只能促使一个国家进入国际贸易体系，并不能带给它与经济强国一样的贸易地位。究其根源在于法律制度的转型只是获得形式上的平等，而国家实力的强盛与否才是决定实质平等的关键因素。近代云南对外贸易法律制度的建立、曲折发展的过程正充分说明了这一点。

中华人民共和国成立以后，在中国共产党的领导下，国家从半殖民地半封建社会脱胎换骨成为独立自主的社会主义国家，主权独立，政治、经济实力和国际影响力也与日俱增。但在可持续性发展战略的指导下回顾历史，会发现在国际贸易交往与规则制定上，我们仍然要面对西方发达国家的强权挑战。包括：近代对外贸易法律制度是在西方列强炮舰威力下形成的，而当今的国际贸易规则是发达国家凭借雄厚的政治和经济实力制定的；不平等条约框架下建立的近代对外贸易法律制度为列强对中国实行经济侵略服务，当今的国际贸易规则实质上是偏袒发达国家利益的；近代对外贸易纠纷解决中列强一直处于优势地位，而当今发达国家在贸易争端解决中的优势地位依然犹存。无论是过去还是当今，国际贸易规则主要的受益者均是西方发达国家。我国在国际贸易规则的束缚下建立的对外贸易法律制度也难免受其影响,无法全面发挥正常功效。一个典型的例子,经济全球化最直接的影响就是贸易自由化,即要求各国开放市场、降低甚至取消各种贸易壁垒。但是在使用国际贸易规则推动贸易自由化的过程中,发达国家往往采取双重标准,一方面不顾发展中国家的实际生产力水平,强烈要求其遵循贸易自由原则,大力开放发展中国家市场;另一方面却采用越来越高的贸易壁垒保护本国产业和市场。2012 年年底,欧盟出台针对中国的"报复性"立法草案,要求中国政府开放更大范围的政府采购,并将包括部分国有企业采购纳入政府采购范围,向欧盟成员国开放。[①] 其目的在于扩大我国现行的政府采购制度的适用范围,希望进入中国的基础设施建设等工程类项目中。西方国家诸如此类要求中国开放更宽市场领域的立法可谓层出不穷,但另一方面,又通过各种手段拒绝向中国开放其本国市场。譬如美国、欧盟、日本等时至今日都不承认中国的市场经济地位;又如美国、澳大利亚等国以国家安全为由拒绝华为、中兴进入本国市场;还有西方各国针对中国企业开拓海外市场所采取的严苛限制措施以及大量反倾销、反补贴调查。2016 年 7 月商务部新闻发言人沈丹阳在商务部例行发布会上就表示过,我国一直是贸易救济调查的最大目标国,也是双反调查的受害国。"自 1995 年世界贸易组织成立至目前,共有 48 个成员对我国发起各类贸易救济调查案件共 1149 起,占案件总数的 32%。我国已连续 21 年成为全球遭遇反倾销调查最多的国家,连续 10 年成为全球遭遇反补贴调查最多的国家。"[②] 2017 年 6 月欧盟委员会在其发布的《2017 年贸易与投资壁垒报告》[③] 中提到,自 2015 年以来,贸易保护主义抬头,包括一些 G20 成员在内的发达国家尤为严重。虽然中国在欧盟的贸易伙伴中地位卓著,但是中国仍然是遭受市场准入限制和新增壁垒最多的国家之一。当然针对中国和中国企业的设置贸易壁垒远不止这些,简直到了罄竹难书、无所不用的地步。这一点从美国悍然发动的中美贸易战中

---

① 李艳洁:《欧盟立法报复中国 别想参与任何基础设施项目》,http://finance.qq.com/a/20121229/000918.htm,2012-12-29。

② 《商务部:中国连续 21 年成为反倾销最大目标国》,http://politics.gmw.cn/2016-07-06/content_20847963.htm,2016-07-06。

③ 驻欧盟使团经商参处:《欧委会发布 2017 年度贸易和投资壁垒报告》,http://www.mofcom.gov.cn/article/i/jyjl/m/201807/20180702762125.shtml,2018-07-03。

也可以再次得到证实。

　　综合以上观点可以看出，任何国与国、民族与民族、人与人之间的关系是建立在政治与经济的综合实力上的，涉及国际贸易层面的法律制度的构建和实现也同样如此。当然，这一切首先要建立在主权独立的基础之上，一个国家如果没有完整独立的国家主权和强大的综合国力，所谓选择自由贸易政策还是保护贸易政策根本无从谈起。

　　近代云南对外贸易法律制度不仅发展环境特殊，发展历程艰难曲折，对云南对外贸易和云南社会影响也极其深远，时至今日还留有印记。总结近代云南对外贸易法律制度演变的经验与教训，给我们在今天制定对外贸易法律规则带来重要的借鉴作用。正如新制度经济学家道格拉斯·诺斯所强调："路径依然起着作用。……你过去是怎样走过来的，你的过渡是怎么进行的。我们必须非常了解这一切。这样才能很清楚未来面对的制约因素，选择我们有哪些机会。"① 中国现在已经是世界第二大经济体，也正在实施更加积极主动的开放战略，不断拓展开放领域和空间。在经济全球化和国际区域合作深入发展的新形势下，作为中国与周边国家发展战略对接的桥梁纽带和对外开放新高地的云南省，除了主动服务和融入国家"一带一路"、长江经济带建设；积极参与孟中印缅经济走廊、中国—中南半岛国际经济走廊和澜沧江—湄公河合作发展外，还需汲取历史经验教训，根据自身经济社会发展水平以及本省的产业基础，构建有利于云南经济发展和转型升级的对外贸易法律制度。在维护国家主权的同时，结合"亲诚惠容"② 的周边外交理念，寻求更趋于平等合理的对外贸易规则，最终在"共商、共建、共享"的理念指引下，激活区域贸易潜能，促进地区经济发展，实现贸易双方的互利共赢。

---

　　① ［美］道格拉斯·诺斯：《制度变迁纲要》，《经济学与中国经济改革》，上海人民出版社1995年版，第8页。

　　② 中共云南省委：《中国共产党云南省第十次代表大会报告》，2016年12月。

参考文献

一　史料

李春龙等：《新纂云南通志》，云南人民出版社2007年点校本。

云南通志馆：《续云南通志长编》，云南省志编纂委员会办公室编校，1985年。

沈云龙主编：《续云南通志稿》，台湾文海出版社印行。

李根源：《〈永昌府文征〉校注》卷36，云南美术出版社2001年版。

龙云：《云南行政纪实》，云南省财政厅印刷局1943年版。

云南省公署枢要处第四课所编：《云南对外贸易近况》，1926年。

云南省政府编：《云南省现行法规汇编》，民国二十三年9月。

云南省政府编：《云南省现行法规汇编（续集）》，民国二十七年11月。

王铁崖：《中外旧约章汇编》，生活·读书·新知三联书店1982年版。

立法院编译处：《中华民国法规汇编》，中华书局1935年版。

蔡鸿源主编：《民国法规集成》，黄山书社1999年版。

姚贤镐编：《中国近代对外贸易史资料（1840—1895）》第二册，中华书局1962年版。

中国第二历史档案馆：《中华民国史档案资料汇编》，江苏古籍出版社。

中国第二历史档案馆：《国民政府财政金融税收档案史料》（1927—1937），中国财政金融出版社1997年版。

海关总署总务厅、中国第二历史档案馆编：《中国旧海关史料》，京华出版社2001年版。

黄胜强等编译：《旧中国海关总税务司署通令选编》，中国海关出版社 2003 年版。

云南省档案馆：《云南档案史料》各辑。

云南省地方志编纂委员会：《云南省志》，云南人民出版社。

昆明市志编纂委员会：《昆明市志长编》，1984 年。

云南省政协委员会文史资料研究委员会：《云南文史资料选辑》（1962—2001 年），云南人民出版社。

昆明市政协委员会文史资料研究委员会：《昆明文史资料选辑》（1981—2000 年），云南人民出版社。

方国瑜主编：《云南史料丛刊》，云南大学出版社 1988 年版。

云南省历史研究所编：《清实录·有关云南史料汇编》，云南人民出版社 1985 年版。

云南省司法厅史志办公室编：《清末民国时期云南法制史料选编》，1991 年版。

中国科学院历史研究所第三所编：《云南杂志选辑》，科学出版社 1958 年版。

中国科学院历史研究所第三所编：《云南贵州辛亥革命资料》，科学出版社 1958 年版。

二 著作

张肖梅：《云南经济》，中华民国国民经济研究所，1942 年。

钟崇敏：《云南之贸易》，手稿油印，1939 年。

万湘澄：《云南对外贸易概观》，新云南丛书社 1946 年版。

郭垣：《云南省经济问题》，正中书局 1940 年版。

周念明：《中国海关之组织及其事务》，商务印书馆 1934 年版。

罗玉东：《中国厘金史》，商务印书馆 1936 年版。

杨德森：《中国海关制度沿革》，商务印书馆 1925 年版。

［美］E. 博登海默：《法理学·法律哲学与法律方法》，邓正来译，中国政法大学出版社 2004 年修订版。

［英］凯恩斯：《就业、利息和货币通论》，商务印书馆 1983 年版。

张文显主编：《法理学》，高等教育出版社 1999 年版。

张文显：《法理学》（第三版），高等教育出版社、北京大学出版社 2007 年版。

方慧主编：《云南法制史》，中国社会科学出版社2005年版。

方慧、方铁：《中国西南边疆开发史》，云南人民出版社1997年版。

王文光、龙晓燕、李晓斌：《云南近现代民族发展史纲要》，云南大学出版社2009年版。

曾宪义主编：《中国法制史》（第三版），中国人民大学出版社2009年版。

武树臣、李力主编：《中国法律史》，中共中央党校出版社2000年版。

张晋藩主编：《中国法制通史》（第九卷），法律出版社1999年版。

丁凌华：《中国法律制度史》，法律出版社1999年版。

赵晓耕：《中国法制史原理与案例教程》，中国人民大学出版社2006年版。

漆多俊：《经济法学》，高等教育出版社2003年版。

郭寿康、韩立余主编：《国际贸易法》，中国人民大学出版社2006年版。

冯大同主编：《国际贸易法》，北京大学出版社1995年版。

刘惠君：《中国近代早期工商业发展与社会法律观念的变革》，中央民族大学出版社2009年版。

中国第二历史档案馆、沈家五：《张謇农商总长任期经济资料选编》，南京大学出版社1987年版。

白寿彝主编：《中国通史》，上海人民出版社1999年版。

朱伯康、施正康：《中国经济史》，复旦大学出版社2005年版。

陆仰渊、方庆秋主编：《民国社会经济史》，中国经济出版社1991年版。

曹必宏主编：《中华民国实录文献统计（1912.1—1949.9）》，吉林人民出版社1997年版。

陈诗启：《中国近代海关史》，人民出版社1993年版。

朱镕基：《近代中国海关的认识管理制度及其档案》，海天出版社1996年版。

蔡渭洲：《中国海关简史》，中国展望出版社1989年版。

对外贸易部海关总署研究室：《帝国主义与中国海关资料丛书》，科学出版社1957年版。

连心豪:《中国海关与对外贸易》,岳麓书社 2004 年版。

叶松年:《中国近代海关税则史》,上海三联书店 1991 年版。

汤象龙主编:《中国近代海关税收和分配统计》,中华书局 1992 年版。

[美]托马斯·莱昂斯:《中国海关与贸易统计(1859—1948)》,浙江大学出版社 2009 年版。

[日]久保亨:《走向自立之路——两次世界大战之间中国的关税通货政策和经济发展》,王小嘉译,中国社会科学出版社 2004 年版。

[英]魏尔特:《赫德与中国海关》,厦门大学出版社 1993 年版。

戴一峰:《近代中国海关与中国财政》,厦门大学出版社 1993 年版。

周育民:《晚清财政与社会变迁》,上海人民出版社 2000 年版。

何烈:《厘金制度新探》,商务印书馆 1972 年版。

马伯煌主编:《中国经济政策思想史》,云南人民出版社 1993 年版。

石柏林、朱英:《近代中国经济政策演变史稿》,湖北人民出版社 1998 年版。

[法]亨利·奥尔良:《云南游记:从东京湾到印度》,龙云译,云南人民出版社 2001 年版。

吴兴南、张仲华、孙月红:《近代西南对外贸易》,云南民族出版社 1998 年版。

吴兴南:《云南对外贸易史》,云南大学出版社 2002 年版。

董孟雄、郭亚非:《云南地区对外贸易史》,云南人民出版社 1998 年版。

吴兴南:《云南对外贸易——从传统到近代化的历程》,云南民族出版社 1997 年版。

马耀主编:《云南简史》,云南人民出版社 1983 年版。

谢本书主编:《云南近代史》,云南人民出版社 1993 年版。

李珪主编:《云南近代经济史》,云南民族出版社 1995 年版。

杨毓才:《云南各民族经济发展史》,云南民族出版社 1989 年版。

董孟雄:《云南近代地方经济史研究》,云南人民出版社 1991 年版。

云南省经济研究所编:《云南近代经济史文集》,经济问题探索杂志社 1988 年版。

杨寿川:《云南经济史研究》,云南民族出版社 1999 年版。

刘云明：《清代云南市场研究》，云南大学出版社 1996 年版。

陆韧：《云南对外交通史》，云南民族出版社 1997 年版。

谢本书、李江主编：《近代昆明城市史》，云南大学出版社 1997 年版。

李滋植、姜文学主编：《国际贸易》（第四版），东北财经大学出版社 2006 年版。

海闻主编：《国际贸易》，上海人民出版社 2003 年版。

李欣广：《理性思维：国际贸易理论的探索与发展》，中国经济出版社 1997 年版。

彭泽益主编：《中国社会经济变迁》，中国财政经济出版社 1990 年版。

张德泽：《清代国家机关考略》，中国人民大学出版社 1991 年版。

虞和平：《商会与中国早期现代化》，上海人民出版社 1993 年版。

王立诚：《中国近代外交制度史》，甘肃人民出版社 1991 年版。

高旺：《晚清中国的政治转型》，中国社会科学出版社 2003 年版。

吕昭义：《英属印度与中国西南边疆》，中国社会科学出版社 1996 年版。

高鸿志：《英国与中国边疆危机》，黑龙江教育出版社 1998 年版。

聂德宁：《近现代中国与东南亚经贸关系史研究》，厦门大学出版社 2001 年版。

申旭：《中国西南对外关系研究》，云南美术出版社 1994 年版。

秦和平：《云南鸦片问题与禁烟运动》，四川民族出版社 1998 年版。

三　论文

方慧：《清代前期西南地区边境贸易中的有关法规》，《贵州民族学院学报》（哲学社会科学版）2007 年第 3 期。

王文光、龚卿：《民国时期云南龙、卢彝族统治集团财税政策研究》，《西南边疆民族研究》1998 年第 6 期。

郭亚非：《近代云南与周边国家区域性贸易圈》，《云南师范大学学报》2001 年第 2 期。

吴兴南：《历史上云南的对外贸易》，《云南社会科学》1998 年第 3 期。

赵小平：《明清云南边疆对外贸易与国际区域市场的拓展》，《历史教学》2009年第4期。

王文成：《约开商埠与清末云南对外经贸关系的变迁》，《云南社会科学》2008年第3期。

戴鞍钢：《近代中国西部内陆边疆通商口岸论析》，《复旦学报》2005年第4期。

朱英：《论清末的经济法规》，《历史研究》1993年第5期。

虞和平：《国民初年经济法制建设述评》，《近代史研究》1992年第4期。

易继苍：《中国经济法制现代化的里程碑——北洋政府时期的经济立法》，《贵州社会科学》2004年第3期。

贾孔会：《试论北洋政府的经济立法活动》，《安徽史学》2000年第3期。

朱英：《论南京临时政府的经济政策》，《华中师范大学学报》（人文社会科学版）1999年第1期。

卫春回：《论20世纪初中国政府经济立法的若干特征》，《兰州商学院学报》2001年第2期。

徐卫国：《论清末新政时期的经济政策·清末经济法规一览表》，《中国经济史研究》1997年第3期。

王涛：《近代中西经济法制历史比较中的借鉴》，《河北法学》1998年第4期。

周武、张雪蓉：《晚清经济政策的演变及其社会效应》，《江汉论坛》1991年第3期。

徐建生：《民国初年经济政策的背景与起步》，《民国档案》1998年第2期。

徐建生：《论民国初年经济政策的扶植与奖励导向》，《近代史研究》1999年第1期。

徐建生：《民国北京、南京政府经济政策的思想基础》，《中国经济史研究》2003年第3期。

黄逸平：《辛亥革命后的经济政策与中国近代化》，《学术月刊》1992年第6期。

张建俅：《清末自开商埠思想与政策的形成》，《台湾政治大学历史学报》1995 年第 12 期。

徐柳凡：《清末民初自开商埠探析》，《南开学报》1996 年第 3 期。

戴一峰：《论鸦片战争后清朝中西贸易管理征税体制的变革》，《海关研究》1991 年第 1 期。

戴一峰：《晚清中央与地方财政关系：以近代海关为中心》，《中国经济史研究》2000 年第 4 期。

黄逸平、叶松年：《1929—1934 年"国定税则"与"关税自主"剖析》，《中国社会经济史研究》1986 年第 1 期。

张生：《南京国民政府初期关税改革述评》，《近代史研究》1993 年第 2 期。

王良行：《1929 年中国固定税则性质之数量分析》，《近代史研究》1995 年第 4 期。

董振平：《1927—1937 年南京国民政府关税的整理与改革述论》，《齐鲁学刊》1999 年第 4 期。

叶玮：《30 年代初期国民政府进口关税征金改革述论》，《民国档案》2001 年第 3 期。

张徐乐：《南京国民政府时期修订海关进口税则的再评价》，《历史教学问题》2003 年第 2 期。

樊卫国：《论 1929—1934 年中国关税改革对民族经济的影响》，《上海社会科学院学术季刊》2000 年第 2 期。

朱英：《论晚清的商务局、农工商局》，《近代史研究》1994 年第 4 期。

吕美颐：《论清末官制改革与国家体制近代化》，《河南大学学报》（哲学社会科学版）1986 年第 4 期。

杜继东：《清末外务部的历史地位初探》，《兰州学刊》1990 年第 6 期。

张步先：《从总理衙门到外务部——兼论晚清外交现代化》，《山西师范大学学报》1998 年第 3 期。

吴福环：《总理衙门职能的扩展及其与军机处内阁的关系》，《史学月刊》1991 年第 4 期。

蒋贤斌：《试论近代的地方外交交涉机关》，《江西师范大学学报》（哲学社会科学版）2000 年第 4 期。

王开玺:《总理衙门改组为外务部刍议》,《河北学刊》1995 年第 3 期。

赵永进:《总理衙门改组为外务部新议》,《湖南省政法管理干部学院学报》2002 年第 12 期。

彭南生:《晚清外交官制及其薪俸制度的形成与变革》,《华中师范大学学报》1997 年第 2 期。

陈诗启:《清末税务处的设立与海关隶属关系的改变》,《历史研究》1987 年第 2 期。

陈诗启:《南京政府的关税行政改革》,《历史研究》1995 年第 3 期。

戴一峰:《论清末海关兼管常关》,《历史研究》1989 年第 6 期。

戴一峰:《近代洋关制度形成时期清政府态度剖析》,《中国社会经济史研究》1992 年第 3 期。

杨军:《外籍税务司制度下晚清海关行政管理体制的确立》,《湘潭师范学院学报》(社会科学版)2006 年第 1 期。

水海刚:《论近代海关与地方社团的关系》,《史林》2005 年第 3 期。

文松:《近代海关内部业务分工结构及衍变述略》,《北京联合大学学报》(人文社会科学版)2005 年第 2 期。

任智勇:《晚清海关监督制度初探》,《历史档案》2004 年第 4 期。

杨天宏:《清季自开商埠海关的设置及其运作制度》,《社会科学研究》1998 年第 3 期。

杨天宏:《转型中的自开商埠近代商事机构》,《贵州社会科学》2002 年第 1 期。

谭启浩:《清末税务司的品秩》,《中国海关》1995 年第 2 期。

孙修福、何玲:《外籍税务司制度下的中国海关人事制度的特点与弊端》,《民国档案》2002 年第 2 期。

李富强:《西南——岭南出海通道的历史考察》,《广西民族研究》1997 年第 4 期。

朱昌利:《南方丝绸之路与中、印、缅经济文化交流》,《东南亚》1991 年第 3 期。

朱英:《商民运动时期商民协会与商会的关系：1926—1928》,《中国经济史研究》2010 年第 3 期。

朱英:《商民运动期间国民党对待商会政策的发展变化》,《江苏社会科学》2010 年第 1 期。

罗群:《从会馆、行帮到商会——论近代云南商人组织的发展与嬗变》,《思想战线》2007 年第 6 期。

严建苗、刘伟峰:《近代中国商会的制度分析》,《商业研究》2002 年第 8 期。

彭帮富:《北洋时期商会历史作用之考察》,《民国档案》1992 年第 4 期。

王日根:《浅论近代工商性会馆的作用及其与商会的关系》,《厦门大学学报》1997 年第 4 期。

冯筱才:《中国商会史研究之回顾与反思》,《历史研究》2001 年第 5 期。

彭南生:《近代中国行会到同业公会的制度变迁历程及其方式》,《华中师范大学学报》2004 年第 3 期。

肖海军:《论我国商会制度的源起、演变与现状》,《北方研究》2007 年第 4 期。

郑成林:《1927—1936 年国民政府与商会关系述论》,《近代史研究》2003 年第 3 期。

贺圣达:《近代云南与中南半岛地区经济交往研究三题》,《思想战线》1990 年第 1 期。

后　记

　　书稿就此搁笔,看着两年来朝夕相对的文稿,不禁掩卷沉思,感慨万千。有终于完成的喜悦,也有对700多天以来文思不继、困顿煎熬的如释重负。感恩我的师长、家人和朋友,是他们给了我坚持下去的信心和力量。

　　首先要感谢恩师,"惟桑与梓,必恭敬止"。感谢我的导师方慧教授,蒙先生不弃,招我入室。先生以其渊博的学识、深厚的功底、敏锐的视觉、灵动的思维给了我丰富的学术滋养,其超然的人格魅力更给了我深刻的人生启迪。本书是在博士论文基础上修改而成的。我博士论文从选题到写作思路和基本框架的设定,乃至最后的修改润色,无不凝聚着先生的心血。论文答辩后,又是在先生的鼓励和帮助下,对文章进行大幅修改,才能得以出版。弟子不才,拖沓至今完成书稿,在此仅向先生致以我最诚挚的谢意!

　　这里还要感谢我的院长——云南财经大学马克思主义学院阮金纯教授。阮院长不仅在学术上建树颇丰,堪称学界楷模,对待我们中青年教师也是倾尽心力,时时以慈父慈兄之心鞭策之,激励之。在阮院长的推动和督促下,在云南财经大学马克思主义学院的大力支持下,此书稿的出版才能被顺利提上日程。在此对阮院长和云南财经大学马克思主义学院表示衷心的感谢。

　　最后,我要深深地感谢我的家人。感谢母亲无微不至的关怀和帮助,感谢我先生的理解与鼓励,感谢他们成为我的坚强后盾,给了我永不言弃的精神动力。感谢在我人生道路上帮助过我的同事和朋友们。

　　此书的出版对我来说既是一个阶段性成果的展现,又是一个新的学术起点的昭示。作为科研队伍中的新兵,虽天资不富,不能入境,但我仍将躬耕不辍,孜孜前行。

陈泫伊

2018 年 10 月 25 日